课题号：四川新农村乡风文明建设研究中心项目《"乡
西部农村乡村文化自信缺失根源与对策研究》（SCXN2019-019）

乡村振兴中乡村文化自信的重建研究

胡丽美　著

吉林大学出版社

·长春·

图书在版编目（ＣＩＰ）数据

乡村振兴中乡村文化自信的重建研究 / 胡丽美著 . --
长春 : 吉林大学出版社, 2022.9
ISBN 978-7-5768-0929-9

Ⅰ . ①乡… Ⅱ . ①胡… Ⅲ . ①农村文化 – 文化事业 –
建设 – 研究 – 中国 – 现代 Ⅳ . ①G127

中国版本图书馆 CIP 数据核字 (2022) 第 200261 号

书　　名	乡村振兴中乡村文化自信的重建研究
	XIANGCUN ZHENXING ZHONG XIANGCUN WENHUA ZIXIN DE CHONGJIAN YANJIU

作　　者	胡丽美
策划编辑	矫正
责任编辑	郭湘怡
责任校对	李潇潇
装帧设计	久利图文
出版发行	吉林大学出版社
社　　址	长春市人民大街 4059 号
邮政编码	130021
发行电话	0431–89580028/29/21
网　　址	http://www.jlup.com.cn
电子邮箱	jldxcbs@sina.com
印　　刷	天津和萱印刷有限公司
开　　本	787mm×1092mm　　1/16
印　　张	14
字　　数	200 千字
版　　次	2023年6月　　第 1 版
印　　次	2023年6月　　第 1 次
书　　号	ISBN 978-7-5768-0929-9
定　　价	68.00 元

前　言

2017年，党的十九大报告中首次提出"乡村振兴战略"，确立"产业兴旺、生态宜居、乡风文明、治理有效、生活富裕"的总要求，也一并指出"农业农村农民问题是关系国计民生的根本性问题"①。乡村振兴的提出是党治国理政又一理论创新和理论贡献，同时更是中国特色社会主义伟大实践不断推进的成果。新时代实现乡村振兴，最深沉的力量在中华优秀传统文化，更进一步讲，需要弘扬乡村优秀传统文化，提升乡村文化自信。

乡村文化孕育着中华优秀的传统文化，是我国各民族联结在一起的精神纽带，是中华文化大繁荣大发展的助推器，是实现文化自信、建设社会主义文化强国的必备要素之一。乡村文化中蕴含着淳朴的人情趣味、生态观念和爱国情怀，具有其独特的世俗拯救和社会调节功能，能够为因物质利益竞争日益激烈而感到疲乏的心灵提供安身立命之处。正是由于独特的文化魅力和文化吸引力，乡村文化能够起到凝聚人心、维护社会稳定和发展的作用，在人类社会的文化体系中占据举足轻重的地位。然而，现代化、城市化与工业化的快速发展不断地改变着乡村社会的经济结构和经济模式，商品社会的大众文化及完全脱离乡村实际的价值观和生活方式也在乡村社会强势着陆，渗透到社会的每个角落。在现代化、工业化与城市化的进程中，存在大量的消费主义、功利主义、金钱至上等消极的价值观。受其影响，经济成为乡村生活的强势话语，利益这一城市交往法则成为乡村社会的最主要行动指南。部分农民沉溺于物质，在价值观和现实生活的比较和考量中愈发失衡，内心也越来越承受着不安全感和"不确定性"。他们以最快的速度逃离乡村，以各种方式努力改变自己的农民身份。乡村不仅被城市

---

① 中共中央国务院关于实施乡村振兴战略的意见 [N]. 人民日报，2018-02-05.

所疏远和规避，也逐渐被自己养育的乡亲所抛弃，乡村社会的文化内涵在城市化、工业化和现代化框架中被隐匿。难道乡村社会果真像玛格丽特·米德（Margret Mead）所言的那样：利益驱动成为乡村社会的最主要行为方式，几乎颠覆了传统的文化价值，乡村文化价值体系在慢慢解体。①

乡村文化的价值衰落是一个渐变的过程，并不是一夜之间轰然倒塌的剧变，正生活于乡村社会的农民并没有意识到精神的变迁和文化的颠覆，这种过程更容易麻痹人心，使人忽略问题的严重性。可见，不重构乡村文化价值，就会忽略乡村秩序的基础。因此，重塑更高意义的乡村文化价值，重建乡村文化自信，为新时代的乡村社会筑起坚强的精神堡垒，就成为目前非常现实的问题。

基于此，本书以乡村振兴中乡村文化自信的重建为研究主题，基于国内外学者对乡村文化建设的研究成果，以乡村振兴战略的内涵为切入点，概述乡村振兴战略与乡村文化建设的基本理论；探讨乡村文化自信的复合形态和乡村文化自信与乡村文化建设的内在逻辑；从众多优秀思想理论中汲取马克思主义经典作家的乡村文化建设思想、中国化马克思主义乡村文化建设思想、中华优秀传统文化中的乡土文化基因和发达国家乡村文化建设思想，作为乡村振兴中乡村文化自信重建的理论渊源；梳理改革开放以来我国乡村文化建设的历史进程，并从顶层设计、实践路径两个维度探讨改革开放以来我国乡村文化建设最基本的路径谱系；深入剖析城市化进程中乡村生产、生活和生态价值的消解，乡村文化价值、乡村伦理价值、乡村教育价值的衰落，在一定程度上造成的乡村文化发展困境，得出乡村文化自信面临的问题；在借鉴日本、韩国、德国、美国等发达国家乡村文化建设经验和传统中国乡村文化建设经验、近代中国乡村文化建设经验、新时代乡村文化建设实践案例的基础上，从再造乡村生产、生活、生态、文化、教化、教育等价值，重塑乡村主体价值等方面针对性地提出乡村振兴中乡村文化自信重建的方法和路径。

本书以战略高度系统地研究乡村振兴视域下乡村文化自信的重建，能够给予政策制定者与理论工作者比较全面的参考，也充实了乡村文化建设

---

① 米德. 文化与承诺：一项有关代沟问题的研究 [M]. 周晓虹，周怡，译. 石家庄：河北人民出版社，1987.

理论的内容。由于本书是对乡村文化自信重建进行的总体性研究，难免存在注重研究广度的同时理论深度不足的问题。另外，由于本人研究水平有限，本书仍存在许多不足之处，本人会在今后的工作和学习中不断地关注、探索和完善。

本文为四川新农村乡风文明建设研究中心项目《"乡村价值"视域下中西部农村乡村市场文化自信缺失根源与对策研究》（SCXN2019-019）的结项成果。

胡丽美

2022 年 3 月

目 录

第一章　乡村振兴战略与乡村文化建设概述

2017年，党的十九大报告中首次提出"乡村振兴战略"，确立"产业兴旺、生态宜居、乡风文明、治理有效、生活富裕"的总要求，也一并指出"农业农村农民问题是关系国计民生的根本性问题"①。乡村振兴的提出是党治国理政又一理论创新和理论贡献，同时更是中国特色社会主义伟大实践不断推进的成果。新时代实现乡村振兴，最深沉的力量在中华优秀传统文化，更进一步讲，需要弘扬乡村优秀传统文化，提升乡村文化自信。

乡村文化孕育着中华优秀的传统文化，是我国各民族联结在一起的精神纽带，是中华文化大繁荣大发展的助推器，是实现文化自信、建设社会主义文化强国的必备要素之一。乡村振兴视角下的乡村文化建设要审时度势，在实现乡村文化自身进步与发展的同时，为乡村发展提供新方案。将交织在一起的乡村文化与乡村经济、社会、生态真正融为一体，形成乡村全面发展的新景象。

乡村文化建设是实现乡村振兴的重要一环，本章基于国内外学者对乡村文化建设的研究成果，以乡村振兴战略的内涵为切入点，阐述乡村振兴战略的提出背景、目标要求和重大意义；界定乡村文化与新时代乡村文化的概念，从物质、制度、精神三个维度来深刻探索新时代乡村文化建设的具体目标模式；分析乡村振兴战略与乡村文化建设的内在逻辑，使乡村文化建设与乡村振兴结合起来，相互作用，相辅相成。

---

① 中共中央国务院关于实施乡村振兴战略的意见 [N]. 人民日报，2018-02-05.

一、乡村振兴战略概述

（一）乡村振兴战略的内涵

自十九大提出乡村振兴战略以来，党中央相继出台了《中共中央国务院关于实施乡村振兴战略的意见》和《乡村振兴战略规划（2018—2022年）》，并在2019年中央一号文件中对"三农"工作做出了更加具体全面的部署，2020年中央一号文件再次聚焦"三农"领域的重点工作，以确保脱贫攻坚任务的顺利收官和全面小康社会的建成。乡村振兴战略作为"三农"工作的总抓手，自提出以来就在推动乡村工作各方面的进展，也推动乡村事业的发展进入一个全新的阶段。"产业兴旺、生态宜居、乡风文明、治理有效、生活富裕"①作为乡村振兴战略的总要求，它们的内涵不仅不同于以往传统的乡村发展概念，也是对新农村20字方针的转型升级，对乡村发展也提出了新的更高的要求，同时赋予乡村振兴战略更加科学的内涵。

一是产业兴旺。产业兴旺相比于社会主义新农村建设中的"生产发展"，更加强调产业发展在乡村振兴中的作用。它内含"质量兴农、绿色兴农"的乡村产业发展理念，注重在夯实乡村生产能力的同时，兼顾一、二、三产业的融合发展，实现乡村经济的多元化发展，同时以更加开放包容的心态，培育适合乡村发展的新型产业，实现乡村产业发展的一体化。

二是生态宜居。生态宜居较于社会主义新农村建设中的"村容整洁"，对于乡村良好生态环境的建设及乡村自然资本的增殖提出了更高的要求。乡村不仅要村容村貌整洁，更要求乡村整个生态环境的和谐，以达到人与自然和谐共生，实现宜居、宜业、宜游的美丽乡村家园建设。其中就包括山水林田湖草和乡村环境问题等的综合治理与系统保护，发展生态农业产业和生态旅游等相关服务业，实现乡村产业升级换代等相关内容。

三是乡风文明。"乡村振兴，乡风文明是保障。"②党的十九大报告在新时代乡村振兴战略的总要求中重申"乡风文明"，其实是要求繁荣兴盛乡村文化，不断提高乡村社会的文明程度。其中就内含思想道德体系建设、

---

① 习近平. 决胜全面建成小康社会 夺取新时代中国特色社会主义伟大胜利——在中国共产党第十九次全国代表大会上的报告 [N]. 人民日报，2017-10-28.

② 中共中央国务院关于实施乡村振兴战略的意见 [M]. 北京：人民出版社，2018.

继承乡村优秀传统文化、社会主义先进文化等，同时还需要我们不断完善乡村文化基础设施、提高乡村居民的文化知识水平、开展移风易俗活动等内容。

四是治理有效。治理有效的内涵较"管理民主"更加深刻、丰富，是乡村治理理念从注重过程向注重结果的转变，也是国家治理体系治理能力现代化在"三农"工作中的深刻体现。它不仅要求扎实推进乡村党组织建设，充分发挥基层党组织的战斗堡垒作用，还要达到自治、法治、德治的完美结合，实现乡村的活力、有序、平安、和谐。

五是生活富裕。乡村振兴战略实施的根本目的就是满足乡村居民对美好生活的向往，最大程度地实现人民群众的利益诉求。生活富裕目标的设定能够更好地兼顾全面小康目标的实现，是党和国家对民生事业更高的关切与目标。这一目标内涵要求我们从教育、医疗、卫生、基础设施、社会保障体系、人居环境等多方着手来提升乡村的民生保障水平，让人民群众享有更多的幸福感、获得感。

（二）乡村振兴战略的提出背景

乡村振兴战略有着历史与现实双重逻辑的提出背景。乡村振兴战略的提出，是对中国近百年乡村建设历程的延续，是对改革开放四十多年来"三农"工作的经验总结，有其自身的历史逻辑与现实基础。

1. 乡村振兴战略提出的历史逻辑

乡村振兴战略的提出，不是无源之水，有其内在的历史逻辑。实施乡村振兴战略与中国近百年来的乡村建设实践一脉相承。近代以来，中华农耕文明在与西方工商文明冲撞摩擦中，受到严重重创，这直接激起了中国社会各界仁人志士的强烈反思，使他们走上了旨在"复兴"乡村的乡村建设之路。中国近百年的乡村建设历程大致可分为三个阶段。一是民国初期以拯救乡村为目的的乡村建设阶段。这其中首先包含国民政府主导的乡村复兴计划，国民政府成立乡村复兴委员会负责乡村建设的全部事宜，但乡村复兴委员会是以对外抗日和对内剿匪为根本目的而设立的乡村建设机构，因此终将不能承担起改变乡村社会结构和社会运行秩序的重任，无法实际解决乡村复兴问题。此外，是由社会力量主导、较为分散的以进行乡村社会建设为宗旨的乡村建设运动，以梁漱溟、晏阳初等人发起并组织实施的乡村建设实践影响最为深远。他们虽然通过发展乡村组织、开展平民教育、开办乡村实业等措施对乡村进行不断改良，但均因为没有认清乡村存在的阶级矛盾而使运动纷纷失败。二是中华人民共和国成立初期以改造为特征的乡村建设阶段。这一阶段党围绕农民与土地的关系开展了乡村土地改革运动和乡村合作化运动，通过农业合作社和人民公社形式实现了乡村社会结构与社会秩序的重组，乡村呈现出高度集体化状态。但由于这一阶段的乡村建设仍从属于国家现代化建设战略目标，因而这一时期的乡村发展主体性偏低，整体发展水平不高。三是改革开放以来以实现现代化发展为目标的乡村重建阶段。1978年，党的十一届三中全会把乡村经济体制改革作为中国实行改革开放的开端，自此乡村建设逐渐开展起来。党通过改革乡村基本经营制度、实行村民自治制度、发展乡镇企业、建设社会主义新农村、统筹城乡发展、促进城乡一体化发展等实际措施悄然改变了乡村的社会结构、社会秩序与社会生活，并把乡村建设与全面建成小康社会、实现社会主义现代化等国家建设目标结合。但同时由于长期的城乡二元结构体制性限制，城乡发展差距明显，部分乡村出现空心化趋势，乡村建设面临乡村文明逐渐衰落的严峻形势，实现乡村振兴，成为乡村建设新的发展诉求。因此，实施乡村振兴战略，是对以往中国乡村建设实践经验的总结和升华，恰逢其时地回应了新时代乡村建设的发展诉求，启动了新时代乡村建设新阶段，意味着中国近百年的乡村建设实践正式走上了新时代乡村振兴之路。

2. 乡村振兴战略提出的现实基础

乡村振兴战略的提出，不是空中楼阁，有其深厚的现实基础，主要表现为"三农"发展取得的重大成就和积累的工作经验。在党和政府高度重视农业农村发展的情况下，中国农业农村发展水平提升明显。一是以粮食总产量为指标来看，2012—2019年，乡村粮食总产量整体上逐年增加。截至2019年，乡村粮食总产量已达66 384万吨[①]，近年来农业生产能力显著提高。二是以农民收入消费状况为指标来看，2019年，乡村居民人均可支

---

① 国家统计局农村社会经济调查司. 中国农村统计年鉴2020 [M]. 北京：中国统计出版社，2020.

配收入达 16 020.7 元^①，继续保持较快增长速度。同时，近几年农民恩格尔系数明显下降，即将进入 30 % 以下的富足阶段，这说明农民进行发展型与享受型消费的支出能力越来越强，农民生活的经济条件与社会保障水平得到有效改善。三是以脱贫攻坚成果为指标来看，按现行乡村贫困标准衡量，改革开放四十多年来乡村减贫人口多达 7 亿，尤其是党的十八大以来，脱贫攻坚的速度、力度显著提升。具体来看，2012—2020 年，贫困县农民人均可支配收入年均实际增长为 11.6 %，农民生活条件改善较快。截至 2020 年年末，99 % 以上的行政村有村级综合服务设施，99.95 % 的农户饮水无困难，国家贫困县居民居住生活条件大幅改善；国家贫困县中 99.6 % 的行政村可以用宽带上网，99.6 % 的行政村有硬化处理过的主干道，农民享受基本生活服务水平明显提高；国家贫困县中 98.5 % 的乡镇有小学，94.1 % 的乡镇有寄宿制学校。99.8 % 的所在行政村有卫生站，贫困地区教育、文化、卫生水平大幅提高，得到基本保障^②。截至 2019 年年末，全国贫困人口仅剩 551 万人，贫困发生率降至 0.6 %^③。截至 2020 年 11 月 23 日，贵州省宣布全省 9 个贫困县全部脱贫，至此，全国 832 个国家级贫困县已实现全部脱贫摘帽。2021 年 2 月 25 日，习近平在全国脱贫攻坚总结表彰大会上庄严宣告，中国脱贫攻坚战取得全面胜利，区域性整体贫困得到解决。由此可见，脱贫攻坚战果斐然。以上关于农业农村发展取得的重大成就与长久以来党和政府开展的一系列"三农"工作密不可分。21 世纪以来，党和国家开始以工哺农，从 2004 年开始连年颁布中央一号涉农文件，各有侧重地对每年的"三农"工作进行全面部署。2005 年正式提出"建设社会主义新农村"，接着下一年中央一号文件规定了具体推进新农村建设的相关事宜。尤其党的十八大以来，国家对乡村的公共预算财政支出显著增加，2018 年相关支出已高达 238 858.4 亿，与 2011 年相比增长了一倍之多^④。改革开放四十多

---

① 国家统计局农村社会经济调查司. 中国农村统计年鉴 2020 [M]. 北京：中国统计出版社，2020.

② 国家脱贫攻坚普查公报（第二号）[N]. 人民日报，2021-02-26；国家统计局，国家脱贫攻坚普查领导小组办公室. 国家脱贫攻坚普查公报（第四号）[N]. 人民日报，2021-02-26.

③ 国务院扶贫开发领导小组办公室. 习近平：在决战决胜脱贫攻坚座谈会上的讲话 [EB/OL]. http://www.cpad.gov.cn/art/2020/3/6/art_624_114021.html.

④ 国家统计局农村社会经济调查司. 中国农村统计年鉴 2020[M]. 北京：中国统计出版社，2020.

年来，国家在农业税收补贴、乡村义务教育、乡村医疗养老等方面给予"三农"工作大力支持与引导，实施一系列惠农政策，由此积累了大量乡村实地工作经验，这为党和国家今后解决"三农"问题奠定了坚实的经验基础。这说明，中国已具备提出和实施乡村振兴战略的条件和能力。

（三）乡村振兴战略的目标要求

目标要求是行动的先导，体现实践主体行为背后的价值诉求。根据2018年中央一号文件指示，实施乡村振兴战略具有五个方面的总要求，在总要求之下又细分为三个阶段性目标任务。通过全面分析、整体把握乡村振兴战略的总要求与目标任务，发现其体现出民族性、包容性与长期性的鲜明特点。

1. 乡村振兴战略的总要求

党的十九大首次提出的乡村振兴战略总要求对建设社会主义新农村提出了更丰富的内容与更高的标准，这指示着乡村振兴不仅是乡村经济繁荣，更是包括乡村政治、文化、社会、生态等多方面与全方位的进步与发展。乡村振兴战略总要求具体表现为以下五点。

（1）产业兴旺。产业兴旺是实施乡村振兴战略先决的经济基础。与社会主义新农村建设中的"生产发展"要求相比，生产发展重点指农业的生产结构、发展方式及有机构成等方面的提高与优化；而产业兴旺是建立在已有农业生产发展基础条件上，更注重提升农业生产与二、三产业的融合程度及农民作为市场主体在三产融合中能够共享产业发展的增值收益，力求做到"人产"两旺，最终以农业体系与非农产业体系的协同发展来实现乡村产业振兴。实现产业兴旺，首先要重点关注、解决农业供给结构性矛盾突出的现实问题。这就需要进行农业供给侧结构性改革，坚持质量兴农、绿色兴农，提供更优质安全的农副产品及工业原料。需要构建并不断优化现代农业体系，通过提升农业科技含量、完善农业保护与服务体系等措施为中国农业现代化发展提供外部条件。与此同时，产业兴旺更加需要依靠农业的多功能属性促进农业与科技研发、物流运输、品牌营销、服务业、高新技术等价值增值性强的产业领域实现融合发展。另外，产业兴旺最根本的是要靠农民自身的劳动技能、科学素质、创业观念、自我学习等能力的提升。

（2）生态宜居。生态宜居是实施乡村振兴战略基本的物质条件。与社会主义新农村建设中的"村容整洁"要求相比，村容整洁强调的是外在村容的干净与整洁效果；而生态宜居隐含着保护与利用乡村生态环境的价值取向，更加关照人与自然的双向互动关系，力求使乡村内在生活质量达到农民富与生态美的和谐统一，实现乡村生态振兴。目前，农民对提升人居环境质量的诉求日益迫切，但农业生产面源污染长久积弊，部分农民还不能自如地使用卫生厕所，部分乡村生活垃圾还难以集中处理。为此，有必要重视生态宜居在乡村振兴战略中的重要地位，需要党和国家树立自然资本理念，充分认识自然资源作为资本的可增值性与低替代性，以绿色理念引导农业可持续性发展。同时，需要树立自然生态的整体观，以系统思维综合治理乡村生态资源。另外，实现生态宜居离不开政府的引导与支持。政府要从满足农民对美好人居环境的诉求出发，切实治理乡村突出环境问题，把生态补偿、生态产品供给、美丽乡村建设作为实现生态宜居的重要形式，为农民创造一个现代化的生活居住条件与生存环境。

（3）乡风文明。乡风文明是实施乡村振兴战略内在的精神要求，与社会主义新农村建设中的"乡风文明"要求相比，乡风文明虽然一字未改，但内涵却更加深刻。作为乡村振兴背景下要求实现的乡风文明，更具时代精神与国际视野，是对解决市场经济发展过程中乡村社会风气日渐萧条问题的有力回应。新时代的乡风文明表现为传统与现代结合、乡村文化与城市文化交融、中国文化与世界文化交流的新内涵。而面对现实中部分乡村已经出现的不良思想和行为、传统乡风民俗遗失等现象，乡村振兴背景下的乡风文明建设要更加自觉地以传承发展乡村优秀传统文化为核心，加强移风易俗工作力度。同时，乡风文明建设需要与乡村振兴战略同频共振，利用实施乡村振兴战略的现实契机，不断为其自身发展创造物质、制度与政策环境，从而全面提高农民的现代科学素质与道德水平，不断提升新时代乡风文明水平，实现乡村文化振兴。

（4）治理有效。治理有效是实施乡村振兴战略有力的政治保证。与社会主义新农村建设中的"管理民主"要求相比，管理民主侧重表现为村民自治的民主性；而治理有效是在实现自治民主基础上，更注重治理主体的广泛性、治理手段的多样性、治理结果的有效性，要求全方位促进乡村社会有序运转，实现乡村社会振兴。实现治理有效，需要发挥青年农民、退伍军人、优秀党员及乡村经济合作组织、群团组织、社会组织在乡村治理中的积极作用，丰富治理主体来源；需要利用村规民约、宗法伦理等乡村传统治理资源，将其与村民自治和国家法治融合在一起，同时建立乡村社会治理网络信息化平台及时了解农民需求，实现治理手段多样化，以解决治理目标性偏离和治理效率偏低的问题；需要积极发挥乡村基层党组织在社会治理中的领导核心作用，做好乡村党员发展管理与领导干部选拔任用工作，塑造一支社会治理能力过硬的基层党组织队伍，发挥其政治优势、组织优势、群众动员优势，凝聚各方治理力量。

（5）生活富裕。生活富裕是实施乡村振兴战略综合性的中心要求。与社会主义新农村建设中的"生活宽裕"要求相比，生活宽裕是对全面建设小康社会阶段农民生活水平的要求；而生活富裕则主要立足于全面建成小康社会后的富足阶段，更注重农民生活幸福指数的提升，不仅包含经济收入的增长，更包括社会生活的充实满足。生活富裕体现以农民利益为中心发展的理念，是最终验收乡村振兴战略实施成果的价值尺度。实现生活富裕，需要通过发展乡村集体经济、现代农业、乡村特色产业等手段促进农民收入渠道多样化；在充分尊重民意基础上，对乡村排污系统、水网电网互联网及农业基础设施进行升级改造，实现乡村现代化基础设施高质量的全覆盖；重视教育对提升农民素质的基础作用，推动城乡义务教育一体化发展，大力推动乡村职业教育与成人教育发展；需要打造健康乡村，通过深入开展乡村爱国卫生运动，改善基本医疗卫生条件，加强公共卫生服务，完善乡村居民基本医疗保险等措施，提升农民健康生活品质。

2. 乡村振兴战略的目标任务

根据党的十九大提出实现"两个一百年"奋斗目标的时间安排，2018年中央一号文件明确提出了实施乡村振兴战略远粗近细的三个阶段性目标任务。而《乡村振兴战略规划（2018—2022 年）》在科学把握乡村发展的历史方位、阶段特征及趋势的基础上，又细化了实施乡村振兴战略第一个五年计划的发展目标。

第一，形成健全乡村振兴制度体系是乡村振兴战略的近景目标。实施乡村振兴战略是一场攻坚克难的持久战，需要完善的制度体系为其保驾护航，使其行稳致远。形成健全乡村振兴制度体系是针对"全面建成小康社会、实现第一个百年奋斗目标"主题而提出的乡村振兴近景目标。具体而言，主要涉及农业供给体系、乡村三产融合发展、城乡居民生活水平、乡村扶贫、农民居住环境、城乡关系、乡村自然生态、乡村社会管理、加强党对乡村工作的领导、各地推进乡村振兴的思路举措等方面。其中，乡村脱贫攻坚是这其中的基础性任务，只有使广大农民完全摆脱绝对贫困状态，才有开启乡村振兴道路的现实可能。因此，需要特别处理好二者在政策、体制机制、重点工作内容等方面的衔接问题。实施乡村振兴战略的头五年，处于经济发展新常态背景下乡村发展机遇与挑战并存的大转型期，处于中国发展重要历史交汇点，具有深刻的变革意义。因此，下好乡村振兴这盘大棋，需要谋篇布局，制定科学的战略规划。在此之前，中国乡村的规划体系要么附属于城市、小城镇规划体系，要么在以城带乡背景下按照城镇化发展思路进行乡村规划，再或者在统筹城乡思维模式下进行乡村设施系统建设，不论何种规划模式，都不是单独以乡村为本体的规划体系。此次由国家发改委会同相关部门制定的《乡村振兴战略规划（2018—2022年）》则跳出了以往对乡村规划建设的传统思维模式，以关心服务"三农"发展为主轴，突出了规划内容的综合性、规划原则的公平导向、规划实施的社会参与性，重在构建乡村振兴合理的制度体系。因此，此次规划提出了"到2022年乡村振兴的制度框架和政策体系初步健全"的发展目标，并主要包括现代农业、乡村三产融合、城乡社会建设一体化、城乡融合发展、乡村治理体系现代化等方面，这些体系构成了乡村振兴头五年的行动先导。另外，到2022年的发展目标还新增添了乡村文化传承发展的相关内容，这直接突出了实现乡村文化振兴的价值诉求，顾全了使乡村物质文明与精神文明同步振兴的乡村发展大局。

第二，基本实现农业农村现代化是乡村振兴战略的中景目标。现代化是乡村振兴的必然走向，基本实现农业农村现代化是实现国家现代化独特的现实，对标实现第二个百年奋斗目标第一阶段的任务要求而提出的乡村振兴中景目标，主要包含农业结构、农民就业、乡村相对贫困、城乡基本公共服务、城乡融合发展、乡风文明、乡村治理、乡村生态环境等方面。"农村现代化"在党的十九大首次同"农业农村现代化"概念一并提出,意义深刻。农村现代化是与城市现代化相对应、与现代社会发展相协调的乡村社会,内在地包含着农业现代化内容。将农业现代化与农村现代化并称为"农业农村现代化",是为扭转农村现代化进程长期滞后于农业现代化发展局面,统筹发展农业现代化与农村现代化的现实需要,同时极大丰富了乡村振兴中现代化发展的内涵。基本实现农业现代化,需要树立大农业观念,加强农林牧副渔业之间的融合发展程度。充分发挥农业的经济价值、生态价值和社会价值,使农业朝向开放、综合、立体化方向发展;加快转变农业发展方式,改变目前农业区的农业种植结构单一化、农业经营结构规模小、农业经营分散化的农业结构不合理状态,改变农业基础设施建设分布不平衡、农业特色产业集群效应弱的不良发展状况;重视科技在现代农业发展中的支撑作用,提升农产品供给质量和实际收益,优化农业生产结构;要培养一批诸如专业化的小农户、农业合作社经营、家庭农场、"公司+农户"、公司经营等新型农业经营主体,给予新型经营主体经营能力培训、产业发展扶持等;构建有利于现代农业发展的制度体系,逐步完善产前指导、产中加工、产后销售的农业社会化服务网络,促进农业现代化发展。与此同时,基本实现农村现代化,需要遵循乡村振兴战略总要求,重视农村政治现代化、文化现代化、社会现代化和农民现代化的实现,发展真正意义上的农村现代化。要转变自上而下的乡村基层治理逻辑,重视发挥农民在乡村社会事务中的管理、决策与监督作用。同时,树立法律在乡村治理中的权威,维系乡村社会结构与秩序有效运转,促进农村政治现代化发展;要重视乡村价值体系的延续对农村文化现代化的积极作用,构建乡村文化共同体;在新型城镇化背景下,要借鉴利用城市现代化的经验与资源优势,不断提升乡村发展的硬件设施,促进农村社会现代化发展;以实现人的现代化为核心,尊重农民在农村现代化实践探索中的主体性,使农民肩负起农村现代化建设的主体责任,发挥主体力量。总之,"要坚持农业现代化和农村现代化一体设计、一并推进,实现农业大国向农业强国跨越"①。

第三,实现乡村全面振兴格局是乡村振兴战略的远景谋划。全面性是

---

① 习近平. 习近平谈治国理政(第三卷)[M]. 北京:外文出版社,2020:258.

乡村振兴的内在诉求，唯有乡村全面振兴，才是真正的乡村振兴。实现乡村全面振兴格局是建立在基本实现农业农村现代化发展目标基础上，瞄准实现第二个百年奋斗目标第二阶段任务要求而提出的乡村振兴远景谋划。为此，需要在准确把握乡村振兴的核心要义、乡村多功能价值、乡村建设的内部协调性，促进乡村在产业、人才、文化、生态、组织方面全面振兴。"三农"发展的好坏直接决定中国社会发展目标的实现程度。但在长期的乡村建设实践中，农业大而不强、农村新而不美、农民劳而不富的情况越来越成为"三农"问题的集中表现。因此，实施乡村振兴战略远景目标的落脚点直指"三农"发展，提出农业强、农村美、农民富的终极价值诉求。其中，农业强是基础、农村美是表征、农民富是根本，三者缺一不可，它们是乡村振兴战略成功实施的重要标志。农业强，关键在质量，要依靠科技投入提升农业发展质量，走出产业化发展的路子、打出特色优势农产品品牌，如湖北省潜江市小龙虾、黑龙江五常市大米、北京大兴西瓜、内蒙古科尔沁牛肉、广东清远土鸡等农产品品牌家喻户晓，这些地方走出了一条农业强的发展之路，促进了农业全面升级。农村美，重点在建设，不仅要建设干净整洁、现代化设施齐全的农村，更要建设美在文化传承、乡风文明的乡村，实现乡村全面进步。近年来，各地政府从改善乡村环境突出问题入手，全面落实乡村污水垃圾无害化处理机制，打造清洁村庄。同时，通过不断完善乡村文化设施，引导群众参与、组织文化活动，开展家风家训征集活动、组织评选文明家庭活动等，使新农村真正美在风俗文化。农民富，出路在发展，不仅要通过乡村产业兴旺拓宽农民就业渠道，提升农民就业质量，使农民"腰包"鼓起来，更要实施人才强国战略，不断提升农民的科学素养、职业技能、致富理念，使农民"脑袋"富起来，实现农民全面发展。

3. 乡村振兴战略目标要求的鲜明特点

乡村振兴战略目标要求作为党中央深思熟虑酝酿出的战略规划果实，展现出其自身的鲜明特点。

（1）民族性。民族性是乡村振兴战略目标要求的根本特色所在，要求在确定实施过程中体现民族特性，是实现乡村振兴战略目标要求的出发点与落脚点。乡村振兴战略目标要求的设定与实施符合中国的国情、农情，充分地回应和解决新时代乡村建设面临的实践课题，并已被长期的乡村建设实践所证明。这主要表现在：乡村振兴战略目标要求的主攻方向指向了体现着中国发展最不平衡、最不充分的所在区域——乡村，因此，乡村振兴战略目标要求的提出体现着新时代中国社会主要矛盾转化的现实国情和以农立国的农情，具备独特的民族诉求；乡村振兴战略目标要求致力于破除由中国自古以来特有的城乡二元结构造成的城乡发展不平衡问题，以破解新时代乡村建设面临的乡村衰落实践难题，实现乡村全面振兴的百年民族梦，具备强大的民族使命；乡村振兴战略目标要求是植根于中国近百年乡村建设实践而生长起来的国家发展战略规划，被长期的乡村建设实践确认其存在的合理性，具备坚实的民族土壤。

（2）包容性。包容性体现着乡村振兴战略目标要求的发展指向，包容性是乡村振兴战略目标要求的内在特征。乡村振兴战略目标要求体现以实施主体的普遍性、实施内容的全面性、实施进程的协调性，达到以总体差异共享为归宿的包容性发展结果。这主要表现在：乡村振兴战略目标要求内在规定着乡村振兴战略的实施主体不仅包括传统的国家角色，更注重发挥全体农民及社会力量在发展过程中的广泛参与，具有普遍性；乡村振兴战略的实施内容不仅包含经济层面，同时包含诸如民主政治、教育文化、生态环境等非经济因素的发展，具有全面性；乡村振兴战略的实施进程是按照经济社会发展规律从根源上解决以往乡村发展中出现的经济与社会"脱嵌"问题，更注重补齐乡村社会建设中的不足之处，具有协调性。在此基础上，乡村振兴战略目标要求的达成，最终凝结为全体人民能以"总体差异"为基础共享发展成果。"总体"体现在发展过程中给予全体人民均等的发展机会，最终发展结果惠及全体人民。"差异"体现在这种共享发展结果中，并不是平均化的共享，而是基于个人天赋异禀、发展需求与能力的差异性基础上的真正共享，从而达到真正意义上的包容性发展。

（3）长期性。长期性是实现乡村振兴战略目标要求的必然要求，也是实现乡村振兴战略目标要求应具备的战略意识。乡村振兴战略目标要求的格局高远决定其具有长期性。乡村振兴战略目标要求不单是聚焦于实现乡村本身的全面振兴，更是追求在现实中与新型城镇化建设构成"双轮"驱动，并放眼于实现中华民族伟大复兴梦及个体自由全面发展的价值诉求。显然，乡村振兴战略目标要求所拥有的宏大目标决定其实现过程必然是艰巨的、复杂的，不可只争朝夕。此外，乡村振兴战略目标要求蕴含的施策理念具有管全面、管长远的特点。管全面表现为乡村振兴战略目标要求涉及乡村发展各个维度，尤其是要加强乡村社会建设，旨在促进乡村发展水平的整体性提升，不仅涉及乡村物质条件的大幅度改善，更关注乡村精神文明程度的显著提升。管长远表现为，实现乡村全面振兴并非某一领域的改革、某一群体的受益，是在国家与乡村基层社会实现协调发展的基础上，贯穿社会主义现代化建设中的长期性历史性任务，因此党中央制定了可长期遵循的乡村振兴战略实施的三个阶段性目标任务及近五年的具体施策方案。认识实现乡村振兴战略目标要求的长期性，可以有效避免在乡村振兴中出现急功近利的错误倾向。

（四）乡村振兴战略的重大意义

实施乡村振兴战略是党中央基于中国发展历史方位变化与社会主要矛盾转化做出的重大决策部署，对解决新时代主要矛盾、实现"两个一百年"奋斗目标、实现全体人民共同富裕具有重大意义。

1. 实施乡村振兴战略是解决新时代主要矛盾的必然要求

"人民日益增长的美好生活需要和不平衡不充分的发展之间的矛盾"[①]已然成为新时代中国社会的主要矛盾，而新时代主要矛盾在农业农村表现最突出，主要表现为城乡发展不平衡和"三农"发展不充分。城乡发展"不平衡"成为影响农民对美好生活体验的严重"减分项"，并直接表现在城乡居民收入上。城乡居民收入差距较大已是长期存在的既定事实，特别是在城乡居民低收入户群体中表现更明显。从收入构成上看，城乡居民拥有的资产收益差距也较为悬殊。从收入增长潜力上看，乡村居民收入大多不稳定且增长空间较窄，弥合城乡居民收入差距难度也较大。除此之外，农民享受到的教育、医疗、社保等公共服务质量均与城市有较大差别。可见，城乡发展不平衡问题亟须得到有效解决，实施乡村振兴战略就是要逐步建立健全城乡发展融合体制机制，破除城乡二元结构，彻底解决城乡发展不平衡问题。

---

① 习近平. 决胜全面建成小康社会 夺取新时代中国特色社会主义伟大胜利——在中国共产党第十九次全国代表大会上的报告 [N]. 人民日报，2017-10-28.

另外，目前中国主要农产品在国内国外市场竞争中均处于劣势，市场份额占有不充分。同时，东部沿海地区乡村地区在公共服务质量、村庄规划建设水平、资源开发利用率等方面较中西部地区发展得更为充分。此外，从农民自我发展能力来看，大部分农民因文化水平较低，就业质量不高，继而使农业人口转移困难；农民享受的公共服务不充分，仍有部分农民不能使用无害化厕所；农民文化消费不充分，因受农民自身经济能力、文化消费习惯及乡村公共文化设施水平等主客观因素限制，农民整体上表现出文化消费不足、文化欣赏能力较低的状态。

城乡发展不平衡和"三农"发展不充分，使农民成为对新时代美好生活最渴望的群体。农民数量巨大，尤其是农民工和低收入农民群体对美好生活的需求度更高。农民未得到满足的需求范围广，涉及工资收入、教育文化、医疗卫生、老年养老、人居环境、社会地位等方面。同时，"三农"发展不充分，又反过来加剧了城乡发展不平衡状态，使国家现代化发展潜力难以充分迸发，这种局面亟须做出改变。而破解这种局面的根本途径就是要建设以农业现代化为基础的农村现代化，实现乡村振兴。从乡村振兴战略的总要求与总体目标来看，实施乡村振兴战略就是要坚持农业农村优先发展的原则，抓住农业农村发展短板，积极调整农业结构，激活乡村沉睡的土地资产，充分挖掘乡村特有文化地域资源优势，使农业农村实现充分的现代化发展，让农民充分享有现代化发展成果。综合而言，实施乡村振兴战略是党和国家为解决新时代主要矛盾而做出的有力回应，对促进城乡融合发展、提升"三农"发展水平具有重大意义。

2. 实施乡村振兴战略是实现"两个一百年"奋斗目标的必然要求

党的十九大提出的"两个一百年"奋斗目标是全党全社会在今后一个历史阶段内必须锲而不舍、全力以赴完成的硬任务。从不同历史时期的发展经验来看，能否处理好"三农"问题，关乎社会主义现代化建设全局，必须确保"三农"发展在实现"两个一百年"奋斗目标中不掉队。多年来，党始终坚持民以食为天，把农业置于国民经济发展的基础地位，保护支持发展农业，保证主要农产品供给充足，使中国人的饭碗牢牢端在自己手上；始终坚持乡村是国家稳定发展的蓄水池，把稳定乡村作为稳定整个社会的基石；始终坚持农民的小康是实现全国小康的前提，不断增加农民收入、扩大农民福祉，提升农民生活水平。改革开放后特别是党的十八大以来，党和政府持续加大对"三农"工作真金白银的投入，不断出台有关"三农"的优惠政策，使农业农村现代化水平显著提升。但基于中国仍处于并将长期处于社会主义初级阶段的基本国情，要认识到农业现代化依然是实现"四个现代化"的弱项，乡村仍是全面建成小康社会的短板所在，乡村居民整体生活质量与城市居民仍有较大差距，解决"三农"问题依然是向社会主义现代化强国目标迈进最艰巨最繁重的任务。

与此同时，在新时代，乡村又是一个大有可为的广阔空间，"三农"工作迎来了难得的发展机遇。在未来很长一个时期内，农民依然是一个大体量的消费群体，提升农产品有效供给将是中国农业经济新的增长点。同时，乡村的文化价值、社会价值及生态涵养价值还有待挖掘利用，乡村将是令我们神往，潜在的更绿色、高效、理想型的生产生活空间。这也就意味着，做好新时代"三农"工作能够不断挖掘乡村发展潜在的旺盛市场需求，缓解阶段性的工业产能过剩问题，实现中国经济转型升级；能够深化农业供给侧结构性改革，使农业经济实现由量产到提质的转变；能够使乡村真正成为实现社会主义现代化强国目标最深厚的基础与最大的潜力后劲。基于对"三农"问题重要性的准确把握与深入分析，党做出实施乡村振兴战略的决策是将"三农"工作实践与社会主义现代化建设同步推进，上升到攸关2050年实现社会主义现代化强国目标的战略高度。乡村能否振兴，成为衡量中国现代化程度必不可少的指标。不言而喻，实施乡村振兴战略是实现"两个一百年"奋斗目标的必然要求，既是加速全面建成小康社会的推进器，更是实现社会主义现代化强国目标的强心剂，对推动中国实现由农业大国向农业强国转变，由发展中国家迈向发达国家的中国特色社会主义现代化建设战略目标具有重大转折意义。

3. 实施乡村振兴战略是实现全体人民共同富裕的必然要求

共同富裕是中华民族千百年来孜孜不倦追求的美好社会理想。共同富裕在中华人民共和国成立初意指以农业集体合作形式帮助农民脱贫而达到共同富裕的理想生活状态，农民在一开始就是中国实现共同富裕过程中的重要受众对象。此时"一穷二白"的经济状况使中国在追求共同富裕时更强调"物质富裕"。改革开放后，邓小平明确了共同富裕是社会主义本质特征的根本地位，要以经济建设为前提，先富带后富，逐步实现共同富裕。突出强调共同富裕不是平均主义，不是全体人民同步实现富裕，而是建立在不同的个体劳动能力与社会需求基础上具有渐进性特征的共同富裕。限于生产力发展水平，此时的共同富裕具有以实现"物质富裕"为主，兼顾"精神富裕"的特点。而后经过长期努力，党带领全体人民进入了"逐步实现全体人民共同富裕的时代"①。新时代实现全体人民共同富裕是从人的全面发展价值属性出发，从一维的物质富裕走向双维的物质和精神共同富裕，是物质发展与精神进步共同作用的结果。新时代实现全体人民共同富裕更注重人民生活的幸福感获得，转变"经济建设腿长、社会建设腿短"的不均衡富裕状态，更注重财富分配的公平，让社会中的每个个体都能有所获得，实现具有综合性、全面性的共同富裕。在新时代，党将带领全体人民在 2020 年实现全面建成小康社会的基础上再分"两步走"实现全体人民共同富裕，这是新时代党对人民做出的庄严承诺，不打一分折扣。另外，这也意味着实现全体人民共同富裕是小康社会进一步发展的结果，是与社会主义现代化进程相伴而行的社会发展状态。换言之，实现全体人民共同富裕，是需要建立在实现全面建设小康社会基础上，并在建设社会主义现代化进程中逐步实现的。对于目前中国所处的发展阶段而言，为实现全体人民共同富裕，缩小城乡差距是关键。而乡村全面振兴的内在标准之一就是实现"农民富"，将乡村振兴战略与贫困治理有效衔接，不仅是乡村振兴的前提基础，更是新时代走向共同富裕的必经之路。可通过产业兴旺不断巩固脱贫成果、防止绝对贫困再生，通过发展乡村社会事业解决后续相对贫困等问题。可通过乡村振兴优先，改善乡村自身发展条件，提升农民生活质量与精神风貌，逐步缩小城乡发展差距，实现城乡人民共同富裕。因此，实施乡村振兴战略是实现全体人民共同富裕的必然要求，对让广大农民在共同富裕的道路上赶上来，确保"三农"在共同富裕道路上不掉队起关键作用。

---

① 习近平. 决胜全面建成小康社会 夺取新时代中国特色社会主义伟大胜利——在中国共产党第十九次全国代表大会上的报告 [N]. 人民日报，2017-10-28.

二、乡村文化建设概述

（一）乡村文化与新时代乡村文化

1. 乡村文化

对乡村文化的理解要从其形成的要素中去分析，"农耕文明并不是最高形态的文明，其本身存在着制约社会政治、经济发展和思想文化发展的深层堕性"[①]。这也是乡村文化在发展的过程中不断被文明变革和改造的内在原因。第一，独特的自然环境为文化的生成提供了物质基础，环境的闭塞性使得文化表现出相对的保守性和封闭性。受封闭环境的影响农民逐渐形成封建保守的文化观念，并且对新兴事物释放出一定的排斥力。第二，生产力的发展水平制约着乡村文化的发展水平。古代农业是以个体生产方式为主，生产方式的落后性决定了乡村社会长期处于低水平发展时期，也使得文化一直保持封闭稳定的状态。由于生产力水平的低下，为了完成物质生产劳动，农民不得不依赖宗族群体，这样使文化带有浓重的家族性。然而在宗族性文化的影响下乡村社会容易产生故步自封的状态。第三，自给自足的小农经济盛行。自给自足的小农经济孕育了独特的文化特征和精神面貌，也造就了中国传统社会特有的"内倾性"文化心理，进而限制农民开拓进取的精神，形成安土重迁的文化心理和因循守旧的文化个性。第四，传统社会的政治结构铸就了文化的形成。要想了解影响传统乡村文化发展的因素，需要从社会的政治结构入手。传统社会制度是以君主专制制度为主，最高统治者的政治权力通过宗族或家族进行自上而下的统治，这就意味着传统乡村文化的形成会受到传统社会政治结构的影响，文化自身带有的传统家族观念，使得文化忽视了个人的发展需要。正是在以上因素的共同作用下，传统的乡村文化表现出庞杂的特征，塑造了农民独特的文化个性。

通过对乡村文化形成要素的分析，可以看出传统的乡村文化是指在中国封闭的自然环境和生产力水平发展较缓慢条件下形成的以农耕文明为基础，以家族文化为核心，以乡土本色为主要特征相对稳定的文化综合体，其中涵盖着以世代沿袭存在的知识、道德、风俗、制度等一切物质文化、

[①] 赵霞. 乡村文化的秩序转型与价值重建 [D]. 石家庄：河北师范大学，2012：25.

制度文化和精神文化三个层次复合体之和。

2. 新时代乡村文化

任何一种文化的产生都有其发展的根基，要充分理解新时代乡村文化的特质，需要从文化发展的特点入手。首先，乡村文化具有稳定继承性。任何一种文化在某一地域一经形成便带有自身的稳固性。传统乡村文化经过长期的历史沉淀，一些思想观念、宗法制度和风俗习惯等已经在乡村地区根深蒂固地保留下来，再加上乡村社会的流动性较小，其基本内涵和基本精神相对来说比较稳定。这就意味着新时代乡村文化是对传统乡村文化的一种时代发展的继承，即使其在发展变化过程中因受到外界因素影响而变化，但依旧较多地保留原有的文化形式。其次，乡村文化具有动态发展性。一方面，乡村文化在社会进步的过程中与其他文化发生文化碰撞，逐渐吸收城市文明及外来文化的有益成分。在借鉴和融合的过程中，不断增强乡村文化的底蕴，为新时代乡村文化朝着高质量发展提供了丰富的精神滋养。另一方面，乡村文化会随着地域差异和历史的变迁而发生变化，展现的是一种乡村意境的因素，包括特定器物、典章制度在内的有形物质层面；也包含一些行为习惯、价值诉求、价值规范在内的无形精神层面。乡村文化的发展动态性使得乡村文化在发展的过程中在保留传统文化因素的同时兼具新发展的内容。

在新的时代背景下，要对乡村文化从新的高度进行挖掘和认识，这意味着乡村文化既不是以城市文化为模板进行重构，也不是恢复过去传统乡村文化，而是在基于新的发展条件，对新时代乡村文化的内涵进行重新理解，满足广大农民的文化需求，从而激发乡村文化发展的内在动力。在充分把握乡村文化的特征及新时代发展要求基础上，可以看出新时代乡村文化与传统乡村文化的不同表现在内容属性和时代特性两个方面：首先，新时代乡村文化是对传统乡村文化有价值的文化内容进行继承与弘扬；其次，新时代乡村文化具有顺应时代发展要求的新特征，增添了时代发展新内容，在发展过程中体现的是时代特色。本文认为新时代乡村文化是文化发展的一种样式，旨在解决乡村发展不平衡不充分问题所需要的先进文化，其内容主要由物质形态、制度形态和精神形态三个层面构成。在物质层面可以表现为井然有序的建筑布局、美丽宜居的乡村环境和科学合理的农业生产等内容；在制度层面表现为现代民主的村民自治、科学规范的村规民约和治理有效的乡村法治等内容；在精神层面表现为积极向上的精神风貌和保护极具特色的传统节日等内容。

（二）新时代乡村文化建设的目标模式

新时代乡村文化建设的重要目标，就是要从物质、制度、精神三个维度出发，把乡村建设成一个产业兴旺、生态宜居、乡风文明、治理有效、生活富裕的美丽乡村。

1. 乡村文化的物质维度

井然有序的建筑布局、美丽宜居的乡村环境和科学合理的农业生产这三个方面是新时代乡村文化建设在物质维度需要实现的目标模式。这三个方面的有效配合有利于营造一个生态环境良好且高产高效的文化发展环境，这为新时代乡村文化提供更优质的物质发展环境，更好地促进新时代乡村文化的有序发展。

（1）井然有序的建筑布局

乡村建筑与村落布局是一种艺术形式，更是一类独树一帜的文化表达，它承载着乡村居民对乡村文化的独特理解。乡村建筑在与自然的融合、平衡关系中，逐渐积淀、发展、创新，最终形成自己浓郁的特色，反映特定的乡村风貌。新时代乡村文化在建筑布局方面以井然有序为发展目标，更注重对土地的科学规划与合理利用。对建筑布局的认识可以从乡村建筑和村落布局两方面入手。

首先，排列有序的乡村建筑。乡村建筑是乡村文化发展的重要物质载体，作为一个承载集体记忆的场所，承担着延续乡土文明和再现乡村记忆的责任。传统的乡村建筑分布和排列的形成是源于对乡村生活与自然关系的处理，反映的是乡村居民的居住空间形态。传统乡村建筑的选址和建造大多是村民自发选择的，大多以分散性、杂乱性为特征。由于对乡村建筑的选址没有经过统一规划设计，所以在村庄里的整体建筑从外观看起来排列显得杂乱无章，甚至影响村庄整体的美观度。同时，在房屋建筑的边界分割上，因为没有合理的标准去划分土地空间，加上用地管理界限不清晰等原因，部分村民占用土地面积大，使得乡村建设的占地面积不断扩大化，逐渐侵占基本农田用地，造成耕地的浪费。与传统的乡村建筑对比，现在的乡村建筑更倾向于建立集多种功能于一体的新型乡村社区。新型乡村社区是在科学规划设计的基础上结合乡村特色，从环境、土地、经济、文化等多角度综合思考，设计的配套设施完善的乡村社区。它是以集约利用土地为主，对乡村建筑进行科学规划，保留乡村原有的特色，在此基础上进行整齐有序的排列。新时代的乡村建筑更体现生态与科学规划的联结，既符合当地民居的生活需求又展现人与自然的和谐之美。

其次，科学规划的村落布局。村落布局是传统文化延续的重要载体，承载着某一区域内，人类不断协调人地关系的空间形态。传统的村落布局是人类对自然生态环境适应的结果，是在气候环境、地势地貌、河流水系等因素的共同作用下形成的。传统村落把村落与自然环境相结合，选址大多以地形资源、依山就势进行布局。由于受自然条件的限制，村落的规模偏小，布局呈现形态分散化特点，会产生交通不便及相应的配套设施不完善等问题，无法满足农民生活所需。随着生产力的发展和村民收入的增多，他们对村落布局的选址更倾向于基础设施完备、交通便利的地区。国家在建设乡村时，将村落布局规划放在首位，有计划地调整村落布局，把一些零星人少的村落向城镇集中。同时，公共基础设施的完善，逐步实现生活便利的目标。规划合理的村落布局在为村民提供完善的基础设施服务的同时，人口的集中，更便于管理。因此，排列有序的乡村建筑、科学规划的村落布局是实现新时代乡村文化物质维度的目标。

（2）美丽宜居的乡村环境

进入新时代以来，以习近平同志为核心的党中央大力推进生态文明建设，并提出生态兴则文明兴，生态衰则文明衰的重要论述。以推进农业绿色发展、持续改善人居环境、加强乡村生态保护与修复来建设生态宜居的美丽乡村，力图将乡村建设成生态系统稳定且人居环境宜居的美丽乡村。

首先，山清水秀的生态环境。习近平总书记强调，良好的生态环境是农村的最大优势和宝贵财富。乡村生态环境以多种风格展现着田园景观，它自身所附着的乡土特色和蕴含的独特文化氛围，是任何城市景观都无法取代的。随着工业化和城镇化的快速发展，小规模工业和乡镇企业带来的工业垃圾及乡村地区产生的生活垃圾不合理处置现象普遍存在，乡村地区的生态环境遭到破坏，绿水青山逐渐远去。随着乡村地区的田园风光资源逐渐紧缺，乡村生态问题引起国家的重视。要转变传统以"先污染、后治理"为特征的经济发展道路，逐渐发展生态经济发展之路，即在人与自然和谐共生的绿色发展理念指导下，正确处理乡村经济发展与生态环境保护的关系，满足农民对良好生活环境的向往。同时，加强对土壤、空气污染防治，对山水林田湖进行生态治理，切实提升生态环境的质量，逐渐恢复原生态的绿水青山，山清水秀的生态环境是农民今后向往的居住环境。

其次，宜居适度的人居环境。俗话说："安居乐业"，"安居"在前，突出了有个安定居住环境的重要性。事实上，良好的人居环境也直接影响着居民的幸福感和安全感。宜居适度首先要生活类基础设施的完备。要提高乡村居民的生活质量，关键在于乡村是否能够提供完备的各项基础设施，包括乡村公路建设、污水处理、公共厕所、医疗卫生、文体娱乐等在内的基础设施。如果乡村各项基础设施不完善，那么乡村生活环境难以达到"宜居"的生活目标。为改善乡村地区的人居环境，国家加大对乡村基础设施建设的投入力度，通过优化乡村的配套基础设施，修建道路交通、提供公共服务等方式，以达到满足村民的生活需求这一目标。同时，乡村响应国家政策，积极提升村容村貌建设，例如：对农村生活垃圾进行就地分类，使垃圾分类成为村民的新时尚；通过对生活污水的集中处理，使乡村人居环境达到清洁干净这一目标。通过这些措施力图将乡村建设成村容村貌整洁、基础设施完善的现代化乡村，从而更好地提升乡村地区的吸引力。

（3）科学合理的农业生产

进入新时代，人民由满足温饱需求向满足营养健康需求转型升级，这对农业生产提出了新要求，意味着我国的农业生产需要对发展战略和思路进行一定的调整，建立绿色的、可持续的农业生产模式，推动农业生产朝着科学合理的方向发展。

首先，传统生产转为生态生产。传统农业生产在向现代生态生产转化的过程中，会受生产方式、农业组织化程度和生产观念等多种因素的影响。传统农业在日常的生产活动中依靠的是旧的生产方式进行生产，其产业结构单一，存在低投入、低产出、低收益等弊端，而且在生产活动中对生态环境和土地资源造成一定的污染和浪费。传统农业向现代生态农业的转变是个循序渐进的过程，是由消耗资源的粗放式生产，逐渐向生态生产转变，这种生态生产促进了绿色技术和绿色模式的使用，加快了低碳循环在生态农业生产的应用。现代生态农业是传统农业与现代农业的有机结合，以高产、稳产、高效、生态、安全为目标，不仅增加了农肥、机械、设备等农用生产资料的投入，还增加了科学技术和人才等软件的投入，使绿色农业生产更具有鲜明的时代特征。生态农业的生产充分利用科技发展的成果，依托科技进步和科技投入来提高农业生产效率，既重视农产品的安全问题又满足居民对生态农产品的需求。

其次，逐渐发展绿色有机农业。绿色发展是经济社会发展与环境保护和谐统一新的发展模式，代表了未来农业现代化发展的方向。我国发展农业不能再走已被发达国家丢弃的"石油农业"之路，要用绿色发展理念指导现代农业发展。在传统的农业发展过程中，造成农业生态安全、资源环境安全等问题，而绿色有机农业是一种在保护生态环境的基础上，从事高产量、高质量、高效益的农业生产活动。这种生产活动从根源上减少了生态环境的破坏、土地资源的浪费的产生。当前，生态环境污染问题引发关注，国家对生态环境提出了"绿水青山"的要求，传统农业逐渐向绿色有机农业转变。绿色有机农业遵循自然规律，运用传统农业种植经验，在农业生产过程中，依托自然资源，以最小的科技投入获得更多的农产品产出，保持良好的生态环境。简单来说，绿色有机农业是把经济效益、生态效益结合在一起，在满足广大人民群众生产生活需要的同时，将农业生产推入可持续发展的轨道中，让农民享受绿色成果。

2. 乡村文化的制度维度

村民自治和村规民约本质上是一种非强制性规范，是在长期乡村社会生活经验中自然演化而来的，乡村自治是一种基层进行自我管理的基本方式。现如今，为响应国家治理现代化的号召，在制度层面对基层自我治理方式提出了民主化、规范化、科学化的目标要求。

（1）现代民主的村民自治

改革开放以来，村民自治在党的领导下逐渐由村民实践层面上升到了国家制度层面，纳入现代民主的法治化道路中。进入新时代以来，国家为加强对乡村治理能力和乡村治理体系现代化的建设，对乡村治理提出新的发展要求，即增强村民自治组织能力。这一要求也使得村民自治逐渐向民主化、科学化、规范化的方向发展。

村民自治是在传统社会中逐渐形成的自治管理方式。传统社会的国家治理以"皇权不下县，县下皆自治"为特征，这就导致国家政权无法到达乡村社会，因此乡村居民都是以村落为单位，依照传统乡规民约、宗法家规、风俗习惯等方式，对村落中的各种事务进行自我管理。在长久的历史发展中，村民自治在乡村事务中居于主导地位，国家通过村民自治，实现低成本的社会治理，正是由于这个缘故，村民的政治意识较为薄弱且与国家之间的关系不密切。进入 20 世纪以来，传统的乡村治理受多种因素冲击，自治秩序难以为继。在这样的情况下，乡村治理出现了新变化，即农民成为国家的主人，意味着农民要发挥自我的主体性参与自我管理。中华人民共和国成立以来，国家积极实行生产资料所有制，即集体成员所共同享有生产资料。这一制度的实行赋予每个社会成员共同参与管理国家事务的民主权利。在1978 年党的十一届三中全会上邓小平强调，要充分调动农民的积极性来发展农业生产，一方面，建立家庭联产承包责任制，保障农民的经济利益；另一方面，建立乡镇基层政权，形成"乡政村治"格局，落实农民的民主权利，积极实行村民自治。

进入 21 世纪以来，在党的领导下，将村民自治纳入社会主义民主政治建设的轨道上，成为人民自我行使权利的重要形式。与传统的村民自治相比，村民自治出现了一些新特点。一方面，国家将村民自治提升到了制度层面，通过建立健全一些法规政策来敦促村民积极参与，让村民自治逐渐制度化；另一方面，在国家政策法规的支持下，村民自治成为亿万农民行使民主权利的壮举，开辟了一条基层群众进行自我管理的民主道路。进入十八大以来，国家提出推进治理体系和治理能力现代化的发展目标，在这一背景下，村民自治从"管理民主"向"有效治理"转变，一是更民主化，对关乎农民切身利益方面的问题，通过自治平台进行村民自我治理和自我协商，保障了人民当家做主的权力。二是更多样化，因为各地区发展之间存在不平衡，因此村民自治要注意地区差异性，因时因地地选择自治形式。，

（2）科学规范的村规民约

村规民约是建立在伦理道德的基础上，由村民集体共同制定的，是带

有约束性的行为规范。随着时代的发展，村规民约的内容和形式也在不断地发生变化，旧时的乡规民约是一种约定俗成的非强制性规范，发挥着自我约束的作用。新时期的村规民约以科学性和规范性为建设目标进而促进新时代乡村文化的建设。当前，要实现村规民约科学规范的目标，要从科学领导和规范运行两个方面进行。

首先，科学领导。良好的领导促使村规民约朝着正确的目标发展。一方面，村规民约的制定是以国家法律为基本依据的，意味着要与国家的法治精神相一致。这就说明了村规民约是被框在法律允许的范围内，是用来弥补乡村社会中法律的空白。对于村规民约中的内容，不能以违反法律的规定或与法律相冲突的规定来约束农民。比如一些地区的村规民约中对村民乱扔垃圾的行为做出相应的处罚，但这些处罚不能损害公民的财产权、生命权等。要做到既在法律范围内进行自我治理，又能实现对村民进行惩罚警示的作用。另一方面，村规民约的制定虽然需要村民的参与，但又不完全是村民自主意愿的产物，而是以先进的价值观为引领。中华人民共和国成立以后，农民的政治地位得到提升，逐渐成为国家发展的重要力量，也意味着人与人之间的平等互助成为新的伦理规范。这一社会条件的变化，对新时期的村规民约提出新要求，即需要将社会主义核心价值观融入其中，在乡村社会注重正面价值的引导。

其次，规范运行。在乡村地区要对村规民约进行有效管理，依靠规范化的体制机制来保障村规民约的运行。一方面，加强有效管理，需要建立健全的村规民约保障机制。缺乏保障的村规民约，会产生"重制定、轻落实"的现象。会因执行力度的不均衡，对村民的约束会变得软弱无力，难以发挥村规民约自我治理的作用。因此，要把村规民约制定好的同时，还要采取有力措施，保障村规民约落实到位，让村民感受到村规民约的约束力。另一方面，由于农民受到多元价值的冲击，在各自不同的生产生活状态下，形成不尽相同的处事规则，在这样的影响下，村民容易缺乏规则意识。因此，要实现村规民约的有效运行，要在乡村社会建立规则体系。同时，村规民约作为基层自治的重要内容，其生命力在于是否能有严格的监督执行能力。要建立一些监督管理体制机制，在监督过程中实现农民的自我管理。

（3）治理有效的乡村法治

在 2018 年的中央"一号文件"中首次清晰呈现出"法治乡村"一词，这是立足于新时代全面推进依法治国的背景下，以实现乡村治理现代化为目标，推进法治乡村的建设，以便更好地用来约束乡村公共权力、规范乡村事务、保障农民基本权利。"全面依法治国"作为新时代坚持和发展中国特色社会主义基本方略之一，可以说，推进全面依法治国的重难点目前在乡村地区，反过来也要认识到法治建设的潜力也在乡村。因此，要积极推进乡村法治建设，以乡村法治为国家治理体系和治理能力现代化注入新鲜活力，推动乡村治理朝着更精准化、有效化的方向发展。

"秩序社会"是人类社会最基本的价值诉求，法治象征着公民权利和公共权力得到依法规范后，最终达到和谐均衡的状态，这也是社会发展到一定程度的最高秩序阶段。法治作为乡村制度文化的高级层面，是国家经法律制度确认的政治、经济、社会等正式制度，凭借一些理性化标准的规则来规范着人们的行为，具体可表现为法律政策、规章条例等一系列"正式规则"。法治是社会治理的前提，是乡村社会稳定发展的基本保障，缺乏完善的法治体系支撑的乡村社会，必然会产生松散无序的局面。因此，在乡村社会中建设乡村法治要以有效落实化和精确化为新的发展特点。一方面，乡村法治建设的重点取决于是否有效落实。为解决当前部分乡村滋生腐败事件、村民法治意识相对薄弱等问题，国家在乡村法治建设时，要做到将国家执法资源落实到位，法治执行力逐渐下沉到乡村社会中，只有这样才能发挥好法治在乡村治理的最后一公里的作用。另一方面，乡村法治建设的成败还取决于制度建设是否精细化。法治制度的精细化是以符合人民切身利益和需要为主，更是涉及乡村法治建设的各个方面，这无疑为乡村治理和乡村政治民主等方面绘就了一幅内涵丰富且细致全面的蓝图，让乡村治理更有效。

乡村社会法治的推进受熟人社会的影响，相对于城市而言，法治建设的推进过程更加复杂化。城市是以原子化和商品社会为主要特征，法治建设的进程推进比较容易为市民所接受。但在乡村社会中，法律的存在大多与村民的生产和生活联系不密切，更甚者，法律所追求的制度价值与乡村社会秩序在一定程度上是相冲突的，这样的推进型法治道路是难以被乡村社会所接纳的。再加上村民的行为会受乡村秩序的影响，在这样的情况下，法律框架内的权利与义务会被村民认为是无意义的，他们依旧会更偏向于传统乡村社会沿用至今的乡村秩序。在国家大力实施依法治国战略的推动下，在乡村社会选择治理有效的法治道路是亟须解决的问题。因此，国家在制定法律时，不能一味地追求现代法律制度，更要善于总结地方性知识，使得法律的主观设计与主体需求相适应，反之，如果大力推行一些强制性的制度，而忽视乡村社会固有的行为准则和规范，那么容易受到村民的抵制，法律的权威难以确立。在现代推进法治建设过程中，应多关注乡村社会的现实需要，吸纳一些乡村原有的社会秩序，或在法律的制定和实施下多方位考虑到村民的密切需求，将会逐渐增加村民对乡村法治的接受度。

现代民主的村民自治、科学规范的村规民约和治理有效的乡村法治是新时代乡村文化在制度维度需要达到的一个目标，以自治、德治、法治的运行不断提高乡村的治理能力和自我管理，更进一步促进新时代乡村文化的有序发展。只有坚持现代民主、科学规范和治理有效的发展，才能更好地促进实现新时代乡村文化的建设。

3. 乡村文化的精神维度

培育积极向上的精神风貌和保护极具特色的传统节日，是新时代乡村文化建设在精神维度需要达到的重要目标，精神风貌的提升和传统节日的极具特色，为新时代乡村文化建设增添新的发展内容，促进新时代乡村文化朝着健康向上的方向不断发展。

（1）积极向上的精神风貌

习近平指出："农村精神文明建设很重要，物质变精神、精神变物质是辩证法的观点，实施乡村振兴战略要物质文明和精神文明一起抓，特别要注重提升农民精神风貌。"[1]在新时代提升农民的精神风貌是农村精神文明建设的必然要求。现如今，新时代乡村文化建设的重要目标是让乡村精神风貌呈现出积极向上的状态。

首先，健康向上的文化活动。过去的农村地区文化设施简陋，使得文化活动难以开展，农民在闲暇时间中大多选择以打麻将、看电视、聚众喝

---

① 习近平在江苏徐州市考察时强调：深入学习贯彻党的十九大精神 紧扣新时代要求推动改革发展[N]. 人民日报，2017-12-14.

酒为主的休闲方式，而精神文化生活乏善可陈。乡村社会中缺少健康向上的精神文化活动，农民精神文化生活的空虚化，在一定程度上促使了黄赌毒、封建迷信等不良社会风气的蔓延。而在新时代，国家高度重视农村精神文明建设，加大对公共文化基础设施的投入力度，比如建造一些图书馆、阅览室、体育馆等设施，这为农民开展健康有益的活动提供场地，满足了农民参与文化活动的需求。农民积极参加阅读、健身、文艺表演等文化活动，由过去单一的活动方式向多样化的活动方式转变，进而丰富农民的业余生活，使得农民保持积极向上的精神状态。

其次，开展移风易俗活动。迈入新时代以来，开展移风易俗活动有利于涵养新乡风，提振农村精神文明。农民积极参与移风易俗活动和弘扬时代新风活动，促使社会主义核心价值观成为乡村社会的主流价值观，并在潜移默化中融入农民的日常生活，达到内化于心，外化于行的目的。开展移风易俗的活动不仅祛除了不符合新时代发展的陈规陋习，而且为新风俗增添了时代特征，从而促进了风清气正乡村文化的形成。随着对新风俗的倡导，人们自觉摒弃焚烧纸钱香烛、燃放鞭炮祭品等陈规陋习，推行鲜花祭祀、植树祭祀等文明健康安全的祭祀仪式。移风易俗活动的开展为乡村社会营造了积极向上的精神风貌。

（2）极具特色的传统节日

乡村传统节日文化不仅是中华民族传统文化的重要组成部分，更是乡村文化的符号和印记。极具特色的传统节日文化对涵养人们的精神家园，丰富人们的精神生活具有举足轻重的作用。然而，随着时代的发展和价值观念的变化，乡村传统节日文化当中的一些独特的风俗习惯和文化符号已出现了弱化的现象。

首先，乡村传统节日文化的地域性特色。任何一个地区都或多或少拥有一些独有的节日风俗。这些独有的节日风俗不仅代表了本地区的乡土气息，更寄托了这一地区人们的乡土情感。然而，随着市场经济的发展、城市文化的冲击及人口流动等因素的影响，乡村传统节日文化的地域性特色逐渐被弱化。在快节奏城市文化的吸引下，人们长时间离开家乡，对家乡的眷恋之情和特有的节日风俗已逐渐淡忘，已融入千篇一律的城市文化当中。除此之外，在共同传统节日当中，不同地区之间节日习俗的差异化也逐渐消失。随着时代的发展，一些乡村传统节日的庆祝方式逐渐被简化，甚至是不同地区之间的不同节日习俗。这些传统节日最终的庆祝方式只停留在了"吃"上面。

其次，乡村传统节日文化的民族性特色。每个民族都有极具特色的传统文化。民族传统节日作为传统文化的重要表现形式之一，对少数民族乡村文化的精神建设至关重要。然而，民族性特色的逐渐消失，却阻碍了少数民族地区乡村文化建设的步伐。少数民族的传统节日与市场经济的过度结合，使其民族性特点逐渐消失。为带动少数民族地区的经济发展，往往通过独具特色的传统节日来吸引游客，从而拉动消费。但是，过度的商业化开发，使得传统节日文化丧失其本来的民族特色，变成一种商业活动。除此之外，传统节日开发的商业化目的，使得传统节日文化成为经济效益的附属品，有利用价值的、有效益的、有吸引力的传统节日可以获得大力推广和开发。反之则被弃置一旁。这种做法既不利于少数民族传统节日文化中民族性特色的保护，也不利于新时代乡村文化建设的总体目标。

我国是一个农业大国，乡村文化历史悠久，源远流长，在中国文化当中居于主流位置，可以说是中华文化的根基。极具特色的乡村传统节日文化作为中华民族传统文化的组成部分，以及乡村文化所独有的符号和印记，在新时代乡村文化建设当中具有至关重要的作用。因此，弘扬乡村传统节日文化，保护乡村传统节日文化的地域性特色和民族性特色，是新时代乡村文化建设的重要目标。

三、乡村振兴战略与乡村文化建设的内在逻辑

乡村振兴战略与乡村文化建设同为促进农业农村现代化发展的重要举措，二者之间存有紧密的内在关联性。

（一）乡村振兴战略为乡村文化建设提供了发展机遇

乡村振兴战略的提出是党中央着眼全局顺应新时代农民的美好生活向往所做出的重大决策部署。这一战略举措的顺利推进需要国家政策的有力引导与强大保障。

第一，强农惠农富农政策的完善为乡村文化建设提供了强大的政治保

障。为贯彻落实十九大的战略部署，党和国家从 2018—2020 年连续三年印发的中央"一号文件"及相关农村工作会议等相关文件都对乡村振兴战略的实施进行了统筹规划与部署，近两年农业农村部和财政部联合发布的重点强农惠农政策都是乡村振兴战略能够顺利贯彻落实的强有力保障。乡村文化作为这一战略的重要组成部分，它的有效发展同样得益于国家不断增强的强农惠农政策，如乡村文化建设资金的财政补贴、乡村文化建设人才的引进与培养机制等。

第二，国家经济实力的显著增强为乡村文化建设提供了坚实的物质基础。在党中央的坚强领导下，自乡村振兴战略提出并贯彻实施以来，乡村粮食生产水平保持良好势头、农业供给侧结构性改革稳步推进、农民收入增长势头向好、脱贫攻坚战略在此决胜期高效推进，这些都使得国家的经济实力显著提升。因而，农民的物质生活得到了相当的满足，而农民物质生活的充盈就为乡村文化的繁荣发展奠定了坚实的物质基础。

第三，源远流长的优秀农耕文明是乡村文化建设的深厚文化根基。中国作为唯一一个文明不曾中断的悠久文明古国，2000 多年的农耕文明所孕育的中华优秀传统文化是乡村文化建设稳步推进的根基所在。在中国特色社会主义历史进程不断推进的大背景下，乡村优秀传统文化为乡村发展提供了最醇厚的滋养，但目前乡村文化所面临的冲击与消解需要我们对乡村文化的价值与功能进行重新审视与定位，以稳固乡村发展的魂之所在。

第四，美丽乡村建设的稳步推进是乡村文化建设的价值旨归。乡村文化建设是提升乡村社会精神文明风貌的重要举措之一，其主要目的在于繁荣发展乡村文化、丰富乡村居民的精神生活、打造良好的乡风民风以提升乡村居民生活的幸福指数，继而提高乡村社会的文明程度。美丽乡村作为乡村振兴战略的重要篇章之一，不仅要山美水美的良好自然生态环境，也需要和谐友善的人居环境，而乡村文化建设正是塑造美丽乡村之魂、涵养乡村精神文明建设以提升乡村居民的思想道德水平与文化素养、打造邻里守望、勤俭节约的文明乡村的关键之举。

（二）乡村文化建设是实施乡村振兴战略的动力源泉

乡村文化作为中华文化之根脉，它的繁荣发展对丰富乡村居民的精神世界、营造良好的人文生态环境及促进乡村产业发展的多元化具有不可替代的动力作用。以下将从三个方面来说明乡村文化建设对于乡村振兴的重要作用。

第一，乡村文化建设为乡村振兴提供强大的精神动力。乡村优秀传统文化产生于乡村居民的日常生活实践，是千百年来乡村居民生活智慧的结晶，其中所蕴含的世代相传的礼俗文化对于乡村居民具有规范、约束作用，如人文关怀、价值理念及风俗习惯等都可以是乡村居民的精神寄托所在，可以起到凝心聚力的作用。面对文化的多元化，当前乡村文化的发展不仅需要继承传统文化的精华，还需要开创性地发展符合新时代特征的新文化，让乡村能够重拾文化自信、增强乡村文化自觉，为乡村振兴提供精神动力支持。

第二，乡村文化建设为乡村振兴营造良好的人文生态。所谓人文生态就是指社会环境和文化环境，是由多种社会文化要素构成的综合动态系统。乡村文化建设能够通过"社会公德、职业道德、家庭美德、个人品德"[1]的道德建设工程加强乡村居民的思想道德建设以提升乡村居民的精神风貌，在乡村形成崇德向善、诚信重礼的良好社会风气。通过对中华优秀传统文化的继承与发扬及当代乡村文化的创造性发展为乡村居民提升自身的文化素养提供一片沃土。这些对于乡村社会环境的开放包容、风清气正与文化环境的雅俗共赏、百家争鸣具有重要的促进作用。

第三，乡村文化建设为乡村振兴注入文化产业新动能。乡村文化产业的发展是乡村经济发展的新动能，对于乡村盘活乡村特色文化资源、丰富乡村文化业态具有至关重要的作用。乡村文化产业在传统的乡村产业中所占比重较低，而当前的各种惠农政策不仅为乡村文化产业的发展提供了强大的资金支持，为乡村文化产业的发展指明了方向，同时调动了乡村居民大众创业万众创新的积极性，为乡村文化的发展提供了多种助力。这不仅为乡村优秀传统文化的继承与发展及新时代乡村文化的创新发展提供了良好契机，也为乡村振兴注入了文化产业的新动能，有助于乡村产业结构的优化调整与产业融合。

---

① 乡村振兴战略规划（2018—2022 年）[M]. 北京：人民出版社，2018.

（三）乡村振兴战略与乡村文化建设存在高度一致性

1. 价值理念的一致性

一是以实现城乡发展正义性为价值导向。追求发展正义性是重塑城乡关系的价值导向。城乡不合理二元结构的长期存在是城乡发展非正义的突出症候。实施乡村振兴战略就是要在城镇化进程中变革城乡之间的生产与分配方式，在城乡发展的资源配置上优先注重公平正义，让二者彰显各自价值，建构和谐、流动的城乡发展秩序，从而实现城乡发展的公平正义性。因此，乡村振兴战略是以追求城乡发展正义为价值导向的实践活动。另外，在高速城市化进程中，发展非正义会由最初的经济、社会及主体之间的排斥，逐渐加深到文化礼俗与习惯层面。而乡村文化建设作为乡村振兴视域下提升人文素质的重要手段，其存在的特殊意义在于促进乡村文化振兴。因而，乡村文化建设能够在促进文化发展正义上发挥关键作用，对城乡发展正义性有着更深刻的内在影响。由此可见，乡村振兴战略与乡村文化建设在追求城乡发展正义的实践中体现出高度一致性。

二是以复兴乡村文化为价值追求。实现城乡文化协调发展对中国特色社会主义文化体系的完善与发展至关重要。然而，从新时代中国乡村发展的现实情况看，农民文化程度仍掣肘乡村经济社会发展，乡村文化是国家实现城乡文化协调发展目标的短板所在。如何立足乡村以复兴乡村文化是实施乡村振兴战略遭遇的现实难题，也构成了实施乡村振兴战略在价值层面的发展目标。另外，乡村文化是包含乡村物质文化、制度文化、精神文化和行为文化内容在内的有机统一体。乡村文化价值的缺失会使乡村文化的形成与发展缺少前行的动力与方向。乡村文化建设是一个以复兴乡村文化为价值追求，不断提升乡村文化水平的实践活动。可见，乡村振兴战略与乡村文化建设在复兴乡村文化的价值追求中体现出高度一致性。

2. 多元组织参与的一致性

多元性是现代乡村社会发展的重要特征，更是乡村振兴战略与乡村文化建设在乡村运行所凭借的优势条件。实际上，乡村振兴战略与乡村文化建设在实践中存在着乡村党组织、村民委员会、乡村社会组织等不同层面多元组织参与的一致性。

一是乡村党组织是克服乡村集体行动困境与社会选择难题的组织化载

体。作为乡村政治权力的核心，乡村党组织在乡村振兴战略实施与乡村文化建设中具有不可或缺的政治领导地位。乡村振兴战略作为国家七大发展战略之一被写入党章，其具体实施过程需要层层下沉，乡村党组织作为乡村社会各项工作的主心骨，是沟通党中央与农民的桥梁。乡村党组织把实施乡村振兴战略摆在优先地位，是落实党管乡村工作要求的有力体现。同时，从历史角度看，乡村文化建设始终是在乡村党组织的直接领导下进行的乡村文化建设活动；从时代发展看，乡村党组织能凭借其政治地位、组织优势、群众影响力回应农民对美好生活的追求，理应成为新时代乡村文化建设的领导者、组织者与推动者。因此，乡村振兴战略与乡村文化建设在实践中存在着乡村党组织参与的一致性。

二是村民委员会作为自下而上产生的群众性自治组织，通过行使村民自治权，在维护农民利益，服务乡村经济社会发展等方面发挥基础性作用。作为农民行使自治权的正式组织形式，村民委员会是乡村振兴战略实施与乡村文化建设的重要参与主体。村民委员会承担着不断发展村集体经济、办理村内公共事务与公益事业、调节村内纠纷与维护社会治安、开展村内文化建设活动等工作任务。乡村振兴战略实施与乡村文化建设都要经由能够直接代表农民意愿与利益的村民委员会来实现。借由村民委员会的运行，能将分散的农民整合起来，高效参与乡村振兴战略实施与村文化建设的相关工作。因此，乡村振兴战略与乡村文化建设在实践中存在着村民委员会参与的一致性。

三是乡村社会组织是在乡村区域由农民自愿参与组成的以公共事务治理为目标的非政府性、非营利性组织。乡村社会组织通过行使对乡村公共事务的参与权在乡村经济社会发展中发挥服务与协调作用，是乡村振兴战略实施与乡村文化建设的建设性力量。乡村振兴是全社会的共同行动，稳步推进乡村振兴战略实施，离不开乡村社会组织协同参与，如以乡村经济合作社、乡村专业技术协会为代表的乡村社会组织，在推动乡村经济市场化发展、强化农民市场主体地位、弥补乡村公益性社会事务供给主体单一等方面有重要作用，能够助力乡村产业振兴与组织振兴。同时，乡村文化建设是全社会的共同期盼，深入推进乡村文化建设，离不开乡村社会组织的动员支撑，如以红白理事会、道德评议会、乡贤理事会为代表的乡村社会组织在培育文明乡风，遏制乡村陋习方面发挥重要作用，是激发、组织、推动乡村内生力量参与乡村文化建设的有效载体。因此，乡村振兴战略与乡村文化建设在实践中存在着乡村社会组织参与的一致性。

3. 共生环境的一致性

共生环境原指生物界处于共生关系的生物体产生和发展的基础条件。运用到社会科学领域，共生环境指相互关联的社会事物共同具有的形成条件与发展环境。从乡村振兴战略与乡村文化建设的逻辑指向看，乡村振兴战略实施本身就内在含有推进乡村文化建设的现实要求，而乡村文化建设则为乡村振兴战略顺利实施提供灵魂指引，两者事实上存在互为条件、不可分割的紧密关系，具有共同的生存与发展环境。而乡村文化生态是乡村振兴战略实施与乡风文明建设最直接的共生环境。文化生态是指文化主体在从事文化创造、传播及其他文化活动过程中，与其所依赖的生存环境和条件之间互动而形成的文化的生态环境。文化生态是自然生态环境与人文生态环境的整合。自然生态环境作为人的无机身体，是人从事实践活动的本源性空间。乡村自然生态环境是乡村振兴战略实施与乡地文化建设生存与发展所依赖的根本条件。中国的不同村庄自然环境复杂多样，乡村振兴战略实施与乡村文化建设必须遵循乡村自然环境的运行规律，因地制宜、循序渐进地开发乡村自然资源。人文生态环境是人在日常生产劳动和与人的交往中形成的道德规范、伦理关系、价值观念、村规民约及贫困农民文化心理等非自然因素，是人进行实践活动的次生性空间。乡村相较城市而言是典型的礼法社会，乡村社会的存在本身就构成了一个复杂的人文生态环境体系。乡村振兴战略实施与乡村文化建设扎根于乡村这片沃土，必然受到乡村人文生态环境的深刻影响，需要与其发展规律相向而行，在促进乡村人文生态环境不断演进中实现自身发展。由此可见，乡村振兴战略与乡村文化建设存在共生环境的一致性。

第二章　乡村文化自信的复合形态与内在逻辑

　　乡村文化自信是指当地村民对农村文化所产生的一种自信，是对乡土文化的内容、价值等各方面的认同。具体来说，乡村文化自信是村民对乡村本土文化的一种情感寄托，表现为对乡村传统文化的喜爱和肯定；是对乡村文化内涵、生活环境和方式的一种认同；也是对乡村的文化载体——村落、工艺、民俗、古建筑等所表现出来的深厚情感。乡村文化自信对于实现乡村文化振兴进而实现乡村振兴至关重要。

　　本章立足乡村文化自信的内涵，探讨乡村文化自信的复合形态和乡村文化自信与乡村文化建设的内在逻辑，为乡村文化自信的价值重构奠定理论基础。

一、乡村文化自信的复合形态

（一）乡村文化自信的内涵

　　1997 年，费孝通提出文化自觉的概念，是指生活在一定文化中的人对其文化有"自知之明"，明白它的来历、形成过程、所具有的特色和它发展的趋向，不带任何"文化回归"的意思，不是要复旧，也不主张"全盘西化"或"全盘他化"。①其后又有不少学者进一步阐释。云杉认为，文化自觉是指一个民族、一个政党在文化上的觉悟和觉醒，包括对文化在历史进步中的地位作用的深刻认识，对文化发展规律的正确把握，对发展文化的历史责任的主动担当。②而"文化自信是人们对自身文化发展的坚定信念，

---

① 费孝通. 文化与文化自觉 [M]. 北京：群言出版社，2012.

② 云杉. 文化自觉 文化自信 文化自强——对繁荣发展中国特色社会主义文化的思考（上）[J]. 红旗文稿，2010（15）：4-8.

是对自身文化价值的充分肯定"①，是在文化实践中体现出的一种文化主体意识。"文化自信，是更基础、更广泛、更深厚的自信，是更基本、更深沉、更持久的力量。"②

2017年10月18日，习近平在党的十九大报告中提出，要坚定文化自信，推动社会主义文化繁荣兴盛。他提出："没有高度的文化自信，没有文化的繁荣兴盛，就没有中华民族伟大复兴。"③梳理至此，我们可以发现，从某一民族、国家、政党对自身文化的认识来看，从文化自觉到文化自信是文化认识的不同阶段，文化自信以文化自觉为基础，文化自信是自觉基础上的正向肯定。对于中国共产党、中国人和中华民族来说，其文化自觉就是指其对中华文化的地位、作用、发展历程和未来趋势的自知之明，以及对于历史责任的主动担当。文化自信，就是其在对时代发展潮流和中国特色社会主义伟大实践的深刻把握中，对中华文化价值的充分肯定，以及对中华文化生命力的坚定信念。④

在中华文化中，在中国特色社会主义文化中，乡村文化又是何种地位？费孝通认为，从基层上看，中国社会是乡土性的。⑤徐兆寿认为，在他（费孝通）的世界里，乡土文化不光是乡村的文化，也是古代中国人的文化，就是中华传统文化。乡土文化是一种植根于大地，在大地上建立乡村、城镇、礼仪、制度、庙宇，并且以此而建立其自由、幸福的天人合一的文化。从根本上说，它就是钱穆所讲的与海洋文化、游牧文化相对应的三大文化之一的农耕文化。再说小一些，它就是中华传统文化。⑥张正宪指出，乡村是传统文化的"源头"，是农耕文明的"载体"。乡村建设的每一方面和行动，都必须注重乡土文化的保护，或者以乡土文化为引领和灵魂。乡土文化的悄然复兴，

---

① 高清. 文化自觉和文化自信是建设社会主义文化强国的必然选择 [J]. 陕西社会主义学院学报，2013（03）：15.

② 中共中央文献研究室编. 习近平关于社会主义文化建设论述摘编 [M]. 北京：中央文献出版社，2017：16.

③ 习近平. 决胜全面建成小康社会 夺取新时代中国特色社会主义伟大胜利——在中国共产党第十九次全国代表大会上的报告 [N]. 人民日报，2017-10-28.

④ 孙元君. 习近平的文化自觉与自信 [J]. 奋斗，2015（05）：54.

⑤ 费孝通. 乡土中国 生育制度 [M]. 北京大学出版社，1998.

⑥ 徐兆寿. 乡土文化何以复兴 [J]. 决策探索（下半月），2017（01）：37-38.

给中国乡村的现代化转型奠定了一个撬动的支点，为中国农民的主体性发展增添了更加充足的文化自信。①2018 年 9 月 21 日下午，中共中央政治局就实施乡村振兴战略进行第八次集体学习，习近平在主持学习时发表讲话，指出：我国农耕文明源远流长、博大精深，是中华优秀传统文化的根。②

从这些表述可以看出乡村文化（文明）、乡土文化、农耕文化（文明）几乎是指向同一个所指——本书统一用"乡村文化"这一指称——它是中华优秀传统文化的根。据此，中国人的文化自信当中，自然应该含有"乡村文化自信"。这种乡村文化自信可以分为两个层面：一是整个社会对乡村文化的自信，对乡村文化价值的充分肯定，对乡村文化在中华文化中的地位的肯定；二是乡村居民尤其是在乡村从事农业的农民对乡村文化的自信。有了前者，后者才能持久，才能形成关于乡村文化自信的良性循环；有了乡村内部的乡村文化自信，才能有建设乡村、乡村振兴的内生动力与不绝动力。只有这二者合力，才会有乡村振兴的人才资源，才会有新农人、新乡贤、返乡农民，才会有城市人从事涉农产业等。③当然，我国的文化自信所自信的文化是中华优秀传统文化、革命文化、社会主义先进文化等优秀文化，那些包含在"传统"中的、曾经被认为是"文化"但现在看来腐朽落后的思想、观念、制度、器物，不在"文化自信"之列。具体到乡村文化自信，是对乡村文化的物质、制度和精神层面中正向的、优秀的、美好的方面予以充分肯定，即乡村文化自信是对乡村美好风物风俗的自信，对乡村美好精神伦理道德的自信，对乡村居民在劳动实践中体现的智慧等的自信。

---

① 张正宪. 乡土文化复兴：农耕文明迎来变革新生 [J/OL]. 半月谈，2017（11）：6. http：//culture. people. com. cn /n1 /2017 /0815 /c1013-29471415. html，2017-08-15.

② 习近平主持中共中央政治局第八次集体学习并讲话 _ 滚动新闻 _ 中国政府网 [EB/OL]. [2018-09-22]. http://www. gov. cn/xinwen/2018-09/22/content_5324654. htm

③ 张正宪认为：新乡贤群体的成员构成更加广泛。传统中国的乡贤即乡绅。今日乡村，退休返乡的干部、教师、工人，怀揣金色梦想的大学生村官，投身创业热潮的返乡农民工，矢志反补桑梓的成功企业家，积极带领村民实现共同富裕的优秀基层干部，还有热心乡村公益事业、自愿从事乡村建设的各方社会贤达，都可成为新的乡贤。参见张正宪. 乡土文化复兴：农耕文明迎来变革新生 [J/OL]. 半月谈，2017（11）：6. http：/ /culture. people. com. cn /2017 /0815 /c1013-29471415. html，2017-08-15.

（二）新时代乡村文化自信的复合形态

乡村文化是一个相对稳定、富有动态、具有生活气息的文化概念，自在、自觉与自信三种文化特征并列共存于乡村社会的各个时期，其中乡村文化的内容、形式和功能三个维度展现了乡村文化的自在形态，传统与现代、理论与实践、时间与空间三个向度体现了乡村文化的自觉形态，优秀传统乡村文化、乡村社会革命文化及社会主义先进文化三个方面彰显了乡村文化的自信形态。

1. 新时代乡村文化的自在形态

自在的乡村文化形态是农民在日常生活习俗、生产经验、天然情感等因素下形成的无意识的文化形态，具有简单思维和重复实践的特点。乡村文化的自在特性体现在内容维度、形式维度和功能维度中。乡村文化的功能是乡村文化内容和形式的价值所在，而价值和功能的实现又需要以内容和形式为支撑，三者相互关联、有机统一。

（1）文化内容维度的自在

乡村文化的自在特性从其内容维度来看具有不同的划分标准，按照乡村文化的成果，可将乡村文化划分为物质、地域、制度、精神四个不同层面。从乡村社会关系来看，乡村文化可划分为人与自然、人与社会、人与自我的三重关系。无论哪种划分标准，它们都是构成乡村文化自在发展不可或缺的有机因素。

乡村文化不是王侯将相生活的记录，而是农民日常生产生活的智慧集锦，是在长期农业生产生活过程中逐步形成的物质文化和精神文化的总和，内在地包含了四个层面的内容：以建筑风格、民间工艺为代表的乡村物质文化；以民间风俗、节日习俗为代表的乡村地域文化；以乡规民约、社会准则为内容的乡村制度文化；以信仰为核心，以宗祠家谱、寺庙、道观为载体的家族和宗教文化。有别于具有侵略性和攻击性的殖民文化和以竞争和效益优先的工业文化，物质、地域、制度、精神层面的乡村文化是围绕着农民的自我生存展开，乡村文明停留于最基本的生存层次，是一种自在而又和善的文化形式。无论是在封建社会还是在工业化、城市化的进程中，乡村社会一直扮演着供给者的角色，农民掌握了农业生产经验辛勤劳作之后，便会虔诚地企盼风调雨顺、国泰民安、与世无争的乡村文化自在的延续发展。

乡村文化是一种与城市文化相对应的文化形式，自然环境是乡村文化形成和发展的根源。自然供给的持续和稳定性，赋予乡村文化承受历史变迁的韧性，令乡村文化即使经历了朝代的更迭、政权的变迁、民族的兴衰、文化的交流和融合始终未能被彻底同化，在几千年跌宕起伏的社会历史潮流中仍然能够独立自在地传承和发展。乡村文化内在地包含了人与自然、人与社会、人与自我的三重关系，其中阡陌交错、恬静舒适的自然环境彰显了乡村文化天人合一的生态理念；简约淳朴、睦邻友善的乡风民俗展现了乡村文化交往理性中的人文关怀；安居乐业、知足常乐的生活态度突显了乡村文化自然和谐的生活方式。时过境迁提起乡村，浮现在人们眼前的依然是阡陌纵横的自然美景、淳朴善良的乡风民俗、怡然自乐的生活态度。自在的乡村"原风景"中蕴含着历史的痕迹，乡村文化中凝结着人们记忆深处的归属感，成为人们可以退守的精神家园。

（2）文化形式维度的自在

乡村文化只有采用恰当的文化形式才能得以延续。乡村文化是零散的、非系统化的，具有显著的自然和经验主义色彩，带有多元化、包容性的特征，实用主义色彩浓厚。

有别于哲学、科学，乡村文化是一种非系统性、非理论化的文化形式，是凭借生产实践经验积淀的具有常识性的思维惯性，带有浓厚的自然和经验主义色彩。中国具有数千年的农业文明史，农民积累了众多关于气候、土壤、温度等多方带有地域特征的文化常识，并匹配出适宜于当地的农业生存智慧，他们会因循地势开垦农田、果园、林地；会依据土壤实际状况进行轮作、间种、休耕；农闲之时会开展民歌、戏曲、祭祀等休闲活动。但是由于缺乏数据统计、实验设计等步骤，农业应用型知识多停留于感性认识阶段，农业知识成果的传授也需要凭借直观感受，多依靠学习者的自我领悟能力。农民对文化的需求层次较低，在能够维持文化基本需求的条件下，缺少改变和革新乡村文化现状的主观愿望，致使乡村文化创新发展的内在驱动力不足。单纯的经验传递，不能为乡村文化的发展带来"质变"，带有经验主义色彩的乡村文化在乡村社会自在发展。

乡村文化没有统一的范式，具有多元化、包容性的特征，带有显著的实用主义色彩。儒释道三大文化系统代表着不同的文化传统，在乡村社会交汇之时并未水火不容相对峙，三者相互调和形成自在的文化互补机制，尊儒、重道、理佛在乡村社会未曾发生冲突。依据不同的生产方式，在不同的乡村地域出现了极具特色的民间信仰，东南沿海从事海洋渔业的渔民会祭拜海神妈祖，而从事农业生产的农民则会祭拜伏羲、神农和皇帝以祈求风调雨顺、五谷丰登。民间宗教信仰虽然广泛，但大多具有"实际功用"，农民信而不仰，信仰却不归属，没有严格的组织规范，在乡村社会各自独立自在的传承发展。五四新文化运动后，马克思主义为半殖民地半封建的乡村社会提供了一种全新的政治文化选择，二者结合让传统的农业文化向社会主义升级，使传统的民本思想向以人为本的社会价值转换，大同社会的愿望向共产主义理想飞跃，赋予传统乡村文化马克思主义的科学内涵，因乡村文化的包容特性，多元文化在乡村社会和谐共生、自在发展。

（3）文化功能维度的自在

文化的功能是供给个体在生存与发展中所需的精神动力，具有导向、协调、约束和凝聚功能。乡村文化因其自在的特性使它涵盖了具有正面积极功能的先进乡村文化，也存在着负面消极功能的落后乡村文化，对于乡村文化的辨别与选择至关重要。

随着人们经济技术水平的不断提高，社会组织理性化程度加强，控制自然的力量增强，但"被征服"的自然也在无声地报复着人类，用以征服自然的技术转化为超人的力量反噬着人类，让人们感受到个体在机器时代的无力。经济增长与技术进步为人们提供更高品质的生活，是人类文明的重要内容，却不是唯一的参数，把手段当作目的，把形式当作内容，开发者可能转化为侵略者。相较于工业文明，农业文明以"自足"为特性，更加注重人文理性。农业生产不强调工业性的征服自然能力，而是注重培养人们尊重和适应自然的生存智慧。农业生产通过自然教化引领人们深思人与自然的关系，让人们养成诚实感恩的品质，学会与他人和谐共享。在工业化进程中农业生产持续性地为工业化和城市化的发展提供着产品、土地、资金和劳动力的保障，乡村文化立足于现实的农业经济，能够给予民众充分的安全感和幸福感。

正是由于乡村文化的自在特性，使得乡村社会留存着部分落后文化。

我国是封建社会发育最为完善的典型，社会意识具有相对独立性，封建文化经过几千年的历史积淀仍有一定的残余，乡村社会存在着与社会主义不相适应的等级观念和封建迷信。随着社会主义市场经济的发展，受利益驱使，一些庸俗、媚俗、低俗文化，借助于现代高科技手段，以新的包装形式在乡村社会显现。它们不仅与农民日益增长的精神文化需求不相适应，也与全面建成小康社会的目标不相适应。对此需要提高农民的鉴别能力，以习近平新时代中国特色社会主义思想为指导，提高农民的精神追求层次。依靠强制性的制度法律铲除落后文化的生存土壤，以立法的形式禁止落后文化的传播。乡村社会存在部分落后文化，但落后文化不仅仅存在于乡村社会，乡村文化与落后文化之间存在本质的区别，优秀乡村文化不仅是中国传统文化的重要载体，也是中国共产党革命文化的实践场域，是中国特色社会主义文化的重要组成部分。

2. 新时代乡村文化的自觉形态

自觉的乡村文化形态是农民在具备了相应的知识储备和创造性思维能力后，对自文化的发展历程和未来走向有了较为清晰的认知，使得乡村文化在新的社会环境中具有文化转型的自主能力。"文化自觉属于主体的理性意识"[1]，"要达到文化自觉，不在于是否热爱文化，而在于如何将文化放在一定的历史条件下，以社会发展的必然性与现实性为坐标去加以实现"[2]。新时代工业化、信息化、全球化深入发展，深刻地改变着文化的传播速度和交往广度，不同文化交流、碰撞、冲突加剧。乡村文化由一种占主导地位的文化模式向另一种文化模式的转型并不是常态，无论是自觉或不自觉的转型都建立在文化理念、价值体系发生整体性、根本性转变的基础上，我们结合历史与现状对乡村文化的自觉路径展开初步探讨。

（1）传统与现代维度的自觉

随着时间的推移，乡村文化在城市与农村、全球化与本土化等诸多张力中不断变迁，为回应历史挑战，乡村文化面临现代化转型的压力，而在乡村社会的"原风景"中承载着历史记忆，能够为生活在多元文化场域的

---

① 徐之顺，胡宝平. 文化自觉、文化自信与城乡文化和谐共生[J]. 南京师大学报（社会科学版），2018（06）：8.

② 林剑. 也论文化的自觉、自信与自立[J]. 学术研究，2013（06）：14.

人们带来归属感，如何做到既传承又重构是乡村文化主体面临的双重挑战。不是一切现存的都无条件地也是现实的，矛盾存在于一切事物的发展过程中。封建社会乡村文化系统自身演化也伴随着失序的状态。随着农业生产技术水平的提高，物质财富逐渐丰富，乡村社会开始有了文化自觉的诉求。皇权止于县，乡村文化与行政力量的关系较为松散，聚合群体的理论与经验，形成统一的意向，需要相应的社会组织形式。村落组织形式利用乡规民约将农民联合起来，用以疏通沟渠灌溉田地，修建祠堂举行祭祖仪式，建立简单的武装防止外部力量的不正当侵扰。乡规民约虽不具备法律效力，但其舆论声势能够将乡村社会的异质性因素转化为同质性力量，成为推进个体合作的重要动力。流传于乡间的"八卦"和"五行"之说、以柔克刚的理论都从侧面印证了"弱者"在依从和顺应规律时并不是消极被动的，乡村文化通过自主调节将来自自然和社会的多重外部压力得到合理消解。传统乡村文化的自觉发展不是在外来文化强势影响下的被迫转型，而是立足于乡村文化的内部矛盾而展开的自我调整，具有显著的内生性和自主性。

具有一定的超稳定性结构，在不受外在因素影响之时乡村文化以无意识的状态独立自在发展，如鱼于水，毫无知觉，而在遇到外部文化力量冲击之时，乡村文化主体则会面临文化传承的路径选择问题，曾经的文化无意识则转变为文化的自觉。十一届三中全会后将乡村社会从集体模式和高强度的政治管理体制中解放出来，为避免乡村社会成为文化孤岛，文化主体开始主动探寻了解市场需求。社会主义市场经济体系激发了农业生产的内在潜力，以满足内需为目标的传统糊口型农业开始向更高层次的外向发展型农业转变。城乡居民收入水平的提升推动食品消费结构的优化，为回应市场需求，农民由以往传统粮食作物种植开始向高附加值的经济作物种植调整。技术型农民运用互联网、物流业务探索现代农业经营模式，在延长产业链的同时融合创新农产品的加工形式。乡村文化赖以生存发展的客观环境发生了变化，乡村与城市、传统与现代、东方与西方多重文化张力在乡村地区集聚，原本自我演进的乡村文化环境在外部文化的冲击下失去平衡，人地关系疏离，传统农耕生活方式发生了改变，乡村建筑、民间技艺、乡规民约等传统文化形态面临变迁。

"当今全球化普遍交往时代的代际传承必须与同时代的横向传承相结

合"①，在多元文化交流碰撞中乡村文化或快或慢都发生了一系列的历史嬗变，然而这并不意味着传统乡村文化会在现代冲击中走向终结。相反，乡村社会经过几千年的历史积淀在物质、制度、思想等各个领域都散发着传统文化的光彩，成为乡村社会在多元文化浪潮中保持独立性的思想源泉。文化的传承对文化的存续具有重要意义，中国作为四大文明古国中唯一持续发展至今的国家，依然沿着传统的惯性向前滑行，为世界文化多样性和人类文明发展做出了巨大的贡献。鸦片战争后，以农耕文明为主的中国传统社会虽然遭受了巨大的打击，却并未走向消亡，而是以中华民族精神为支撑顽强地屹立于东方，并在改革开放的实践中不断探索、创新发展。新时代乡村文化发展面临多重困境与挑战，乡村振兴战略的实施推动了中国优秀传统乡村文化的传承延续并不断发展，也为世界文化多样性的发展提供了独特的中国传统文化样本。延续传统乡村文化的基本内核，能够让原本相对封闭的乡村文化在与多元文化的交流互动中彰显本色，增进农民对于新时代中国乡村文化的信心。

"文化是人类生存方式和生活样态的综合反映，是一个民族区别于其他民族的独特标识"②，乡村社会犹如一个陈列着中国千年历史记忆的博物馆，记录着传统与现代、城市与乡村、中国与世界在不同历史时期的差异与冲突、融合与发展。凭借乡村社会给予的历史感、空间感与体验感，重新审视乡村文化过去、现在和未来的关系，能够更加有效地挖掘出传统乡村文化中具有时代价值的文化因子。传统乡村文化作为一种生存方式，除能够为物质生产提供思想和技术支撑的功用外，还具有一定的组织、协调、教化、凝聚等社会功效，能够为现代化历程中的人们带来心灵抚慰。文化传承并非简单的文化复古，乡村文化在与多元文化的交流互动中应不断打破文化理念，从表象到内在对文化系统进行架构，实时对自我文化体系的自觉更新。在发展、演变、传承、创新中提升乡村文化的影响力，探寻出符合乡村文化独特的发展演变路径。但是对于乡村文化的现代化考量也不应单一地以产业化为标准，过度强调产业会使乡村文化与主流文化消费观

---

① 郗戈，董彪. 传统文化的现代转化：模式、机制与路径 [J]. 学习与探索，2017（03）：24.
② 陈少雷. 文化转型与价值建构：问题、视角与路径 [J]. 北京联合大学学报（人文社会科学版），2019（03）：37.

靠拢，一定程度上会干扰到乡村文化的本真性。过度强调标准化、舞台化会使乡村文化产品从农民的生活场域中剥离，使其历史价值与乡村文化的原生含义相脱离，不利于乡村文化的持续发展。

（2）理论与实践维度的自觉

理论与实践是双向互动、彼此促进的关系，马克思主义及其中国化的乡村文化建设理论为中国乡村社会的革命与建设实践提供着理论指导。理论的自觉引领着实践的发展，深入探究乡村文化的实践进程能够为乡村文化的理论自觉提供现实依据。

随着农业生产实践的发展，乡村文化积累了众多具有地方性的乡村文化知识，并匹配出适宜的农业生产方式，正如前文所述，农民会依据季节、气候、土壤、温度等生产条件灵活调节生产，因循地势开垦农田、果园、林地，依据土壤实际状况进行轮作、间种、休耕。有别于哲学、科学，传统乡村文化是一种非系统性、非理论化的文化形式，是凭借生产实践经验积淀的具有常识性的思维惯性。因缺乏数据统计、实验设计等步骤，农业应用型知识也多停留在感性认识阶段，对于农业知识成果的传授也多凭借直观感受，讲求学习者的自我领悟能力。家国一体，封建宗法伦理得到了封建统治者的推崇和维护，乡村文化实践的发展受到君臣、父子、兄弟、夫妻等封建纲常伦理的约束。农民主体在不了解社会历史发展规律的前提下，无法有效地发挥主观能动性从而被社会历史必然性所主宰，传统乡村文化呈现出自在发展的状态。鸦片战争后乡村文化经历了漫长而又曲折的文化自省过程，直至五四新文化运动，马克思主义作为一种全新的政治文化选择为半殖民地半封建的乡村社会带来了一线生机。

马克思主义推动传统乡村文化向社会主义升级，让传统的民本思想向以人为本的社会价值转换，令大同社会的美好愿望向共产主义理想飞跃。但理论是具体的、历史的，必须将马克思主义的普遍真理和中国革命的具体实践完全地恰当地统一起来。马克思主义认为农民是小私有者，具有小资产阶级和无产阶级双重属性，批判农民阶级发动斗争是为了在内容或形式上恢复旧的所有制关系，认为"这一思潮在它以后的发展中变成了一种怯懦的悲叹"①。但是当农民赖以生存的生产资料——土地被剥夺,反抗情绪则会被激化,演化为参与社会革命的热情。中国共产党借助于政治力量短速高效地推动中国土地制度的变迁,将封建土地所有制转变为农民土地私有制,引导农民阶级"不是维护他们目前的利益,而是维护他们将来的利益"②,鼓励他们将城市无产阶级视为同盟者与领导者,自觉担负起推翻资产阶级制度的使命。通过资产阶级革命消灭了封建制度,将农民从封建依附关系中解放出来,实现了耕者有其田,为实现乡村文化自觉奠定了社会基础。

新时代中国特色社会主义实践的发展推动理论与政策不断走向完善,"中国特色社会主义进入新时代,我国社会主要矛盾已经转化为人民日益增长的美好生活需要和不平衡不充分的发展之间的矛盾"③。增进民生福祉、补齐民生短板、促进社会公平正义是"保证全体人民在共建共享发展中有更多获得感,不断促进人的全面发展、全体人民共同富裕"④的重要内容。实践的需求推动乡村政策由以往的碎片化、单一型向全面均衡、系统丰富的方向转化,不断打破城乡二元结构的限制以实现乡村与城市的平等对话,由政府规划引导专业力量介入乡村教育、文化、医疗等各个领域,将多元主体的现实利益与乡村社会的发展目标有机结合,在明确各主体的功能与定位的同时加强各主体间的分工与协作,众志成城合力推进乡村社会实践的全面发展,乡村社会实践的推进也成为乡村文化建设理论走向自觉的重要动力。

随着全球化与信息化的不断发展,资本主义制度"把一切民族甚至最野蛮的民族都卷到文明中来了……迫使它们在自己那里推行所谓的文

---

① 马克思,恩格斯. 共产党宣言 [M]. 中共中央马克思恩格斯列宁斯大林著作编译局编译. 北京:人民出版社,2018:55.

② 马克思,恩格斯. 共产党宣言 [M]. 中共中央马克思恩格斯列宁斯大林著作编译局编译. 北京:人民出版社,2018:38.

③ 习近平. 决胜全面建成小康社会 夺取新时代中国特色社会主义伟大胜利——在中国共产党第十九次全国代表大会上的报告 [N]. 人民日报,2017-10-28.

④ 习近平. 决胜全面建成小康社会 夺取新时代中国特色社会主义伟大胜利——在中国共产党第十九次全国代表大会上的报告 [N]. 人民日报,2017-10-28.

明"①。原本作为社会交往媒介的文化转化为资本的文化，它们以金钱和产权为符号，以社会声誉和知识产权为形式，制造着资本与权利的差异，成为划分社会阶层的标志。有别于具有侵略性和攻击性的殖民文化和以竞争及效益优先的工业文化，乡村文化是围绕农民的自我生存展开，停留于最基本的生存层次，是一种自在而又和善的文化形式。不同于"一元主导"或"二元对立"的文化理念，乡村文化没有统一范式，具有多元化、包容性的特征，倡导以"求同"为基本的价值取向，以"异"的非对抗性质为基本前提，实现不同地域空间、不同生产方式文化的和谐共享。当然，新时代中国乡村文化不是超越了阶级的"普世价值"，而是一种具有鲜明制度属性的文化形式，马克思主义理论、社会主义制度、改革开放以来中国特色社会主义现代化建设的实践是新时代中国乡村文化的理论、制度与实践优势，对于理论、制度与实践优势的坚持与发展是新时代中国乡村文化屹立于世界文化之林的优势与特色所在。

（3）时间与空间维度的自觉

新时代全球化与现代化以不可逆的态势向前发展，乡村社会就横向空间维度而言由封闭走向开放，就纵向时间维度而言由传统向现代转型，一横一纵将乡村社会摆在了一个生成文化自觉的坐标维度之上。

在时间维度上乡村社会由传统向现代转型。传统主导的文化形式具有一定的稳定性结构，很难通过内部批判产生全新的文化因素，即使其部分内容丧失了历史的合理性，却依然会停留于传统文化的消极惰性之中。新时代乡村社会在工业文明、信息技术、城市文化的强力冲击下，新的文化因素强力注入乡村系统之时，迫使乡村文化进入了批判怀疑期。党的十一届三中全会"废除人民公社制度，确立了以家庭承包经营为基础、统分结合的双层经营体制"②，农民作为个体可以在相对自由的环境中独立个性化发展。为践行农业供给侧结构性改革，农民开始改变传统的"土里刨食"形象，自主推动农业生产模式向经济高效、产品安全、环境友好的模式转型。

---

① 中共中央马克思恩格斯列宁斯大林著作编译局编译. 马克思恩格斯文集（第2卷）[M]. 北京：
人民出版社，2009：36.

② 本书编写组编著.《中共中央关于推进农村改革发展若干重大问题的决定》辅导读本[M]. 北京：
人民出版社，2008：2.

在农业生产过程中不仅投入适量的技术型劳动力，还适时注入相应的资本，以保障农业生产的基础设备购置。市场化让农业生产不再是一个低效的产业，让农民拥有一份体面的收入，拥有实现乡村文化自觉的资本与底气。

在空间维度上乡村社会由封闭走向开放。受地理环境与交通工具的限制，乡村间的空间距离不远，但是彼此间物质与信息的跨区域交流较少，农民因循守旧、安土重迁，在较为狭窄的活动范围内进行着无协作无交换的农业生产活动。从新航路开辟到文艺复兴再到宗教改革西方文化逐渐走向理性，封建农业文化的封闭性致使传统乡村文化对外部空间的文化革新毫无洞悉，鸦片战争后，乡村社会原本较为封闭的空间结构被打破，乡村文化所依附的儒家道德信仰体系出现了危机。改革开放后城镇化不断发展，城市不仅在物理空间上不断向乡村延伸，侵蚀着乡村土地及其自然资源，工业化的生产方式也在向乡村蔓延。"中国社会主义市场经济的建构正在从根本上触动和改变着中国传统社会文化结构"①，市场经济中的工具理性和经济法则潜移默化地影响着乡村文化。信息技术的普及、现代交通的便捷，乡村社会由封闭走向开放，与外界贸易互动频繁，乡村文化不再是孤立的存在，开始逐步与外部空间构成复杂的文化生态系统。

村落作为乡村文化空间是承载着中国千年历史记忆的物质载体，乡村文化中蕴含着人们难以割舍的群体记忆。乡村社会与外界相对隔离的状态使得乡村社会具有相对稳定的文化结构，在数千年的历史中即使经历了朝代的更迭、政权的变迁、民族的兴衰、文化的交流与融合，始终未能被外来文化彻底同化，在跌宕起伏的社会历史潮流中不断传承与再生。在一村一景、一村一韵的乡村文化空间格局中蕴含着时间的运行轨迹，在乡村文化的"原风景"中凝结着人们记忆深处的归属感，成为人类可以退守的精神家园。在农业文明、工业文明甚至后工业文明的空间杂糅中，立足于传统乡村文化的基本内核，才能在多元文化交流互动中彰显本色。

文化具有共享性，不同时间、空间的文化资源彼此聚合、融合共在，构成一个相互依赖、相互渗透的社会交往形式。随着人们经济技术水平的不断提高，社会组织理性化程度加强，控制自然的力量增强，但"被征服"

---

① 伊广英. 整体视域下马克思文化观及其当代价值[J]. 湖北民族学院学报（哲学社会科学版），2015（04）：112-113.

的自然也在无声地报复着人类，用以征服自然的技术转化为超人的力量反噬着人类，让人们感受到个体在机器时代的无力。不同地域、民族、国家、生产方式的文化主体间逐渐形成一系列合乎理性、合乎社会发展需要的共同价值观念。经济增长与技术进步为人们提供更高品质的生活，是人类文明的重要内容。但是经济增长不是唯一的参数，把手段当作目的，把形式当作内容，开发者可能转化为侵略者。相较于工业文明，农业文明以"自足"为特性，更加注重人文理性。农业生产不强调工业性的征服自然能力，注重培养人们尊重和适应自然的生存智慧，在工业化进程中农业生产持续性地为工业化和城市化的发展提供着产品、土地、资金和劳动力的保障。乡村文化在当今城市弊病频出的时代，为人们提供寻获人性教育的有效途径。乡村文化的传承与发展应结合乡村社会发展实际，顺应乡村振兴战略中文化建设的公共性理路，以人类整体生存为价值依归，表达出乡村文化中的社会主义价值取向。在积极培育乡村社会个体文化自觉的同时，唤醒沉睡于乡民心中的集体认同。

3. 新时代乡村文化的自信形态

自信的乡村文化形态是指农民对于乡村文化持有自我认同和自我肯定的态度，对自文化的发展价值和发展前景抱有乐观的态度，面对多元文化冲击之时仍然具有较强的精神定力。乡村社会不仅是中国传统文化的发源地，也是中国近代革命文化的重要载体，是社会主义先进文化的要素和体现，新时代实现乡村文化自信是中国特色社会主义文化建设的重要内容。

（1）优秀传统乡村文化的自信

延绵了5 000年的中华文化发轫于农耕文明，农业文明漫长而坚韧的生命力和合理念的包容特性，孕育了乡村文化独特的智慧、气度与神韵，增添了中国人民内心深处的自信心和自豪感。

中国农业文明连续性带来的自信。"中华民族的传统伦理思想正是在漫长的小农生产和生活方式的演进中逐渐形成并积淀下来的"[1]，乡村文化是在中华文明5 000年农耕史中积淀而成的文化符号，无论是从宅院布置到农事节气，还是从民间艺术到乡规民俗，这些乡村文化元素都承载着弥

---

① 王露璐. 乡土经济伦理的传统特色探析 [J]. 孔子研究，2008（02）：95.

足珍贵的乡村记忆，彰显着中华人民的精神智慧和内在追求，推动着华夏文明不断发展延续至今。中国农业文明数千年未曾中断，是历史上唯一脉络清晰、延续至今的文明，表现出了强大而又持久的生命力。纵观中国农业文化史，乡村社会经历了封建小农时期、农村革命时期、集体农业时期、承包责任制时期、土地流转时期及当前的乡村振兴时期。"乡村文化资源的批判继承、形态变更、创新发展，归根到底是依赖于乡民生产方式的发展与进步"①，生产力与生产关系递进发展，推动中国农业文明由新石器时代的木石锄耕到青铜器时代的铁犁牛耕，再到工业化时期的机器农业文明，向现今信息化时代的生态农业文明演进，在多次积累传承中实现了螺旋式的上升发展。农业文明的连续性不仅让中国农业文明在世界农业发展史上具有重要地位，也为人们对新时代中国乡村文化的发展前景带来了信心。

中国"和合文化"包容性带来的自信。"和"是中国哲学中一个很重要的概念，具有"和谐"的含义。"和"本身已经包含了"合"的意思，就是由相和的事物融合而产生新事物。和合文化，是对中国哲学尤其是儒家"和"精神的总结。包容性带来的自信。中国自古地域辽阔，蕴含着多样形态的乡村文化，多元文化长期共存、相互交融，形成多民族大一统的历史格局。矛盾无处不在，无时不有，和合理念并不否认矛盾与差异，较之于其他文明，中国农业文明更具有包容、温和的色彩，主张以道德感召和文化示范来实现国家的统一，力图通过建立和谐秩序来实现多元文化的和谐发展。传统农业文明的连续性相当程度上得益于多元文化的协调适应机制，这一机制在包容多元的个性前提下，推崇交流与合作，追求和平与和睦。无论是历史上的儒释道合流，还是现今马克思主义中国化理论的不断发展，都彰显了中华文明以一种较为开放的形态，吸收人类优秀的文明成果。和合理念不仅贯穿于中华文化的历史进程中，还成为现今支撑中华民族走向伟大复兴的精神动力。"世界正处于大发展、大变革、大调整的转型期，处于传统安全与非传统安全相交织的叠加期，处于文化多元差异与整合统一并存的新阶段，人类发展面临诸多不稳定、不和谐因素的挑

---

① 徐丽葵. 乡村文化资源传承创新的三重向度——以乡村振兴战略为背景 [J]. 广西社会科学，2019（12）：153.

战"①，和合文化理念中所蕴含的和而不同、天人合一、协和万邦理念，为现今人们构建人类命运共同体，建立合作共赢的新型国际关系，确立共商共建共享的全球治理理念提供了中国智慧和中国方案。

（2）乡村社会革命文化的自信

中国共产党领导中国农民阶级参与乡村社会的革命、建设与改革，乡村社会革命文化继承了中华优秀传统文化，融汇了共产主义的理想信念，蕴含了民主革命、社会主义革命与改革开放的成功经验，是中国特色社会主义文化的重要组成部分。

五四新文化运动削弱了封建文化的影响。鸦片战争至五四新文化运动，关于体与用、复古与革命的纷争不断，中国逐步开启了由器物到文化、从局部到总体的现代化进程。无论是传统的，还是现代的，所有的理论认知都需要在评判中进行价值重估，当批判的矛头指向以儒家文化为代表的封建文化之时，旧伦理开始为科学、自由、民主、平等的现代文化格局开辟发展空间。五四新文化运动不仅仅是知识分子阶层的觉醒，而且促成了中华民族主体性意识觉醒。李大钊、陈独秀、毛泽东等早期中国马克思主义理论精英，高举起马克思主义的旗帜，建立了引领中华民族走向复兴的中国共产党，让马克思主义基本原理与中国国情相结合，开启了中国新民主主义革命。马克思主义也开始由思想家的个人信仰向共产党的组织行为转变，进而逐步掌握学生群体、工人阶级、农民阶级中的先进群众，形成多层次的马克思主义中国化群众主体。原本维护封建专制统治，束缚人民思想，窒息中华优秀传统文化生命力的封建等级文化受到了冲击。

土地革命激发了农民阶级主体参与意识。"文化发展'依靠谁、为了谁、由谁享'的问题，是决定文化发展性质和方向的根本问题"②，封建社会统治阶级是土地所有者，即封建地主阶级，依靠地租、赋税对农民阶级进行剥削。地主与农民的关系相对稳定，但是当自然灾害、横征暴敛所引发的阶级矛盾到达一定程度时则会引发农民暴动。由于没有意识到封建制度是造成苦难的根源，农民阶级反抗斗争只是针对单个的地主或统治者展开，

① 刘同舫. 习近平人类命运共同体理念的生成背景及构建原则 [J]. 观察与思考，2019（05）：6.

② 项久雨，石海君. 中国特色社会主义文化自信的内在根据 [J]. 学习与实践，2019（07）：8.

缺乏阶级自觉性，即使封建政权更替，农民阶级的悲惨命运却一再重现。土地革命的目的、性质和宗旨都与以往的农民运动有了本质的差别，中国共产党是依照无产阶级革命的目的、性质与宗旨，号召农民"打土豪，分田地"。"中国农村提供了马克思主义中国化、大众化广阔的实践场域"[①]，通过废除封建剥削制度，农民阶级与无产阶级形成紧密相连的命运共同体，为保卫土地革命的果实，农民阶级继而参与到根据地建设和武装斗争中去。具有了阶级意识的农民阶级成为无产阶级可靠的同盟军，在新民主主义革命和社会主义革命中做出了卓越的贡献。

（3）社会主义先进文化的自信

农民对于社会主义先进文化的自信，是在家庭联产承包责任制、改革开放、乡村振兴战略等一系列乡村社会的改革与建设实践中积淀而成的，具有鲜明的时代特征。

中国特色社会主义经济的发展赋予乡村文化发展动力。苏联模式中的公有制理论深刻地影响了中国计划经济时期的社会发展，随着中国特色社会主义实践的发展，理想化形态的公有制模式逐渐失去了其存在的现实基础。1978年，关于真理标准问题的讨论，打破了"两个凡是"的思想束缚，在思想解放的大环境中，让发自基层的家庭联产承包责任制，能够在实践中得到发展。通过对凤阳小岗村基层成功经验的总结形成顶层设计，开启了新一轮的农村经济改革。家庭联产承包责任制没有改变土地集体所有权，而是将土地的所有权与经营权相分离，赋予农民对土地的经营使用权。农民承包集体土地，包产到户，将分散经营与统一经营相结合，以"交够国家的，留足集体的，剩下都是自己的"结构来协调国家、集体与农民之间的分配关系。随着改革开放的步伐由中国东部沿海地区向内陆延伸发展，市场体制的建构、市场空间的开拓、市场活力的激发，农民主体的生产方式、生活方式、价值观念开始由传统向现代转型，主体性、创造性等现代特征不断提升。

乡村振兴战略的实施提升了乡村文化的发展动力。中国特色社会主义进入新时代，我国社会的主要矛盾由"人民日益增长的物质文化需要同落

---

① 秦燕，李慧莲. 马克思主义中国化、大众化与中国近代乡村社会变迁 [J]. 西北大学学报（哲学社会科学版），2014（04）：7.

后的社会生产之间的矛盾"向"人民日益增长的美好生活需要和不平衡不充分的发展之间的矛盾"转变，乡村社会经济文化的发展是全面建成小康社会的重点与难点。党的十九大指出要"坚持农业农村优先发展"，"建立健全城乡融合发展体制机制和政策体系，加快推进农业农村现代化"①。乡村文化振兴就其本质而言，是政府适度介入"他组织"力量，改善乡村文化的"再生产"秩序，实现乡村文化的可持续发展。构建现代公共文化服务体系是国家介入乡村文化的"再生产"过程，推进乡村文化基础设施建设，为村民提供便捷的公共文化产品，满足农民日常的休闲娱乐需求，让文化在"初次分配"的基础上实现"再分配"。

二、乡村文化自信与乡村文化建设的内在逻辑

（一）乡村振兴中乡村文化的价值向度

乡村振兴是我国进入新时代后，国家破解"三农"难题、协调城乡发展的重要战略，其所包括的价值意蕴支撑着乡村社会的发展。

1. 乡村文化是乡村民众的精神价值

乡村文化源于乡村社会实践，蕴含淳朴、自然、厚道的文化品格与和谐、共生、互利的价值取向，构成中华民族共同的心理状态，是乡村民众的精神标识。从文化传承看，乡村文化中潜藏的大量教育资源是一代代人累积的宝贵精神财富。传统的乡村教育体系实现了以民间故事为基本内容的地域文化与以书本知识为核心的外来文化的结合、民俗地域的纵向传承与外来文化的横向渗透的结合、自然野趣之习染与学校正规教育的结合、口耳相授与专门训练的结合、乡村情感孕育与知识启蒙的结合。②特别是"天人合一"的生态思想，为中国人更好地维护农业生态循环、处理人与自然关系及营造生活环境提供了生存智慧。而乡村文化中的信仰崇拜，明晰了乡村民众对精神家园与灵魂归宿的追求。在乡村社会中，神是政治权威与裁判的象征。但是他们总不在场。他们是权威、保护和裁判的历史性的隐

① 习近平. 决胜全面建成小康社会 夺取新时代中国特色社会主义伟大胜利——在中国共产党第十九次全国代表大会上的报告 [N]. 人民日报，2017-10-28.

② 刘铁芳. 乡土的逃离与回归：乡村教育的人文重建 [M]. 福州：福建教育出版社，2008.

喻或类比。他们及庙宇界定了一个丰富的社会主体，在一种尊敬的关系中，将祈求者及其情境联系在了一起。[①]此外，在特定祖先诞辰或忌辰时，要为祖先庆贺或缅怀。这种家庭文化体现的人文关怀与终极关怀成为乡村民众的精神皈依和情感归宿。尽管改革开放以来乡村文化发生了巨大变迁，但万物有灵、生死轮回的世界观仍然对村民的行动具有解释的意义。

2. 乡村文化是乡村群体的凝聚力量

乡村社会的文化基础是身份社会的价值标准，是在习俗、传统、惯例等文化形式约束下运行的，与城市社会受到契约社会价值标准影响与非人格化制度或规则的约束不同。[②]乡村文化规范强调亲疏有别、爱有差等的交往原则，把人的交往局限在血缘家族之内。乡村文化的形成主要以村庄为场域，家庭是乡村的生活中心，家庭本位的价值观构成了乡村基本生活方式的规范；通过祖先崇拜的举行，有效地凝聚了家族或宗族的群体共识。[③]

我国传统的乡村社会既是一个生活共同体，也是一个价值共同体，在共同生产生活与抵御自然灾害及外部力量侵害的过程中，乡村社会逐渐形成共同的道德风尚、风俗习惯、宗法家规、价值观念与行为规范。而在人际交往中，形成"出入相友、守望相助"的乡风；尤其是乡村聚落中的祠堂、寺庙、集市、小商店或村民集会、红白喜事活动等公共文化空间的存在，为乡村民众日常生活意义的构建与族群聚合的紧密性与行动的一致性提供了文化支撑。

3. 乡村文化是乡村秩序的建构质素

乡村文化的主导价值观由个人的道德修养、伦理关系与风俗习惯所组成，强调秩序遵守，反对任意变动。在乡村血缘家庭生活中形成的家庭文化中，父亲充当理性权威，主管重大决策；母亲充当无限慈爱，主持家庭事务。众多家庭中长幼尊卑秩序的稳定造就了天下太平。所以，乡村文化的秩序观所强调的服从理念，有助于维护乡村社会秩序的安定。家族或宗族组织的出现是在农业经济条件下对有限资源合理分配的一种秩序安排。恩格斯说："父亲、子女、兄弟、姊妹等称呼，并不是简单的荣誉称号，而是代

① 王斯福. 帝国的隐喻：中国民间宗教 [M]. 赵旭东，译. 南京：江苏人民出版社，2008.

② 周庆智. 农民工群体的文化转型与制度变迁 [J]. 江汉论坛，2017（01）：135-140.

③ 景军. 神堂记忆：一个中国乡村的历史、权力与道德 [M]. 福州：福建教育出版社，2013.

表着完全确定的、异常郑重的相互义务，这些义务的总和构成这些民族的社会制度的实质部分。"① 可见，家族文化通过社会角色定位规范人的行为。家规家风更是造就了家庭成员的气质，规范了家庭成员的思考与行为选择。

（二）乡村文化自信与乡村文化建设的内在逻辑概述

1. 乡村文化自信是实现乡村文化振兴的助推器

习近平在党的十九大报告中强调："没有高度的文化自信，没有文化的繁荣兴盛，就没有中华民族伟大复兴。"② 这句话同样也适用于乡村，如果没有乡村文化自信，也就没有乡村文化的繁荣兴盛。乡村文化振兴包括引领人们树立正确的价值观念，传承弘扬乡村优秀传统文化，保护乡村文化遗产，建立乡村精神文化场所，提高农民的思想道德和科学文化素质等。而这些目标的实现，必须有广大乡村人民的积极参与和配合。但是在当前城市化、工业化和信息化的影响下，大多数青年农民对城市富足的物质生活和多彩的精神生活趋之若鹜，对大城市提供的教育、医疗和基础设施的便利条件充满向往，而对乡村的情感日益淡漠，对乡村文化的自信心逐渐丧失，参与乡村文化振兴的积极性也不高，以至于乡村文化振兴工作很难开展。因此，树立乡村文化自信，才能重新唤起农民对乡村文化的认同感、自豪感，吸引农民主动参与乡村文化建设，推动乡村文化振兴的实现。

2. 乡村文化自信是实现乡村振兴的题中应有之义

乡村振兴是一项宏大的系统工程，包括乡村经济繁荣、文化兴盛、生态保护、社会治理、民生保障和机制体制创新等方方面面。从本质上讲，乡村振兴的一切实践活动最终是指向人的，是为了提高农民的生活质量，提升农民的幸福指数，一句话，促进农民的全面自由发展。人有自己独特的精神世界，有个性化的精神生活和价值选择，因此，在物质生活水平有了明显提高的情况下，乡村振兴更应关注农民精神世界的圆满和精神生活质量的提高，通过乡村文化的振兴，建立起一种文化上的高度自觉、自治、自足和自信。因此，乡村文化自信的重建对于乡村振兴也有着重要意义。

① 中共中央马克思恩格斯列宁斯大林著作编译局编译. 马克思恩格斯选集（第四卷）[M]. 北京：人民出版社，2012：37.

② 习近平. 决胜全面建成小康社会 夺取新时代中国特色社会主义伟大胜利——在中国共产党第十九次全国代表大会上的报告 [N]. 人民日报，2017-10-28.

只有广大农民确立对自身文化的自信，才会有对家乡的认同感和归属感，才真正能记得住乡愁，才能更加积极主动地参与乡村振兴的实践；只有广大农民树立文化自信，才会克服文化自卑心理，才能消除乡村文化落后、城市文化先进的观念，才能真正地自立自强，共同为乡村振兴而努力奋斗。

在新时代条件下，面对新的发展机遇，城市化进程的不断加快及工业化信息化的冲击，传统乡村文化的生存环境发生变化，传统的乡村文化也被视为需要改造的落后文化，乡村文化面临式微，乡民对乡村的发展信心不足，缺乏对乡村文化的自信。这主要体现在一方面，农民盲目崇拜城市文化，受到城市文化影响，功利主义盛行，在利益的驱动下，大部分农民不断涌进城市，造成乡村的"空心化"，留守老人和儿童增加，不利于乡村文化的发展。另一方面，体现为农民传统价值观念的丢失。市场经济条件下的谋略、投机、善变与传统价值观念中的踏实、本分、勤劳和守望相助格格不入。乡村原本融洽和谐的邻里关系现在变得冷淡。在大多数农民眼中，传统的价值观念已经过时，乡村的代名词就是愚昧、落后、保守，乡村文化一无是处。认为只要是城市的都是好的，城市文化比乡村文化优越，热衷于过洋节日，对于中国传统节日熟视无睹；一些传统的民间手工艺也失去了传承；乡村文化遗产遭到破坏；优秀传统逐渐被遗弃。

乡村文化自信的缺失，究其原因，主要可概括为以下几个方面。一是传统乡村文化的生存环境发生了改变。传统的乡村文化的产生和发展，有其特定的社会背景，包括乡村的社会环境、农业生产生活方式等，这些都创造了传统的乡村文化，从而形成传统的农耕文明。近代以来，伴随着西方军事侵略而输入到中国的工业文明，对传统农耕文明造成全面、剧烈的冲击。中华人民共和国成立以来，乡村社会经历了土地改革、农业集体化、人民公社化运动、社会主义教育运动、家庭联产承包责任制……这些改革从制度层面对乡村的一些传统民风习俗、社会信仰等进行改造，旨在引导乡村文化逐步走向现代化。乡村文化的现代化是历史发展的必然趋势，但这种通过国家政治手段改造乡村文化的做法对传统的农耕文明产生了很大的冲击，传统乡村文化中许多合理的、具有民族特色的价值观被改变，从而促使乡民对自身文化价值产生怀疑甚至否定的态度。二是城市文化对乡村文化的冲击。随着社会主义市场经济的深入发展，城市和乡村的联系越来越紧密，二者的交流也越来越频繁，在城市化的浪潮中，乡村原有的社会生产方式受到现代化和工业文明的冲击发生了巨大的变化，农民的生产生活日益商品化、市场化、现代化，与此同时，农民的价值观念也随之改变，功利主义盛行。在功利化的影响下，农民开始盲目追求经济利益，土地已经成为谋取高额利润的工具，不再具有实物形态的价值。传统的道德观逐步衰退，唯利是图成为主流道德观，以和为贵的道德观早已被抛弃。加之大众传媒在乡村的普及，大肆宣传城市主流文化，也在潜移默化地影响着人们的价值观念。这些都在一定程度上影响着传统的乡村文化，使乡村文化一步步走向衰落。三是城乡之间的文化差距较大。乡村较之城市，社会生产力水平势必是低下的，按照历史唯物主义社会存在决定社会意识的观点，生产力水平越高的地区，其文化发展水平必然也高，这就在一定程度上削弱了农民的文化自信，加之在城镇化进程中，城乡差距被逐渐拉大，外来的城市文化冲击着传统的乡村文化，使得乡民价值观发生改变，向往城市，抛弃传统，失去了对传统乡村文化的认同感。除此之外，城乡政府对于城乡公共服务投入的差距也在拉大，当前乡村公共服务体系还不够健全，落后的文化设施和文化服务不能满足乡民的精神文化需求，导致乡民参与文化活动、创办文化积极性不高，甚至还会产生自卑心理，对传统乡村文化失去信心，使得传统乡村文化的传承和发扬受阻。

3. 乡村文化建设是乡村文化自信的根基

对传统文化精华的再认同是树立乡村文化自信的内在力量。传统乡村文化在中国传统文化中占有特殊地位，并起着主导作用，反映着劳动人民独特的生活情趣，包含着丰富深刻的社会历史信息，代表着民众的审美理想，是中国人生存智慧的结晶，也是民族凝聚力和生命力之所在。乡村优秀传统文化是在游牧文明、渔猎文明和原始农耕文明中养育、积淀下来的，更加真实地反映了生产生活实际、民族特征、价值观念和审美理念。它传承着文化传统，延续着中华文明，也在以独特的方式潜移默化地影响着人们的思想观念，为文化创新提供基因和动力。作为一种独特的文化韵味，乡村文化蕴含着乡村社会基本的生命姿态和价值理念：泥土般的厚重、自然、淳朴，而又不乏善良、温情的生存姿态及基本善恶的分明等。这种精神价值、思维方式、想象力和文化意识是维护我国文化身份和文化主权的基本依据，这些生生不息的民族精神情感和个性特征，以及自强不息的民族凝聚力和亲和力是维系中华民族情感的重要纽带与建设先进文化的丰富精神资源和深厚文化根基。

乡村文化的解体，其核心在于传统乡村生活方式的土崩瓦解，在于乡村文化不再以自信的面目出现在农民面前，而逐渐被农民所抛弃。如许多农民对自身所处的乡村不以为然，农民身份成为他们急于摆脱的符号，他们极力追求现代化、城市化的生活方式，村民与本土亲近性的缺失使得他们不再是文化意义上的农民。随着城市的地位日益凸显，乡村已然不再是中国文化想象的中心。在与城市文化和西方文化的碰撞中，乡村文化被冲击得支离破碎，乡村文化价值彻底崩塌。既存的乡村文化处于解体中，而新的适合乡村社会健康发展的文化秩序又尚待建设，大量村民特别是乡村青少年在无根的文化处境中表现出明显的无奈与自卑，他们内在精神的贫乏就成为不可避免的趋势。因此，他们成了一种在文化精神上无根的"存在物"，成了文化荒漠中的"无家可归之人"。为了拯救已然失落的乡村文化，我们必须重新唤醒人们尤其是农民对传统乡村文化的"记忆"，重新树立乡村文化的自信，使大众真正懂得乡村文化的价值和精髓，真正懂得人类文化整体的内涵与意义。否则，我们损失的将不仅仅是一种文化形态，更重要的是失去了寄寓在传统文化中的宝贵的人类智慧和精神血脉。

乡村文化最强有力的基础是绵延千百年渗透到乡村文化主体——农民的骨髓和性格中的传统文化。我们认为，恢复乡村文化最起码的自信心就是恢复乡村作为社会文化有机体存在的基本尊严，要给予那些生活在乡村的个体置身于乡村社会时对自己的基本存在表现出自信，要使长期浸淫在传统文化中的农民认可并承认文化的优秀价值及其合理的一面，达到对传统文化的认同，在此基础上重新培育乡村文化自身的增殖意识与能力。这种文化自信绝对不是单纯地模仿城市文化的自信，而是基于自身文化基础的自信。人既是文化的创造者，也是文化的创造物。从文化哲学的视角，文化作为个体和社会运行的基本方式，无时无刻不在影响、制约、决定着人们的情感行为和价值取向。一个人成为文化主体的标志在于他已经具备了在所属文化中自我生存与生长的能力，一个成熟的文化主体则意味着具备基本的自信，能够认清所属文化存在的不足，找到自我文化发展的方向。

他们具备适当的整合外来文化资源的意识与能力，也能对异质文化保持开放的心态，包容不同种文化，并且在创造新文化的同时不断超越原有文化，充实自我文化内涵，提升文化价值。

4. 重建乡村文化自信有助于保护与传承乡村传统文化

中华文化本质上是乡土文化，中国农村传统文化的价值观念、人文品质和道德诉求也都植根于乡土社会中。并且我国优秀的文化一直以来都被认为是中华民族生存之"根"、发展之"魂"，现今中国农村的文化自信重建，更是离不开农村优秀传统文化这个丰厚的历史根基，同时我国传统的农耕文明有着悠久的历史，是乡村历经数百年而形成的智慧结晶，也是维系乡村村民向心力的纽带。所以，我国农村优秀的传统文化是中国文化自信的重要来源。因此，乡村文化自信重建必然有利于乡村传统文化的保护和传承。

第三章　乡村振兴中乡村文化自信重建的
理论基础和现实依据

　　任何文化的产生都是基于一定的社会现实，而发展壮大就需要继承开创者和后继者发展而来的基础理论。关于乡村文化建设理论，马克思主义经典作家并没有专门论述的著作，但相关理论却散见于他们的各种著作之中。当代中国特色社会主义的乡村文化建设理论不仅继承了马克思主义经典作家的相关理论，同时充分利用中国传统农业社会的特有优势，撷取农业文明根基中的有益成分，结合当代中国特色社会主义事业发展中乡村社会发展的实践，创造性地发展形成具有中国特色的乡村文化建设理论。这些理论是符合新时代乡村社会发展形态的、与时俱进的乡村文化建设理论，它们不仅是广大中国乡村居民智慧的结晶、中国乡村社会发展的经验总结和理论升华，而且还是对马克思主义乡村文化建设理论的丰富和发展。

　　另外，国外较早展开对乡村的发展研究，从景观营建、发展模式、土地政策、公共参与等诸多方面都做了积极尝试，也取得一定成效，对我国的村落文化发展有一定的借鉴意义。先进思想对实践活动具有强大的引领、指导功能，因此，本章从众多优秀思想理论中汲取马克思主义经典作家的乡村文化建设思想、中国化马克思主义乡村文化建设思想、中华优秀传统文化中的乡土文化基因和发达国家乡村文化建设思想，以及乡村振兴视域下乡村文化建设的现实依据，能给乡村振兴中乡村文化自信的重建提供借鉴支持的思想资源。

一、乡村振兴中乡村文化自信重建的理论基础

（一）马克思主义经典作家的乡村文化建设思想

马克思、恩格斯关于文化和乡村文化的相关认知散见于他们其他的相关著作中，并没有专门论述乡村文化的著作。但他们零散的观点，如关于乡村文化的作用、特点及对中国传统农业社会文化的观点等，为今天我们建设乡村文化奠定了重要的理论基础。

1. 马克思、恩格斯关于文化与乡村文化的论述

首先，马克思、恩格斯从辩证的历史唯物主义角度出发肯定了文化的人化本质特性。马克思在他的诸多著作中都提到了文化，并在《1844 年经济学哲学手稿》中区别于之前唯心主义的文化史观，从唯物史观出发提出了文化的人化本质理论，其中特别提到"一个种的全部特性、种的类特性就在于生命活动的性质，而人的类特性恰恰就是自由的有意识的活动"①。在《资本论》中提及了"文化初期"这一概念，马克思认为在文化初期，人们的低需求是与当时较低的生产力相适应的，人们都靠自己的双手劳动获得生活所需之物，只有极少数所占比例微不足道的人会依靠他人获得生活所需。这部分人"如果他自己不劳动，他就是靠别人的劳动生活，而且也是靠别人的劳动获得自己的文化"②。从以上马克思的一些论述当中我们可以明显地感受到马克思对文化的人化本质的深刻理解。此外，马克思还认为乡村土地的耕种者与城市务工者最大的不同在于他们劳动的环境不同，因而产生了属于他们自己的特有文化。可见，不论从什么角度出发，文化都产生于人的社会生产实践，并且随着人类社会实践的不断拓展与深入而日益丰富。

其次，马克思对未来乡村的城市化走向和城市化给乡村文化发展带来的积极作用给予了充分的肯定。马克思在《政治经济学批判》中曾指出乡村城市化是人类社会发展的大势所趋。因为大城市使得人口、生产资料大

---

① 中共中央马克思恩格斯列宁斯大林著作编译局编译. 马克思恩格斯选集（第一卷）[M]. 北京：人民出版社，1995：46.

② 中共中央马克思恩格斯列宁斯大林著作编译局编译. 马克思恩格斯选集（第三卷）[M]. 北京：人民出版社，2012：358.

量聚集起来，也让生产的社会化程度越来越高，这就使得城市在社会发展进程中扮演越来越重要的角色，承担更重要的职责。马克思在《共产党宣言》中对资本主义的生产方式推动社会历史进程的作用给出了高度肯定的评价："资产阶级在它的不到一百年的阶级统治中所创造的生产力，比过去一切世代创造的全部生产力还要多，还要大。"①可见，资本主义的生产方式在推动社会历史车轮前进的道路上发挥了巨大作用，这是毋庸置疑的。因此，马克思进一步指出："资产阶级使农村屈服于城市。……使很大一部分居民脱离了乡村生活的愚昧状态。"②以上论述中所内含的文化思想对于乡村城市化的必然趋势及乡村文明发展的重要作用给予了充分的肯定。

最后，马克思对乡村文化与城市文化的特点进行了阐释说明。马克思首先意识到城乡劳动分工的不同是乡村文化和城市文化呈现差异化的原因之一。同时，他还指出："城乡之间的对立是随着野蛮向文明的过渡……而开始的，它贯穿着全部文明的历史并直至现在……"③此处，实际上是说明了在城乡一体化的过程中乡村文化逐步被城市文化消解而趋于城市化的过程。另外，马克思、恩格斯还对城乡特性进行了自己的解读，认为城市具有集中的特性，而乡村则是孤立、分散的。正是城市的集中特性使得越来越多的人聚集到城市中来，从而让乡村逐步城镇化，乡村文化也受到城市化工业文明的影响，进而推动人类社会向前发展。可见，工业化不仅推动着社会发展的城镇化进程，还促使乡村文化发生相应的革新与发展。

2. 列宁的乡村文化建设思想

为了巩固新生的苏维埃政权，在苏俄社会主义发展的实践过程中，列宁提出了一系列旨在改变农村落后状态的乡村文化建设举措，形成自己的乡村文化建设思想。这不仅为当时苏俄的乡村经济发展提供了政策保障、智力支持、人才支撑，为乡村基层的民主政治建设提供了思想保障，还对以后苏俄乡村政治、经济、社会、文化的发展提供了一定的实践经验和理

---

① 中共中央马克思恩格斯列宁斯大林著作编译局编译. 马克思恩格斯选集（第一卷）[M]. 北京：人民出版社，2012：405.

② 中共中央马克思恩格斯列宁斯大林著作编译局编译. 马克思恩格斯选集（第一卷）[M]. 北京：人民出版社，2012：405.

③ 中共中央马克思恩格斯列宁斯大林著作编译局编译. 马克思恩格斯选集（第一卷）[M]. 北京：人民出版社，1995：104.

论基础。

第一，重视乡村文化建设。苏维埃政权建立后，沙皇统治时期残留下来的陈风旧俗和腐朽思想对乡村经济的发展、民主政治的建设及乡村文明的发展形成严重阻力。面对这样的现实情况，列宁清晰地认识到乡村文化建设的重要性。在1923年的《论合作社》中，列宁一针见血地指出，当时苏维埃政权面临的两大任务的其中之一就是进行乡村文化建设，"第二个任务就是在农民中进行文化工作。……没有整个的文化革命，要完全合作化是不可能的。"① 基于此，列宁提出要加强乡村的思想道德建设，以共产主义的新道德取缔封建腐朽的旧道德，引导乡村居民形成正确的世界观、人生观、价值观，为苏维埃社会主义事业的发展提供思想保障。

第二，加强农村教育事业的发展。对此，首先要做到的就是扫除文盲。乡村文化建设的推进需要从基础教育开始，第一步就是要帮助农民识字。在列宁的提议下，苏维埃成立了扫盲工作委员会和各种教育机构，开展了一系列的扫盲工作。同时加大教育经费的投入，提高教师的社会地位，列宁指出："应当把我国国民教师的地位提到在资产阶级社会里从来没有，也不可能有的高度。"② 另外，还要通过建立阅览室、发行报刊等读物及其他文艺作品的创作等来发展社会教育，以提高乡村居民的文化知识水平。

第三，建立城乡之间友好互助的文化交流机制，以城带乡实现乡村文化的积极向好发展。在当时的社会发展条件下，城市作为政治、经济、文化的集中地，城市文化发展较为先进，而乡村则更多受到腐朽落后的消极文化的影响，因此需要采取一定的措施将无产阶级的先进文化传播到落后的乡村。对此，列宁提出了工人下乡和城市党支部对接乡村党支部两种措施。列宁认为组织工人文化团体下乡，在工农之间建立一种友好互助的交往形式，对于乡村文化的发展将会起到非常重要的作用，并且说道："这种工作我们已经在进行，还必须有计划地加以发展。"③ 关于城乡党支部

---

① 中共中央马克思恩格斯列宁斯大林著作编译局编译. 列宁选集（第四卷）[M]. 北京：人民出版社，1972：687.

② 中共中央马克思恩格斯列宁斯大林著作编译局编译. 列宁选集（第四卷）[M]. 北京：人民出版社，1972：764.

③ 中共中央马克思恩格斯列宁斯大林著作编译局编译. 列宁选集（第四卷）[M]. 北京：人民出版社，1995：764-765.

的对接问题，列宁指出，能不能做到"使每一个'分配'给相应的农村支部的工人支部经常注意利用一切机会、一切场合，来满足自己的兄弟支部的各种文化需求呢"①。

（二）中国化马克思主义乡村文化建设思想

中国共产党从成立之初就始终坚持以马克思主义为指导，并将其与中国革命的实践相结合，不仅让其在中国大地扎根发芽，形成中国化的马克思主义理论，同时还使得马克思主义理论的内容得到进一步丰富和发展。在中国革命斗争与改革发展的历程中，面对中国的特殊社会环境，乡村成为中国共产党思想文化发展的社会基础，并且中国共产党始终坚持以新文化运动尤其是五四运动以来的社会先进文化为前进方向，逐步将"一个被旧文化统治因而愚昧落后的中国，变为一个被新文化统治因而文明先进的中国"②。在这一探索发展的过程中，逐步形成一系列独具中国特色的乡村文化建设思想，包括毛泽东乡村文化建设思想、改革开放以来至党的十八大中国特色社会主义乡村文化建设思想、习近平新时代中国特色社会主义思想中关于乡村文化建设的重要论述。

1. 毛泽东的乡村文化建设思想

毛泽东生于农村、长于农村，不仅对农村、农民有着深厚的感情，同时对农村、农民也有着清晰的认知，明白他们在中国这样一个传统的农业社会当中所处的重要地位及所扮演的重要角色。所以，不管是在中国的革命还是建设过程中，毛泽东一直都非常重视农民问题、农村问题。另外，毛泽东的成长背景和从小所接受的教育也使得他深受中国传统文化的影响，明白文化对于社会历史发展而言意味着什么，起到什么样的重要作用。所以，毛泽东在农村的发展问题上始终重视农村的文化建设，并且不断探索实践形成一套相对完备的乡村文化建设体系。

第一，重视对农民的思想政治教育。毛泽东认为，在农村、农民当中小农意识、小农思想普遍存在，要扭转这种局面，就必须加强对农民的思

---

① 中共中央马克思恩格斯列宁斯大林著作编译局编译. 列宁选集（第四卷）[M]. 北京：人民出版社，2012：765-766.

② 毛泽东. 毛泽东选集（第二卷）[M]. 北京：人民出版社，1991：663.

想政治教育。"不断地用社会主义的思想教育农民，不断地提高农民群众的政治觉悟和爱国热情"①，运用马克思主义理论来武装人民群众头脑。首先，要在农民中开展爱国主义教育。通过爱国主义教育激发农民的爱国情怀与民族自尊心和自信心，引导他们参与民族解放事业。其次，要对农民进行阶级教育。广大农民深受封建制度的影响，阶级观念淡漠，无论是在革命战争时期还是社会主义建设时期都对自身认识不到位。通过开展阶级教育，提高他们的阶级觉悟，坚定农民群众对党的革命和改革事业的信心。最后，开展集体主义和社会主义教育。农民深受封建思想的影响，小农意识浓厚，通过集体主义教育让农民意识到合作化道路的优势所在，进而逐步形成集体主义观念。通过社会主义教育不仅让农民学会如何处理国家、集体、个人之间的关系，而且让农民坚定对中国共产党领导中国人民取得革命胜利和建设社会主义事业的信心，同时激发农民为社会主义奋斗的热情。

第二，加强农村基础教育，普及推广农业科学文化知识。"在一个文盲充斥的国家内，是建成不了共产主义社会的。"②而农民作为农村经济、政治、文化建设的主力军，必须提高他们的文化水平和素质。因此，毛泽东在《论联合政府》中曾指出："农民——这是现阶段中国文化运动的主要对象。"③所以，通过多种形式开展一系列的扫盲活动，如开办夜校、群众自学、传帮带等。但农村的发展不仅仅要求农民识字，还需要他们学习一定的农业文化与科技知识，掌握一种农业技术特长，以更好地建设社会主义。因此，农业科技文化知识的普及与推广不仅调动了农民投身社会主义建设事业的热情，也让农民获得了精神的解放与独立。

第三，夯实农村文化的基础设施建设。完善的基础设施是社会得以发展的重要条件，乡村文化的发展同样需要乡村文化基础设施的完善。在革命战争时期，毛泽东通过创办形式多样的学习场所和编辑所需教材来满足乡村文化的发展需求。中华人民共和国成立后，继续采取一定的措施，以

---

① 中共中央文献研究室编. 建国以来重要文献选编（第十四册）[M]. 北京：中央文献出版社，1997：770.

② 毛泽东. 毛泽东文集（第六卷）[M]. 北京：人民出版社，1999：455.

③ 毛泽东. 毛泽东选集（第三卷）[M]. 北京：人民出版社，1991：1078.

尽可能为满足广大乡村民众多样化的精神文化需求提供便利条件。例如，建设文化站、设立图书室等乡村文化活动场所，建设乡村广播网、组成电影放映队等，这些都是夯实乡村文化基础设施的重要举措。

第四，重视农村文学艺术事业的发展。文学艺术来源于生活，因此，广大农民不仅是乡村文化的享受者，还是乡村文学艺术事业的创造者。毛泽东曾指出："农民不但是好的散文家，而且常是诗人。"① 他们通过简明生动的语言讲述着属于他们自己的生活故事，编织着乡村文化的精彩篇章。另外，还倡导百花齐放的文艺创造局面，支持各种形式的文艺创造，以繁荣发展乡村文化内容，并有效改造传统的文艺表达形式，创造性开展形式多样的文艺活动。

2. 改革开放至党的十八大乡村文化建设思想

中国共产党历来重视乡村、重视乡村文化建设。自改革开放至党的十八大以来的三十多年间，在党的历代领导人的带领下，在党的集体探索中，党的乡村文化建设思想不断得到丰富和发展。

（1）邓小平的乡村文化建设思想

邓小平将文化与政治、经济放到同等重要的位置看待，认为："我们要在建设高度的物质文明的同时，提高全民族的科学文化水平，发展高尚的丰富多彩的文化生活，建设高度的社会主义精神文明。"② 只有政治、经济、文化全面进步，社会主义事业才会稳步向前推进，同样，农村的发展也要坚持物质文明和精神文明两手抓。邓小平认为，农村文化的发展必须随着社会的发展而发展，必须与农民不断变化的精神文化需求相适应，因此必须深入群众当中，"从当地具体条件和群众意愿出发"③，准确了解群众关心的热点难点问题。通过理想信念、家国情怀、集体主义、道德、法制等方面的教育加强人民群众的思想道德建设，通过多种形式的教育增加农民的科技意识，提高他们的科学文化水平。同时，邓小平对于农民有着清晰的社会定位，认为农民是社会发展进步的重要推动力，是中国繁荣稳定的重要因素，"我们党提出的各项重大任务，没有一项不是依靠广大人

---

① 毛泽东. 毛泽东文集（第二卷）[M]. 北京：人民出版社，1993：125.

② 邓小平. 邓小平文选（第二卷）[M]. 北京：人民出版社，1994：208.

③ 邓小平. 邓小平文选（第一卷）[M]. 北京：人民出版社，1994：316.

民的艰苦努力来完成的"①。因此，必须充分尊重人民群众的主体地位，发挥他们的聪明才智，最大限度地调动广大农民的积极性和主动性，鼓励他们创新创造，让广大农民有足够的动力和热情参与家乡文化事业的发展，为家乡文化事业的蒸蒸日上贡献自己的一份力量。

（2）江泽民的乡村文化建设思想

江泽民第一次提出了发展先进文化的思想，并且将社会主义先进文化建设提到了一个全新的历史高度。江泽民在中国共产党成立八十周年大会上的讲话中曾指出：."坚持什么样的文化方向，推动建设什么样的文化，是一个政党在思想上和精神上的一面旗帜。"②农村在中国社会中一直都占据着重要的地位，在发展社会主义事业的中国，农村的地位依然举足轻重。因此，农村文化也是社会主义先进文化的重要组成部分，需要我们高度重视。在其发展过程中坚持贯彻社会主义先进文化的发展方向，坚持为广大人民群众服务的宗旨。因此，江泽民非常重视农村文化建设，他认为社会主义新农村建设不仅要发展经济还要发展文化，坚持物质文明、精神文明并重，"只有两个文明都搞好，经济社会协调发展，才是有中国特色社会主义新农村"③。随着改革开放进程的不断推进，中国的经济取得了长足发展，其中农村经济也获得了相应的发展，这一过程让中国乡村固有的传统思想、观念、风俗习惯等各种文化受到了外来文化的冲击，乡村文化发展环境也因此变得复杂艰难。对此，江泽民提出坚持马克思主义在农村文化建设中的领导地位，通过不同方面的思想道德教育来占领农村思想文化阵地。"农村的思想文化阵地，先进的正确的思想和优良社会风尚不去占领，落后的错误的思想、不良社会风气就必然会去占领。"④他认为，我们要以通俗易懂的方式和群众喜闻乐见的形式来发展乡村文化，多方着手提高广大农民的综合素质。同时，发展乡村文化产业，为广大农民提供多种多样的文化产品和服务，以满足农民日益多样化的精神文化生活需求，提高他们整体的生活水平和质量。

---

① 邓小平. 邓小平文选（第三卷）[M]. 北京：人民出版社，1993：4.

② 江泽民. 在庆祝中国共产党成立八十周年大会上的讲话 [M]. 北京：人民出版社，2001：19.

③ 江泽民. 江泽民文选（第二卷）[M]. 北京：人民出版社，2006：33.

④ 江泽民. 江泽民文选（第一卷）[M]. 北京：人民出版社，2006：276.

（3）胡锦涛的乡村文化建设思想

胡锦涛顺应时代发展的要求，提出了科学发展观，并以此为指导建设社会主义新农村。党的十六届五中全会通过的《十一五规划纲要建议》提出了"生产发展、生活富裕、乡风文明、村容整洁、管理民主"的社会主义新农村建设总要求。此时所要建设的新农村较以往来说是更高水平的、更全面发展的新农村，它要求农村的政治、经济、文化、社会等方面要平衡协调发展。乡村文化作为社会主义新农村事业建设的一个重要方面，对于新农村建设将起到至关重要的作用，不仅有利于提高乡村居民的思想道德水平、科学文化素养，丰富乡村居民的精神生活，实现乡风文明的目标，而且能够为社会主义新农村建设目标的实现提供内生动力和不竭源泉，是社会主义新农村建设目标实现的重要保证。此外，还需要完善乡村公共文化基础设施建设，以进一步提升乡村公共文化服务的水平和能力，进而满足乡村居民日益提高的多样化精神文化需求。

3. 习近平新时代中国特色社会主义思想中关于乡村文化建设思想的重要论述

"文化兴国运兴，文化强民族强。"[1] 文化的繁荣兴盛能够为一个国家、民族的发展提供更深厚的、更长远的内在动力。习近平对此一直都有清晰的认识，而乡村文化的发展对于乡村振兴的重要作用，习近平同样有着深刻的认知，这得益于习近平的家庭成长环境和个人成长经历。习近平不论是在陕北农村插队，还是在河北、福建、浙江、上海主持地方工作，抑或进入中央及当选中共中央总书记后都非常重视农村文化建设，并切实落实到实际工作中。习近平关于乡村文化建设相关论述主要有以下几个方面。

首先，坚持以社会主义核心价值观为引领。习近平始终重视精神价值的引领作用。在 2014 年 2 月 24 日中央政治局第十三次集体学习时，习近平指出："核心价值观是文化软实力的灵魂、文化软实力的重点。这是决定文化性质和方向的最深层次要素。"[2] 乡村文化作为社会主义文化必不可少的重要内容之一，也需要以社会主义核心价值观为灵魂、为导向，将社

---

① 习近平. 决胜全面建成小康社会 夺取新时代中国特色社会主义伟大胜利——在中国共产党第十九次全国代表大会上的报告 [N]. 人民日报，2017-10-28.

② 习近平. 习近平谈治国理政（第一卷）[M]. 北京：外文出版社，2018：163.

会主义核心价值观融入乡村文化建设的各个方面，通过开展形式多样、内容丰富的文化教育活动凝聚人心、提升乡村居民各方面的素质，如思想道德素质和文化水平等，从而在乡村形成团结友善、互帮互助、共同进步的良好氛围。在习近平总书记和党中央的要求下，党的多次会议和相关意见都对如何将社会主义核心价值观贯彻落实到老百姓的日常生活中，为乡村民众的自觉遵循提出了相应的要求。在 2017 年召开的中国共产党第十九次全国代表大会上，习近平又一次强调"社会主义核心价值观是当代中国精神的集中体现，凝结着全体人民共同的价值追求"①。因此，在乡村文化建设中必须始终不渝地坚持以社会主义核心价值观为引领，"坚持教育引导、实践养成、制度保障三管齐下，采取符合农村特点的方式方法和载体"②。

其次，坚持以中国特色社会主义文化为发展方向。中国特色社会主义文化是集中华优秀传统文化精华、革命文化和随着社会主义事业的发展而不断丰富和发展的社会主义先进主义文化于一身的。"发展中国特色社会主义文化，就是以马克思主义为指导，坚守中华文化立场，立足当代中国现实，结合当今时代条件，发展面向现代化、面向世界、面向未来的、民族的科学的大众的社会主义文化，推动社会主义精神文明和物质文明协调发展。"③ 其宗旨是为人民大众服务，为社会主义服务。乡村文化作为中国特色社会主义文化的重要组成部分，也必须贯彻落实为老百姓服务这一宗旨，坚持文化创作以广大乡村民众的鲜活生活为来源，坚持文化创作的共创共享原则，让人民享受到更加丰富多彩的文化内容。从党的十八大、十九大直到目前为止，党的多次重要会议和农村工作会议都强调乡村文化建设的重要性，并做出重要指示，旨在通过思想道德建设、中华优秀传统文化的传承、乡村公共文化服务体系的完善等多方面全方位的发展来保障乡村居民的文化权益，丰富他们的精神文化生活，推进文明乡村建设。

最后，坚持以中华优秀传统文化为基因，以红色革命文化为基础发展

① 习近平. 决胜全面建成小康社会 夺取新时代中国特色社会主义伟大胜利——在中国共产党第十九次全国代表大会上的报告 [N]. 人民日报，2017-10-28.

② 乡村振兴战略规划（2018—2022 年）[M]. 北京：人民出版社，2018：68.

③ 习近平. 决胜全面建成小康社会 夺取新时代中国特色社会主义伟大胜利——在中国共产党第十九次全国代表大会上的报告 [N]. 人民日报，2017-10-28.

乡村文化。中华传统文化博大精深，其中所蕴含的一些社会发展理念对今天的社会发展依然具有重要的指导意义，如习近平提出的"两山理论"就是对敬畏自然、爱护自然的传统生态理念的继承与发展。"两山理论"不仅要让广大老百姓拥有青山绿水，同时还要有留得住乡愁的金山银山。各地乡村因地制宜，发展适合各乡村的特色产业，既留住青山，又留住乡愁。而红色革命文化所内含的革命精神则是中国共产党人的精神给养和动力，是历代中国共产党人不懈奋斗的动力源泉，因此，我们也要继承并发扬红色革命文化精神，如爱国情怀、长征精神、井冈山精神等。在乡村文化建设中，我们也应充分挖掘各地红色文化资源，结合各地已有的红色资源优势，通过红色文化资源的传承与保护，实现红色文化资源的高效利用，发展具有特色优势的乡村文化产业，实现发展乡村文化和丰富民众精神文化生活的双重目的。

（三）中华优秀传统文化中的乡土文化基因

中国农业文明经过 5 000 年绵延不断的发展，孕育了丰富的传统文化资源。肥沃的土地，温和的气候为农业耕种提供了良好的自然环境，统治者"重农抑商"的政策，这些都为我国农业的发展提供了条件。在农耕生产实践中逐渐形成农耕文化，以及为指导农耕生产生活而逐渐总结出的生态文化思想和伦理文化思想，都表明我国传统文化蕴含了浓厚的乡土文化基因，对我国农业发展乃至后世的发展产生了重要影响。

1. 农耕文化基因

按照马克思主义经济基础决定上层建筑的唯物主义哲学观，乡村文化的性质受乡村经济形式制约。正如乡村社会是犁耕生产的产物一样，乡村文化也是农耕生产的结晶，带有明显的农耕文化基因。农业使人们安定下来，结束流浪的生活，固守在一块土地上，世代耕耘。由于历代统治者素来重视农业发展，鼓励农耕活动，抑制商业发展，使得古代农业生产方式得到不同程度的提升，农业发展水平也位居世界前列。从石器、青铜器到牛耕铁器等生产工具的变更发展；从集体耕作到农业手工业结合的小农自然经济等生产方式的变更；天文、历法、治水、农学等为农业生产服务知识的出现和广泛使用。我国古代农耕经济不仅促使天文、数学等科学技术知识的出现，而且还催生了手工业的繁荣发展，培养了一批民间手工艺者。由此可见，以农耕经济为基础的传统文化本身就带有农业文明的印记。

2. 伦理文化基因

在古代农业社会，人们以农业生产为生，由于对自然的认知缺乏及科学技术水平的落后，人们抵御灾害的能力低下，需要依靠血缘为纽带的宗法制度调节社会生活和生产活动，由此形成系统的制度文化。在这种文化的支配下，构建了严密的纲常伦理体系，例如，"资父事君，日严与敬。孝当竭力，忠则尽命。……乐殊贵贱，礼则尊卑。上和下睦，夫唱妇随"（《千字文》），体现了仁爱孝悌的良好家风；中国儒家伦理文化中的三纲五常所体现的伦理道德；"君子戒慎乎其所不睹，恐惧乎其所不闻。莫见乎隐，莫显乎微，故君子慎其独也"（《礼记·中庸》），体现了克己慎独的个人修养。从中国古代农耕文化中提炼的伦理文化，又反过来作用于中国传统农业社会，影响人们的思想观念和价值取向，指引人们的社会生产生活。

3. 生态文化基因

古代中国十分重视"天人合一"的思想，尤其在农耕生产中人们早已认识到自然对农业生产的影响。"夫稼，为之者人也，生之者地也，养之者天也"（《吕氏春秋·审时》），天、地、人、物四者有机统一才能农业丰收。人们也认识到天有四季更替、地有肥沃贫瘠变化，"春耕、夏耘、秋收、冬藏，四者不失时，故五谷不绝，而百姓有余食也"（《荀子·王制》）。只有在农业生产中遵循自然规律，因时制宜、因地制宜，才能实现五谷丰登，同时主张轮作，节制欲望，"今俗间谓麦下为夷下，言荃夷其麦，以其下种禾豆也"（《知本提纲》）。"不涸泽而渔，不焚林而猎""鱼不长尺不得取，彘不期年不得食"（《淮南子·主术训》），要根据作物的生长规律合理安排农时，为后续农业生产留有余地。中国古代创作了遵循自然规律、因地制宜、因时制宜的生态文化思想及歌颂大自然的文学艺术作品，都体现了人与自然和谐相处的生态理念。

（四）发达国家乡村文化建设思想

选择性地吸收借鉴国外在乡村文化发展上取得的积极成果，始终是推动中国特色社会主义文化体系发展的重要手段。为此，乡村振兴中乡村文化自信重建需要汲取具有代表意义的发达国家乡村文化建设思想。

德国有近百年的农地再规划的历史。一系列法律体系建立使得乡村规划活动受到严格的法律规范的管理和监督。1919 年，世界上出现了最早的一部市民农园法律，是由德国制定的，而后根据农村的发展现状，扩大农业规模、提升效率，对《市民农园法》进行了修订，而后专门制定并实施了《土地整治法》，该法规的颁布实施，不仅确立了土地的完整性，还对相关村、镇、保护区用地做了明确划分，有效改善了乡村生活与农业生态环境，体现出德国的乡村发展进程从过去单纯强调自然性保护到今天整体保护的规划，从单一转向多元的特点。[①]

美国基于工业化、城镇化、现代化等发展优势，实现统筹推进一体化发展。在推动乡村环境方面也探索出适用于自身的方式，其中以"乡村环境规划"效果更为显著。[②]注重景观特色保护，坚持生态保护原则，只种植适合当地生长的自然作物，加强可再生能源的开发利用，减少能源生产对环境造成的破坏和污染。聘请专家对村庄的整体位置、景观维护、交通路线等内容进行总体布局，以保持原生乡土整洁优美的景观吸引大量的游客休闲娱乐，保障了经济效益和环境效益。总的来说，这是一种依据土地的承载力来建立与环境平衡、协调的乡村发展模式。同时，充分运用科技转化成果，重视新品种、新技术、新设备和新管理方式在农业农村的应用，尽量缩小城乡发展差距。[③]

日本在 20 世纪 60 年代盲目追求社会发展的运行速度和运转效率，采用激进的方式实现城市财富的积累引发了城乡发展的失调、人口外流、村落衰落、环境恶化等社会问题，在此严峻形势下改变城乡发展不平衡现状，日本大分县前知事平松守彦率先在全国发起了以立足乡土的"一村一品"运动[④]，在受到土地限制、资源缺乏的客观因素下，定位每个乡村的特色模式、每个村庄开发出具有地方特色的精品，展现农村发展价值，提高一个地区的活力，打造特色IP，激发了村民共同参与建设的热情，开发了许多

---

① 周武忠. 新乡村主义：乡村振兴理论与实践 [M]. 北京：中国建筑工业出版社，2018.
② 周武忠. 新乡村主义：乡村振兴理论与实践 [M]. 北京：中国建筑工业出版社，2018.
③ 孙景淼. 乡村振兴战略 [M]. 杭州：浙江人民出版社，2018.
④ 李霞. 文旅振兴乡村：后乡土时代的理论与实践 [M]. 北京：中国建筑工业出版社，2019.

文化旅游模式，促进了农村转型发展。

韩国新村运动也是基于国内城市化飞速发展，导致城乡两极分化严重所引发一系列社会问题。1970年，韩国政府提出"建设新村运动"的构想，为村民建设"安乐窝"[①]。这是由政府主导面向全国3.3万个行政村和居民免费提供用于农村建设的基础设施，包括修路、修房、修桥等，提供发展互助合作社的专项资金，保障村民居住的生活环境。再由政府进行筛选，挑选出1.6万个改造成功的样板村落给予表彰宣传，在得到了村民的认可之后新村运动便在农村中自发地开展起来，在改善农村生活条件的同时树立了政府的良好形象。

二、乡村振兴中乡村文化自信重建的现实依据

（一）振兴乡村文化是新时代乡村发展的必然要求

乡村文化作为维系乡村社会的精神纽带，承载着农民几千年的精神追求。在我国社会主要矛盾发生转变的新的历史时期，必须要重塑文明乡风，还乡村一方净土；必须要解决乡村文化发展过程中突出的问题，满足农民多元化的文化需求；必须要引领乡村文化走向现代化，全面建设社会主义现代化。因此，振兴乡村文化是大势所趋，是新时代乡村发展的必然要求。

1. 建设新时代文明乡风的需要

新时代文明乡风建设作为乡村文化振兴的核心要素，就是要发挥乡村文化的价值导向作用，将乡村文化蕴含的价值内涵融入乡风文明建设中。在传统乡村社会，乡村文化几千年来传递的忠义孝悌、善恶曲直、礼义廉耻等价值观念，为规范农民的言行举止、调节人际关系、增进社会凝聚力发挥了重要作用。随着社会的发展，乡村文化日益暴露出一些问题，其中就包括乡村良好家风、淳朴民风、文明乡风渐渐远去的问题。随着现代化进程的加快，农民离土离乡，进城务工，传统的家庭关系受到冲击，农村出现大量留守儿童和留守老人，家庭教育问题更加突出，夫妻关系因两地分居变得冷漠甚至产生裂缝。随着市场经济的迅速发展，衍生了消费主义、享乐主义、个人主义等不良价值观，在物质利益的驱动下，原本简单朴素、

① 李霞. 文旅振兴乡村：后乡土时代的理论与实践 [M]. 北京：中国建筑工业出版社，2019.

勤俭节约的农民越来越关注个人利益得失，甚至为了追逐名利而做出与乡村道德伦理相悖的行为。乡村文化对外交流的过程中也面临着城市文化、西方文化带来的冲击，影响社会稳定，污染社会风气，腐蚀农民心灵，严重阻碍新时代乡风文明建设。因此，必须要振兴乡村文化，加强家风民风乡风建设，营造乡村社会文明新风。

2. 适应社会主要矛盾变化的需要

全国各族人民经过几十年艰苦卓绝的奋斗，中国特色社会主义事业取得新的历史性成就，中国发展也进入新的历史方位。进入新时代，社会主要矛盾由"人民日益增长的物质文化需要同落后的社会生产之间的矛盾"转化为"人民日益增长的美好生活需要和不平衡不充分的发展之间的矛盾"，这意味着人民群众的物质需求得到满足，对精神文化的需求更加强烈，而文化作为乡村社会突出的短板和弱项，是乡村社会发展亟须解决的"不平衡不充分"问题。目前，乡村经济得到快速发展，农民的收入水平持续提高，但乡村的物质生活水平与精神文化水平呈现巨大的反差，农民的精神文化生活相对匮乏，反观城市健全的公共文化基础设施和娱乐设施，乡村文化的发展远不能满足农民多元化的文化需求，影响农民幸福感的提升，影响乡村全面振兴和人的全面发展。因此，必须要振兴乡村文化，补齐乡村文化发展短板，满足农民日益增长的文化需求，这是新时代赋予的使命和任务。

3. 实现社会主义现代化的需要

社会主义现代化是全面的现代化，是推进城市和乡村现代化建设的过程。2018年中央一号文件指出，没有农业农村的现代化，就没有国家的现代化。我国是一个农业大国，乡村社会不平衡不充分的问题得不到解决，就不能推进乡村现代化建设，不能实现社会主义现代化的目标。当前，乡村为了追赶城市建设的步伐，刻意模仿城市的发展模式，导致乡村既没有缩小与城市之间的差距又失去了原本特色；而且乡村在发展过程中，片面追求经济上的飞速发展，忽视了乡村文化建设和人民的精神文化需求，导致乡村发展不平衡、不协调，不利于乡村的全面发展。乡村文化振兴是调节城乡文化，平衡乡村内部各要素的突破口。因此，要紧扣我国社会主要矛盾变化，不断协调乡村内部各要素的发展，通过乡村文化振兴，平衡乡村经济与文化的发展，充分发挥社会主义文化的巨大力量，缩小城乡文发展差距，平衡城乡发展水平，全面推进城乡现代化建设，最终实现社会主义现代化。

（二）新时代乡村文化实现自信面临前所未有的机遇

党的十八大以来，中国特色社会主义进入了新时代，我国社会的主要矛盾由"人民日益增长的物质文化需要同落后的社会生产之间的矛盾"向"人民日益增长的美好生活需要和不平衡不充分的发展之间的矛盾"转变，乡村社会经济文化的发展成为全面建成小康社会的重点与难点，伴随着乡村振兴战略的实施，新时代乡村文化实现自信面临前所未有的机遇。

1. 乡村文化多方实践主体的互动

新时代乡村文化供给体系呈现出一主多元的状态，其中农民是乡村文化的建设和享用主体，政府在乡村文化建设过程中扮演着财政投资和规则监管的角色，市场及社会组织作为社会投资者也进入乡村文化建设中。认知和利益会对主体的行为起着导向作用，在协同发展乡村文化的实践中达成一主多元，对于认知与利益的共识是新时代实现乡村文化自信的重要内容。

乡村文化是在长期农业耕作中积淀的、反映了农民生活方式和思维模式的文化，农民是乡村文化的建设和享用主体，拥有着对乡村文化继承和发展的主体意识。政府需要尊重、相信并依靠农民，让他们从乡村文化建设的消极围观者转变为切实的利益参与者，从被动接受改造者转变为主动参与创造者。新时代的农民需改变以往封闭的经验主义生产模式，将工业化、信息化的因素纳入农业生产中，让农业生产共享现代化的科技成果；需要对自身政治权利具有明确的认知，改善和克服小农意识和小资产阶级作风，促进自身道德观念和法制精神的形成；需要具备客观审视乡村文化优势与不足的能力，将传统乡村文化中的优质成分与现代文明里的理性因素有机整合，切实担负起乡村文化建设的职责。

政府在财政投资和规则监管时需考虑到农民的利益与需求，横向扩大乡村文化服务范围，完善公共文化空间，为多种形式的乡村文化活动提供场所的同时要为乡村文化纵向深层次发展提供动力，为地方乡村文化的长远发展制定规划，并给予政策上的支持和财政上的投入。市场及社会组织作为社会投资者可以为乡村文化产业引入创新人才资源，实时进行技术开发和产品研发，提高乡村文化的供给质量与效率，将乡村文化转化成现实的生产力，从而实现乡村文化的市场化。政府与市场在乡村文化建设过程中是相互制衡、相互补充的，仅凭垂直单向的政府供给可能无法满足乡村文化多样化的需求，抑制了市场机制发展的动力，而市场主体趋利避害的特性与乡村文化供给的公共性之间的矛盾又需要发挥政府的宏观调控职能来予以调节，政府与市场相协调的多元供给模式能够有效解决乡村文化供给过程中的公平与效率问题。

新时代实现乡村文化自信需要协调好农民、政府、市场三者之间的关系。政府在尊重农民主体地位时，需制定权责分明的政策法规有序地引导社会资本参与乡村文化建设。市场及社会组织需尊重农民文化需求，运用市场规律将有限的乡村文化资源实现利益的最大化的同时保障乡村文化的稳定性和可持续性。这不仅完善了政府的社会公共文化服务职能，也为企业注入乡村文化的发展动力，让农民享受到现代化文化产品，实现农民、政府与企业的"三赢"。

2. 乡村文化多维实践方式的厘定

乡村地区由于资金的长期投入不足使得文化基础设施落后，文化产品的有效供给不足。新时代农民的消费品位有所提高，单调贫乏的文化结构无法满足多元化的文化需求，乡村文化产生了供需矛盾。在推进乡村文化的"供给侧结构性改革"中外部扶持"输送文化"是乡村文化传播发展的重要途径，内部挖掘"孵育文化"是乡村文化培育革新的重要方式。

政府需强化乡村文化输送过程中的为人民服务意识，了解当地农民文化需求，以农民能够接受的语言表达形式和艺术方式输送符合农民审美情趣的文化产品。建立完善的乡村文化需求表达机制，保障农民基本文化权益。乡村社会在不同地域、季节对文化产品的内容、数量的需求有所不同，农民主体因年龄和性别的差异对文化产品的兴趣取向有所不同。乡村文化产品需转变以往的单一供给情形，依据不同的条件与需求及时调节乡村文化产品的供给，为农民提供精准化、差异化的乡村文化服务。建立乡村文化活动反馈评价体制，关注文化输送效果，及时修正文化输送过程中存在的不足与偏差，增加乡村文化基础设施的使用效率，提高乡村文化输送过程中的参与度。建立权责清晰、分工明确的乡村文化工作的奖惩责任机制。

以乡村文化服务业绩为考核标准，激发乡村文化工作者探索乡村文化内容的潜能，最大程度地发挥主观能动性来创造行之有效的乡村文化服务方法，在增加乡村文化输送频次的同时提高文化输送的质量与效率。

我国乡村历史悠久、地域辽阔，拥有丰富的文化资源，"授之以渔"增强其内部发展动力是乡村文化更为长久的发展计策。内部挖掘孵育需要推动政府文化服务职能由输送包办向规划引导转变，革除乡村社会以往"等、靠、要"的陈旧观念，培育乡村文化自我发展的进取精神；需要完善乡村文化发展动力机制，利用微博、朋友圈等新媒体搭建具有影响力的乡村文化展示平台，对优秀乡村文艺作品进行展示，增加人们对乡村技艺的关注度，扩大乡村文化的影响力；需要将乡村文化资源与乡村文化产业有机结合，立足独具传统性、地域性的乡村文化进行合理的谋划与布局，打造独具特色的地域文化品牌，提高乡村文化产品在市场经济格局中的竞争力。乡村知识分子和基层工作者作为乡村文化的培育者贴近农民生活，能够供给出满足农民实际需要的文化产品。因此，需建立乡村文化人才培养长效机制，培育一定数量、结构稳定的专职乡村文化服务人员，来保障乡村文化服务的质量与水平。鼓励乡村文化工作者用充足的耐心与恒心完成"孵育"职责，因地制宜地"孵育"出有生命力的乡村文化。

外部扶持"输送文化"时须知人所需，"输送"出有针对性的文化，让有备而送的文化在乡村社会落地生根。内部挖掘"孵育文化"时需为乡村文化营造一个公平、公正、可持续的发展环境，让乡村文化培育者安心"孵化"、精心"抚育"。通过多维推进的方式实现乡村文化供给与需求的平衡是新时代乡村文化自信的重要实践方式。

3. 乡村文化协同保障机制的建构

在中国传统社会中乡村文化是依靠约定俗成的乡规民约、家庭族规、风俗习惯等形式来进行自我管理的，但随着差序格局的熟人社会体系逐步瓦解，农民自我管理方式的束缚力相对减弱，条款清晰的制度规范引导和强制性国家机器对农民文化权益维护的必要性逐渐显现，二者相协同是新时代实现乡村文化自信更为稳固的保障。

在中国乡村社会特有的文化传统和社会结构下，乡规民约对村民的社会生活起着约束、劝诫和教育的作用。它是依靠舆论和习惯等非行政力量的方式对乡村文化的发展进行调节，通过潜移默化的道德教化来感染农民，最终达到润物细无声的效果。在农耕社会中家族是一个基本社会单位，以家族成员共同意志为依托的家庭族规是具有契约性质的行为规范，对旧时代的乡村文化乃至整个乡村社会都具有普遍的约束力。时至今日，一些优秀的祖规家训对乡村文化仍然具有一定的影响力，如"节俭""忠孝""仁爱"等。乡村文化又因民族与地域的差异而具有不同的风俗习惯，它们传承于各自的历史又共存于今日，对不同民族和地域的农民思维方式和价值取向产生着深远影响。较之于制度规范引导，农民自我管理方式更具有人文关怀的成分，农民易于从中达成对乡村文化在情感上的认同，从而增进了乡村社会的凝聚力。

随着社会主义市场经济的发展，原有的信任格局不再适用，需要科学化、制度化、规范化的方针政策和法律法规来完善乡村文化供给体系、严格乡村文化服务监管体系、建设乡村文化发展动力体系。完善乡村文化供给体系要明确乡村文化发展方向和路径，从宏观的层面对乡村文化事业的财政预算进行总体规划和合理布局，使乡村文化投入在社会总支出中占有适当的比例，保障乡村文化产品的有效供给。严格乡村文化服务监管体系要规范乡村文化服务举措，提高乡村文化政策的执行力，实现乡村文化服务供给的持续性的同时保障乡村文化产品受惠面积的公平性。建设乡村文化发展动力体系要从实际出发，因地制宜地探索具有地域特色的文化政策，在维持文化政策持续性和稳定性的同时增加乡村文化政策的灵活性和针对性，科学扶持乡村文化事业和文化产业的持续健康发展。对社会组织、文化企业进行合理监管，引导非公有制企业合理开发乡村文化资源，让乡村文化产业与市场机制相结合，实现乡村经济效益与社会效益的同步增长。

农民自我管理与制度规范引导协同保障的发展格局展现了乡村文化管理过程中地方与中央的相互协调，道德与法律相辅相成的和谐关系。因为乡村文化的发展具有复杂性和多样性，法律规范不能做到面面俱到，乡村文化的自我管理方式起到了调节和补充的作用，能够在确保乡村文化正确发展方向的前提下引导农民建设一个更为和谐、崇高的乡村文化环境，是实现新时代乡村文化自信的重要制度保障。

第四章 改革开放以来我国乡村文化建设的历史进程与实践探索

中国共产党自成立以来的一百多年间，几代领导集体在理论与实践上对我国乡村文化建设进行了积极探索，并取得了十分重大的成就。改革开放以来，我国乡村社会处于急遽变迁之中，乡村民众的思想观念、精神面貌、文化取向与以往相较都发生了巨大变化。基于乡村文化的价值特性与中国共产党的文化自觉，在中国特色社会主义乡村文化建设理论指导下，我国乡村文化建设契合了变化着的乡村现实。从文化建设历史进程来看，大致可以划分为五个阶段；就乡村文化建设顶层设计来看，主要涵盖了精神文化、物质文化与行为文化建设；从文化建设实践路径来看，乡村思想政治建设、乡镇文化站建设、农家书屋建设、文化下乡、乡村教育发展等共同构建起了最基本的路径谱系。

一、改革开放以来我国乡村文化建设的历史进程 [①]

改革开放以后，在党和国家的领导下，我国乡村文化建设经历了几个不同的发展阶段，在每一阶段所开展的系列行动，极大地助推了中国特色社会主义乡村文化的发展与繁荣。

（一）乡村文化建设的转折阶段（1978—1986 年）

党的十一届三中全会的召开，重新确立了"解放思想、实事求是"的

---

① 对于改革开放以来中国共产党乡村文化建设发展阶段的划分，参阅了顾益康、金佩华等人关于中国农民文化发展的研究成果。见顾益康，金佩华. 改革开放 35 年中国农民发展报告 [M]. 北京：中国农业出版社，2013.

思想路线，为中国共产党乡村文化建设指明了新的路向。邓小平指出："一个党，一个国家，一个民族，如果一切从本本出发，思想僵化，迷信盛行，那它就不能前进，它的生机就停止了，就要亡党亡国。"① 这一论断，给当时中国共产党乡村文化建设注入了新的思想动力。

1979 年 9 月，叶剑英《在庆祝中华人民共和国成立三十周年大会上的讲话》中指出："我们要在建设高度物质文明的同时，提高全民族的教育科学文化水平和健康水平，树立崇高的革命理想和革命道德风尚，发展高尚的丰富多彩的文化生活。"② 邓小平进一步解释："所谓精神文明，不但是指教育、科学、文化（这是完全必要的），而且是指共产主义思想、理想、信念、道德、纪律、革命的立场和原则，人与人的同志式关系，等等。"③ 这就为新时期中国共产党乡村文化建设明确了前进的方向。

1980 年，中宣部制定《关于活跃农村文化生活的几点意见》，对中国共产党乡村文化建设与农民文化生活发展提出了具体要求。1982 年 10 月召开的全国农村思想政治工作会议，号召农民群众成为有理想、有道德、有文化、有纪律的新农民，全社会要着力营造乡村文化建设的良好氛围。11 月，《关于第六个五年计划的报告》提出了县县有图书馆、文化馆与乡乡有文化站的建设目标④。这一时期，中国共产党乡村文化建设出现的一些新变化，主要表现为：第一，中华人民共和国成立后拍摄的一批优秀影片在乡村开始放映，如《早春二月》《一江春水向东流》等影片，给长期受样板戏教育的乡村民众提供了享受多样文化的自由；第二，一些传统文学艺术形式在乡村得以广泛传播，如地方戏曲的复苏，给乡村文化生活带来了新的气息，而晚上挤在有电视的人家观看电视剧，更是成了农民一种新的文化时尚；第三，乡村中的一些文化艺术人才自发组建团队，开展文娱活动，有的地方戏剧人才则公开到一些村庄演出，受到广泛欢迎；第四，科学春风吹进乡村，科学种田得到了农民的认可，知识重新受到重视。改

---

① 邓小平. 邓小平文选（第二卷）[M]. 北京：人民出版社，1994：143.
② 中共中央文献研究室编. 三中全会以来重要文献选编（上）[M]. 北京：人民出版社，1982：218.
③ 邓小平. 邓小平文选（第二卷）[M]. 北京：人民出版社，1994：367.
④ 中共中央文献研究室编. 十二大以来重要文献选编（上）[M]. 北京：人民出版社，1986：174.

革开放初期，乡村文化建设为农民提供的文化服务尽管还不丰富，但文化变革的萌芽却让乡村文化呈现新的气象。

（二）乡村文化建设的探索阶段（1986—1996 年）

20 世纪 80 年代中期以后，中国共产党乡村文化建设进入探索阶段。由于乡村各项改革的逐渐深化，集体文化设施被挤占或挪为他用，乡村基本的文化服务能力急遽减弱，集体性文化活动逐渐减少，乡村文化建设面临新的问题。为此，1986 年 9 月，党的十二届六中全会通过的《关于社会主义精神文明建设指导方针的决议》提出："在社会主义时期，物质文明为精神文明建设的发展提供物质条件和实践经验，精神文明又为物质文明发展提供精神动力和智力支持，为它的正确发展方向提供有力思想保证。"[1]1987 年 1 月，中央又明确提出："我们要因势利导，加强四项基本原则教育，用社会主义思想占领农村阵地。"[2] 用精神文明建设来引导乡村文化发展的方向，为乡村社会的改革事业提供精神引领。

随着改革开放的深化和农民获得感的增强，到 20 世纪 80 年代后期，广大农民对中国特色社会主义有了进一步的认识，部分沿海地区的农民转变思想观念自觉走上发展商品经济的道路。同时，乡村社会沉寂下来的传统文化开始复苏，一些地方的宗族文化、民间技艺、地方戏曲等开始繁荣。

进入 20 世纪 90 年代，一些封建迷信等社会陋习蔓延开来，乡村精神文明建设受到了干扰，制约着农民文化的发展。于是，中央开始全面部署，各省、自治区、直辖市在乡村集中进行了社会主义思想教育活动，引导农民自觉抵制封建主义残余与资产阶级腐朽思想的侵蚀，破除封建迷信，克服社会陋习，树立乡村文明新风。

到 20 世纪 90 年代中期，乡村社会的文化阵地得到巩固，农民的科学意识、法律意识、健康意识进一步增强，乡村中腐朽落后的文化得到一定程度遏制，符合中国特色社会主义精神文明建设要求的乡规民约逐渐形成，乡村文化建设在不断探索中出现新局面。

---

① 中共中央文献研究室编. 改革开放三十年重要文献选编（上）[M]. 北京：人民出版社，2008：403.

② 中共中央文献研究室编. 改革开放三十年重要文献选编（上）[M]. 北京：人民出版社，2018：452.

（三）乡村文化建设的发展阶段（1996—2005 年）

随着市场经济的发展，乡村文化中出现了拜金主义、享乐主义、个人主义，封建迷信活动与黄赌毒等不良生活方式也不断显现。1996 年 10 月十四届六中全会通过的《关于加强社会主义精神文明建设若干重要问题的决议》、1998 年 10 月十五届三中全会通过的《关于农业和农村工作若干重大问题的决定》及 11 月文化部颁布的《关于进一步加强农村文化建设的意见》等一系列政策文件，对丰富农民文化生活、提高农民思想道德素质与科学文化素质、促进乡村文化建设做出了完整部署，中国共产党乡村文化建设进入了较快发展阶段，并在多个方面取得了重要进展。

首先，乡村文化设施建设快速推进。按照国家《文化事业发展"九五"计划和 2010 年远景目标纲要》要求，各地把"两馆一站一室"建设列入经济与社会发展总体规划，推动了"万村书库"建设，帮助乡村建立了图书室，为乡村基层社会构建了文化工作网络和文化活动阵地。

其次，文化下乡不断深化。1996 年 12 月，中宣部等十部委联合下发《关于开展文化科技卫生"三下乡"活动的通知》，将图书报刊、电影电视、送戏下乡作为开展群众性文化下乡活动的主要内容与形式。各地各部门制订了各自的文化下乡计划，鼓励文化单位与文艺工作者把为农民服务作为重要任务，努力解决农民文化需求问题。各市县文化馆、群艺馆、图书馆纷纷深入乡村，为农民送书、送文化科技知识。

再次，开展丰富多彩的文化活动。文化建设的根本目的是丰富人民的文化生活、满足人民日益增长的文化需求、促进社会主义精神文明建设。许多乡镇还利用节假日于乡村集市开展文化活动，进一步满足乡村民众对文化的迫切需求。

最后，乡村文化队伍建设初具规模。乡村文化工作者长期扎根乡村社会，与广大农民具有天然的融合性，是乡村文化建设的重要力量。世纪之交，各地采取有力措施，极力解决乡村文化工作者面临的困境，充分发挥文化工作者在乡村文化建设中的作用。

从具体的数据来看，确证了这一时期中国共产党所主导的乡村文化建设不断发展的事实。2002—2005 年，国家加大了对基层文化馆、图书馆的建设投入力度，共计投入 4.8 亿元，基本实现了县级层面的全覆盖。2005 年，国家对乡村文化建设共计投入 35.7 亿元，比 2000 年增加 18.83 亿元，年均增长 16.5%，占全国财政对文化建设总投入的 26.7%，为中国共产党乡村文化建设走向成熟提供了重要平台。

（四）乡村文化建设的成熟阶段（2005—2012 年）

2005 年 10 月，党的十六届五中全会通过《关于制定国民经济和社会发展第十一个五年规划的建议》，提出了"生产发展、生活宽裕、乡风文明、村容整洁、管理民主"的要求，强调了乡村民众是建设社会主义新农村的主体。因此，培育有文化、懂技术、会经营的新型农民成为当时的紧迫任务。11 月，中央办公厅、国务院办公厅颁布《关于进一步加强农村文化建设的意见》，正视乡村文化建设体制不顺、机制不活、服务供给不足、城乡文化发展水平差距较大等现实问题，对乡村文化建设做出了顶层设计。2011 年 12 月，中共中央、国务院印发的《中国农村扶贫开发纲要（2011—2020 年）》提出，到 2020 年，全面实现广播电视户户通，自然村基本实现通宽带，行政村基本建成文化活动室。至此，乡村文化建设由县与乡为重心，转向以村庄为重心，由送文化走向种文化，更加注重对农民个体文化发展的关注，中国共产党乡村文化建设日益走向成熟。其主要体现在以下几个方面。

第一，城乡文化协调发展局面形成。在《国家"十一五"时期文化发展规划纲要》中，把抓好基层文化建设、加大力度改善乡村公共文化基础设施条件、保障农民基本文化权益作为重点。在《国家"十二五"时期文化改革发展规划纲要》中，进一步把城乡文化一体化发展作为重要任务，努力增加乡村文化服务总量，缩小城乡文化发展差距，乡村文化事业在城乡统筹大格局下不断发展。

第二，乡村文化建设工程不断推进。从"十一五"开始，国家实施了一系列针对乡村文化建设的重点工程，包括乡镇综合文化站建设、农村数字电影放映、广播电视"村村通"、农民体育健身、农家书屋等。

第三，乡村文化事业蓬勃发展。社会主义新农村建设进入新阶段后，国家认识到乡村文化建设的重要性，积极探索乡村文化发展的新途径。如贵阳等地建设"农民文化家园"，将村级图书室、文化活动室、广播电视、电影放映、远程教育、文体小广场、小戏台、宣传栏、农家书屋多种文化资源与设施聚合起来，建设集思想教育、科技培训、文体活动、休闲娱乐于一体的综合性、开放性村级文化服务体系。

第四，乡村特色文化兴起。国家在加强乡村文化建设的同时，广大民众发挥乡村独特资源优势，发展乡村特色文化，创办了适合自身需要的文化形式与内容。如吉林农民创办的自娱自乐的农村文化大院，以村文化活动室、农家书屋、农村党员远程教育服务点为依托，以扭秧歌、文艺表演、体育健身活动为载体，宣传党的方针政策，传播实用技术。

总体来看，这一阶段乡村文化建设进入了繁荣阶段，仅从某些方面就能够得以体现。如截至 2011 年年底，全国共有乡镇综合文化站 34 139 个，平均每站面积由 2006 年 277.01 平方米增长为 2011 年 516.38 平方米，增幅 86.4 ％。各级财政对乡镇综合文化站财政拨款 42.76 亿元，比 2006 年增加 31.84 亿元，涨幅 291.6 ％，年均增长 28.6 ％。乡村基本公共文化服务体系的构建，为乡村文化建设的持续发展提供了重要的物质基础。

（五）乡村文化建设的深化阶段（2012 年至今）

党的十八大以后，中国特色社会主义发展进入了新时代，中国共产党在乡村文化建设中坚持"以人民为中心"的理念，更加注重乡村民众的文化需求，乡村文化建设开始走向深化发展阶段。

党的十八大报告指出："加快完善城乡一体化体制机制，着力在城乡规划、基础设施、公共服务等方面推进一体化，促进城乡要素平等交换和公共资源均衡配置，形成以工促农、以城带乡、工农互惠、城乡一体的新型工农、城乡关系。"[①] 在这一精神的指导下，县域范围内文化资源实现了联动共享，有效探索了县级图书馆、文化馆实行总分馆制度，为解决乡村文化资源匮乏提供了方案。

2014 年，党的十八届三中全会通过《关于全面深化改革若干重大问题的决定》，要求加快构建现代公共文化服务体系，促进基本公共文化服务标准化、均等化。2015 年 1 月颁布的《关于加快构建现代公共文化服务体系的意见》与《国家基本公共文化服务指导标准（2015—2020 年）》，从

---

① 胡锦涛. 坚定不移沿着中国特色社会主义道路前进 为全面建成小康社会而奋斗 [N]. 人民日报，2012-11-18.

总体要求、发展动力、产品和服务供给、具体运行管理、保障机制等方面做了明确规划,进一步加强了乡村公共文化产品与服务的供给。2016年9月,文化部发布《关于推进县级文化馆、图书馆总分馆制建设的指导意见(征求意见稿)》,要求具备条件的县级图书馆、文化馆建立总分馆制,分馆把高质量公共文化服务拓展到乡村,没有纳入分馆建制的设立基层服务点,作为总分馆服务的延伸与补充,从而实现了县域内公共文化设施的有效联通与全覆盖,建立起了相互借力的公共文化服务网络。重庆市大渡口区率先实施文化馆"一个总馆+多个分馆+若干服务点"模式,在全国范围内具有示范引领的作用。

2017年5月,国家印发《"十三五"时期文化发展改革规划纲要》,全面部署了文化小康建设的各项任务,有助于乡村文化建设与精准扶贫的结合。十九大提出的乡村振兴战略,成为新时代中国共产党破解"三农"发展难题的又一重要举措,乡风文明的内在要求将文化建设置于乡村振兴战略实施的重要位置;而《乡村振兴战略规划(2018—2022年)》的颁布,对于繁荣与发展新时代乡村文化做出了制度安排,乡村文化建设走向深化。

二、改革开放以来我国乡村文化建设的实践探索

改革开放以来,邓小平、江泽民、胡锦涛及习近平遵循马克思主义文化建设的基本原理,进行了重大的理论创新,建构起了中国特色社会主义乡村文化建设的思想体系。在这一科学理论体系指导下,中国共产党立足我国乡村实际,在乡村文化建设上进行了积极的实践探索。

(一)改革开放以来我国乡村文化建设的顶层设计

文化政策是一项塑造灵魂的工程,对政治意识形态建构、核心价值体系传播、社会规训等方面都具有重要价值。改革开放以来,在中国特色社会主义乡村文化建设理论指导下,中国共产党继承文化自觉的优良传统,在乡村文化建设中从精神文化、物质文化与行为文化三个方面进行了内容的顶层政策设计,为具体实践演进描绘了蓝图、指明了方向。

1. 乡村精神文化建设

精神文化是直接塑造人思想观念与道德情操的一种文化形式,对人行

为选择起着决定性作用。1979年9月，叶剑英《在庆祝中华人民共和国成立三十周年大会上的讲话》中指出，在建设高度物质文明的同时，建设高度的精神文明。10月，邓小平在中国文学艺术工作者第四次代表大会上正式使用了"社会主义精神文明"这一概念。1982年9月召开的党的十二大，中国共产党将社会主义精神文明建设具体分为文化建设和思想建设两个方面①。自此开始，精神文明建设成了改革开放以来中国共产党乡村精神文化建设的重点内容。

第一，思想道德建设。改革开放初期，人们刚刚突破"左"的思想禁锢，引导农民逐步摆脱小农经济思想的束缚，克服封建的、资产阶级腐朽思想影响显得极其重要。

1983年1月，中央发出《关于加强农村思想政治工作的通知》，要求着力加强乡村思想政治工作，每年冬春都要进行一次集中教育，力争用3~5年时间使基层干部与群众的面貌焕然一新。1月，中央再次发出《关于当前农村经济政策的若干问题》，明确党的思想政治工作必须贯穿到乡村各项改革与生产生活中。1987年1月，中央政治局通过《把农村改革引向深入》，强调要加强社会主义思想教育，使农民免受落后的封建思想及资本主义腐朽思想的侵蚀。

1990年12月，《关于一九九一年农业和农村工作的通知》指出："去冬以来，一些地方围绕推动农村改革和经济建设，以及群众普遍关心的问题，开展社会主义思想教育，收到了很好的效果。各地要把社会主义思想教育作为精神文明建设的基本内容，从今冬开始，用两三年时间，分期分批在农村普遍开展这项工作"；"农村社会主义思想教育工作，主要是深入宣传党的基本路线，宣传爱国主义、集体主义、社会主义。重点放在教育党员坚定社会主义信念，带领群众自力更生、艰苦奋斗，走勤劳致富、共同富裕的道路；群众教育认清家庭联产承包为主责任制的社会主义性质，培养集体主义精神，正确处理国家、集体和个人三者关系"②。1995年10月，《关于深入开展农村社会主义精神文明建设活动的若干意见》要求，在坚

---

① 中共中央文献研究室编. 十二大以来重要文献选编（上）[M]. 北京：人民出版社，1986：29.

② 中共中央文献研究室编. 十三大以来重要文献选编（中）[M]. 北京：人民出版社，1991：1328.

持马克思主义世界观、方法论指导的同时，讲好中国优秀文化传统和民族传统美德，用通俗易懂的语言、生动活泼的方式增强农民集体主义、爱国主义观念，提高农民社会主义觉悟。

进入 21 世纪，随着乡村经济的快速发展，农民思想道德与其不匹配性增强，加强乡村文化建设中思想政治教育尤为迫切。2005 年 12 月，《关于推进社会主义新农村建设的若干意见》强调："大力弘扬以爱国主义为核心的民族精神和以改革创新为核心的时代精神，激发农民群众发扬艰苦奋斗、自力更生的传统美德，为建设社会主义新农村提供强大精神动力和思想保证。加强思想政治工作，深入开展农村形势和政策教育，认真实施公民道德建设工程，积极推动群众性精神文明创建活动……"[①]2008 年 10 月，党的十七届三中全会通过《关于推进农村改革发展若干重大问题的决定》提出："坚持用社会主义先进文化占领农村阵地，满足农民日益增长的精神文化需求，提高农民思想道德素质。扎实开展社会主义核心价值体系建设，坚持用中国特色社会主义理论体系武装农村党员、教育农民群众，引导农民牢固树立爱国主义、集体主义、社会主义思想。"[②]2011 年 2 月，《关于进一步加强新形势下农村精神文明建设工作的意见》着重强调要培养、提高农民文明程度，在乡村精神文明建设中弘扬新风尚。

党的十八大以来，以习近平同志为核心的党中央面对世情国情党情舆情社情的复杂变化，开启了建设中国特色社会主义新时代，对乡村思想政治建设提出了新的要求。2015 年 1 月，《关于加大改革创新力度加快农业现代化建设的若干意见》强调："针对农村特点，围绕培育和践行社会主义核心价值观，深入开展中国特色社会主义和中国梦的宣传教育。"[③]2018 年 1 月，《关于实施乡村振兴战略的意见》则进一步强调，乡村思想道德建设以社会主义核心价值观为引领，采取符合乡村特点的有效方式，深化中国特色社会主义与中国梦的宣传教育，大力弘扬民族精神与时代精神。

---

① 中共中央文献研究室编. 十六大以来重要文献选编（下）[M]. 北京：中央文献出版社，2008：150.

② 中共中央文献研究室编. 十七大以来重要文献选编（上）[M]. 北京：中央文献出版社，2009：684.

③ 中共中央文献研究室编. 十八大以来重要文献选编（中）[M]. 北京：中央文献出版社，2016：283.

可见，不论时代如何变迁，思想政治教育始终是中国共产党乡村文化建设的价值指引。

第二，科学文化素养提升。1979 年 9 月，党的十一届四中全会指出："要极大地提高广大农民首先是青年农民的科学技术文化水平。"[①]改革开放初期，中国共产党将提高农民科学文化素质作为乡村精神文化建设的重要内容，符合时代发展的潮流。

1985 年 5 月，《中共中央关于教育体制改革的决定》提出："没有一支劳动技术大军，先进的科学技术和先进的设备就不能成为现实的社会生产力"[②]，这就为乡村教育发展指明了方向。1988 年 3 月，李鹏在七届人大一次会议上所做的《政府工作报告》明确指出，乡村要进一步开展职业技术教育和成人教育，扩展专业培训内容，抓紧扫除青壮年文盲，把农村教育与普及科学知识与推广农业先进技术相结合。推进农民的文化教育与技术培训成为当时的一项重要任务。

1991 年 10 月颁布的《国务院关于大力发展职业技术教育的决定》强调，在乡村进行教育综合改革的"燎原计划"中，基础教育、职业技术教育、成人教育需统筹发展，实行农科教结合。11 月，党的十三届八中全会通过《中共中央关于进一步加强农业和农村工作的决定》指出："把适用的先进技术送到乡村，普及到千家万户。要采取有效措施，进一步推动'星火'、'燎原'、'丰收'等计划的实施，使科技成果尽快转化为现实生产力。……省、地两级要建立农业技术培训基地，县、乡要举办各种技术培训班，办好农民文化技术学校，提高农村基层干部、广大农民的科学文化水平……"[③]，全方位营造农民科学文化素养提升的环境。

党的十六大以来，"三农"问题是新一届党和政府关注的重点之一，提高农民科技文化水平迈上了新的发展阶段。2004 年 12 月 31 日，《关于加强农村工作提高农业综合生产能力若干政策的意见》强调："要结合农

---

① 中共中央文献研究室编. 十一届三中全会以来党的历次全国代表大会中央全会重要文件选编（上）[M]. 北京：中央文献出版社，1997：50.

② 中共中央党校教材审定委员会. 中共中央文件选编 [M]. 北京：中共中央党校出版社，1992：332.

③ 中共中央文献研究室编. 十一届三中全会以来党的历次全国代表大会中央全会重要文件选编（下）[M]. 北京：中央文献出版社，1997：129-130.

业结构调整、发展绿色农业和生产实际的需要，开展针对性强、务实有效、通俗易懂的农业科技培训"①，提高乡村劳动力的素质。2009 年 12 月 31 日，《关于加大统筹城乡发展力度进一步夯实农业农村发展基础的若干意见》提出："大力发展中等职业教育，继续推进农村中等职业教育免费进程，逐步实施农村新成长劳动力免费劳动预备制培训"②，提升农民科学文化素养进一步有了制度保障。

党的十八大以来，"以人民为中心"逐渐成为党和国家的共识，注重农民科学文化培养进入了新时代。2015 年 12 月，《关于落实发展新理念加快农业现代化实现全面小康目标的若干意见》指出："将职业农民培育纳入国家教育培训发展规划，基本形成职业农民教育培训体系，把职业农民培养成建设现代农业的主导力量。"③2018 年 9 月，中共中央、国务院颁布《乡村振兴战略规划（2018—2022 年）》，开始实施新型职业农民培育工程，目的在于通过弹性学制参加中高等农业职业教育培养新一代爱农业、懂技术、善经营的新型农民，为全面提高农民文化素养做出了新的制度安排。

2. 乡村物质文化建设

物质文化是文化体系中最基本的部分，为其他层面的文化存在奠定了基础。改革开放以来中国共产党乡村文化建设中，通过物质文化建设为乡村民众提供了最基本的文化服务，也为精神文化与行为文化的形成营造了一个良好的环境。

首先，公共文化设施建设。改革开放以后，乡村公共文化空间逐渐萎缩，私性文化空间逐渐扩大。针对这一现实，从 20 世纪 90 年代开始，中国共产党在强调精神文明建设的基础上，对乡村公共文化建设加强了顶层设计。

1998 年 11 月，文化部印发的《关于进一步加强农村文化建设的意见》提出，要加强乡镇文化站与行政村文化设施建设，积极筹建村部活动室、青年民兵之家、远程教育点、科普活动室、村文化室与卫生室，大力推进

---

① 中共中央文献研究室编. 十六大以来重要文献选编（中）[M]. 北京：中央文献出版社，2006：529.

② 中共中央文献研究室编. 十七大以来重要文献选编（中）[M]. 北京：中央文献出版社，2011：345.

③ 中共中央党史和文献研究院编. 十八大以来重要文献选编（下）[M]. 北京：中央文献出版社，2018：107.

广播电视"村村通"等文化惠民工程。2002年1月，国务院办公厅转发《文化部、国家计委、财政部〈关于进一步加强基层文化建设的指导意见〉的通知》，强调要因地制宜建设好乡镇文化站与村文化室，积极推进流动文化车、汽车图书馆与流动剧场等建设。

2007年8月，国家出台的《关于加强公共文化服务体系建设的若干意见》指出，要改善广大乡村地区公共文化服务网络，推进广播电视"村村通"工程、全国文化信息资源共享工程、乡镇综合文化站和基层文化阵地建设工程、农村电影放映工程和农家书屋建设工程[1]。为了进一步拓展乡村文化发展空间，2011年10月，党的十七届六中全会对乡村公共文化设施建设进行了系统化安排，即广泛建设县乡村三级文化站点，做好广播电视、信息网络及图书资料向偏远农村地区普及工作；在县乡级以下增设电影院、戏剧院等文艺演出场所[2]。这就极大地明确了乡村公共文化空间建设的内容。

党的十八大以来，乡村文化建设理论取得了重大创新，乡村公共文化设施建设有了新的内容。十八大报告指出："坚持面向基层、服务群众，加快推进重点文化惠民工程，加大对农村和欠发达地区文化建设的帮扶力度，继续推动公共文化服务设施向社会免费开放。"[3]十八届三中全会提出的综合性文化服务中心建设，为乡村公共文化空间的新拓展做出战略安排，并通过国务院办公厅出台的《关于推进基层综合性文化服务中心建设的指导意见》予以制度化，如乡镇（街道）与村（社区）按照人口规模、服务半径建设文体广场，不具备建设条件的偏远山区可酌情安排。2015年12月，《关于落实发展新理念加快农业现代化实现全面小康目标的若干意见》指出："整合基层宣传文化、党员教育、科学普及、体育健身等设施，整合文化信息资源共享、农村电影放映、农家书屋等项目，发挥基层文化

① 中共中央文献研究室编. 十六大以来重要文献选编（下）[M]. 北京：中央文献出版社，2008：1133-1135.

② 中共中央文献研究室编. 十七大以来重要文献选编（下）[M]. 北京：中央文献出版社，2013：573.

③ 胡锦涛. 坚定不移沿着中国特色社会主义道路前进 为全面建成小康社会而奋斗——在中国共产党第十八次全国代表大会上的报告 [M]. 北京：人民出版社，2012.

公共设施整体效应。"①2016 年 4 月，国务院办公厅印发《关于加快推进广播电视村村通向户户通升级工作的通知》，明确到 2020 年基本实现数字广播电视户户通建设，为满足乡村民众个性化的文化需求创造了良好环境。2017 年 6 月，国家新闻出版广电总局下发《关于深化农家书屋延伸服务的通知》，在"互联网 + 书屋"思维下，利用"两微一端"来拓宽传播渠道，推动农家书屋向家庭与个人需求延伸。十九大进一步强调，要完善公共文化服务体系，深入实施文化惠民工程，丰富群众性文化活动。

其次，美丽乡村建设。1979 年 9 月，党的十一届四中全会指出："大力开展植树造林，注意提高成活率……对一切可能绿化的荒山荒地，各地都要从实际出发，订出切实可行的规划，限期绿化"②，为建设美丽乡村进行了初步探索。1988 年 3 月，李鹏在七届人大一次会议上所做的《政府工作报告》中强调，今后要"认真进行大江大河的治理，努力增加森林植被"③。乡村生态文明建设的内容进一步明确。

党的十六大后，中国共产党对乡村生态建设更加重视。2003 年 6 月通过的《关于加快林业发展的决定》指出："在贯彻可持续发展战略中，要赋予林业以重要地位；在生态建设中，要赋予林业以首要地位；在西北大开发中，要赋予林业以基础地位。"④在义务植树方面，实行属地管理，农村以乡镇为单位，建立健全义务植树登记制度与考核制度，旨在最终形成爱护环境、保护环境、建设环境的文明乡风。2005 年 6 月，国务院明确要求，乡村地区要"推广节肥、节约技术，提高化肥、农药利用率，鼓励并推广农膜回收利用"⑤，着力改善乡村的生活环境与村容村貌。

党的十八大的召开，开启了中国特色社会主义新时代的征程，美丽乡

① 中共中央党史和文献研究院编. 十八大以来重要文献选编（下）[M]. 北京：中央文献出版社，2018：115.

② 中共中央文献研究室编：十一届三中全会以来党的历次全国代表大会中央全会重要文件选编[M]. 北京：中央文献出版社，1997：45.

③ 中共中央文献研究室编. 十三大以来重要文献选编（上）[M]. 北京：人民出版社，1991：149.

④ 中共中央文献研究室编. 十六大以来重要文献选编（上）[M]. 北京：中央文献出版社，2005：326.

⑤ 中共中央文献研究室编. 十六大以来重要文献选编（中）[M]. 北京：中央文献出版社，2005：953.

村建设得以深入推进。2012 年 12 月，《关于加快发展现代农业进一步增强农村发展活力的若干意见》指出："实施乡村清洁工程，加快农村河道、水环境综合整治。"①2015 年 4 月，《关于加快推进生态文明建设的意见》强调："引导农民在房前屋后、道路两旁植树护绿"②，形成崇尚生态文明的社会氛围。2016 年 12 月，《关于深入推进农业供给侧结构性改革加强培育农业农村发展新动能的若干意见》提出："促进垃圾分类和资源化利用，选择适宜模式开展农村生活污水治理，加大力度支持农村环境集中连片综合治理和改厕。"③2018 年 9 月，中共中央、国务院颁布《乡村振兴战略规划（2018—2022 年）》，坚持绿水青山就是金山银山理念，以绿色发展来引领新时代美丽乡村建设。2019 年 1 月，《关于坚持农业农村优先发展做好"三农"工作的若干意见》要求，中央在预算内安排专门资金支持农村人居环境整治，允许县级按规定统筹整合相关资金④。此外，还要实施乡村绿化美化行动，建设好一批森林乡村。这就进一步夯实了美丽乡村建设的基本内容。

3. 乡村行为文化建设

文化存在的合理性在于其以文化人的价值性，文化建设的价值旨归就是要实现对人的塑造。行为文化是人们日常生活实践中所体现出来的行为方式，主要由人的所作所为来予以具体呈现。改革开放以来的中国共产党乡村行为文化建设，主要就是对乡村民众文明生活方式养成的培育。

1982 年 2 月，全国总工会、共青团中央、全国妇联、中国文联、中央爱国会、全国学联、全国伦理学会、中国语言学会、中华全国美学学会九个单位联合发出《关于开展文明礼貌活动的倡议》，开展以讲文明、讲礼貌、讲卫生、讲秩序、讲道德和心灵美、语言美、行为美、环境美为内容的"五

---

① 中共中央文献研究室编. 十八大以来重要文献选编（上）[M]. 北京：中央文献出版社，2014：106.
② 中共中央文献研究室编. 十八大以来重要文献选编（中）[M]. 北京：中央文献出版社，2016：489.
③ 中共中央党史和文献研究院编. 十八大以来重要文献选编（下）[M]. 北京：中央文献出版社，2018：539.
④ 中共中央党史和文献研究院编. 十九大以来重要文献选编（上）[M]. 北京：中央文献出版社，2019：753.

讲四美"文明礼貌活动。文明礼貌教育活动先从城市开始，逐渐推广到广大乡村。各地采取不同的方式进行积极响应，例如：制定乡规民约，开展建立文明村、文明家庭活动，改变村风村貌；大力表彰先进典型，如评选优秀党员、模范干部、五好社员及表扬专业户、劳动致富户、各种先进人物，以先进带动后进；打击违法犯罪活动，利用坏人、坏事、坏典型做反面教员①。到 1983 年 2 月，在"五讲四美"活动基础上增加了"三热爱"的内容，即热爱祖国、热爱社会主义、热爱中国共产党。为了指导、监督、协调全国活动，3 月，成立了"五讲四美三热爱"活动委员会，各省、市、自治区也建立相应机构加强对这一活动的领导。

1986 年 9 月，党的十二届六中全会通过的《关于社会主义精神文明建设指导方针的决议》强调："在广大城乡要积极开展移风易俗活动，提倡文明健康科学的生活方式，克服社会风俗习惯中还存在的愚昧落后的东西。婚嫁丧葬中的陋习要改革，封建迷信要破除。"②1991 年 11 月，十三届八中全会通过的《关于进一步加强农业和农村工作的决定》强调："教育农民自觉抵制封建主义残余和资产阶级腐朽思想侵蚀，破除封建迷信，克服社会陋习，树立社会主义新风尚"③，开展好农民喜闻乐见、健康有益的文娱、体育活动。

进入 21 世纪，中国共产党通过制度化建设来推进乡村群众文明生活方式的养成。2005 年 5 月，胡锦涛在《调整经济结构和转变经济增长方式是缓解人口资源环境压力的根本途径》中指出："要引导农民转变观念，改变不良生活习惯，培养文明卫生的生活方式。"④2008 年 10 月，党的十七届三中全会通过的《关于推进农村改革发展若干重大问题的决定》要求，倡导农民崇尚科学、诚信守法、抵制迷信、移风易俗，遵守公民基本道德规范，养成健康文明生活方式，形成男女平等、尊老爱幼、邻里和谐、勤

① 欧阳雪梅. 中华人民共和国文化史（1949—2012）[M]. 北京：当代中国出版社，2016：203.

② 中共中央文献研究室编. 十一届三中全会以来党的历次全国代表大会中央全会重要文件选编[M]. 北京：中央文献出版社，1997：425.

③ 中共中央文献研究室编. 十一届三中全会以来党的历次全国代表大会中央全会重要文件选编[M]. 北京：中央文献出版社，1997：141.

④ 中共中央文献研究室编. 十六大以来重要文献选编（中）[M]. 北京：中央文献出版社，2006：827.

劳致富、扶贫济困的社会风尚①。2009年3月，《中共中央、国务院关于深化医药卫生体制改革的意见》指出，大力发展乡村医疗卫生服务体系；进一步健全以县级医院为龙头、乡镇卫生院和村卫生室为基础的乡村医疗卫生服务网络；积极推进乡村医疗卫生基础设施建设和能力建设，在每个乡镇办好一所卫生院，采取多种形式支持村卫生室建设，使每个行政村都有一所村卫生室②，为广大农民建立现代科学健康卫生的文明生活方式提供保障。

党的十八大以来，中国共产党对乡村行为文化建设的力度进一步加大。2015年12月，《关于落实发展新理念加快农业现代化实现全面小康目标的若干意见》指出："深入开展文明村镇、'星级文明户'、'五好文明家庭'创建，培育文明乡风、优良家风、新乡贤文化。广泛宣传优秀基层干部、道德模范、身边好人等先进事迹。"③2018年9月，中共中央、国务院颁布《乡村振兴战略规划（2018—2022年）》要求，深入推进移风易俗，开展专项文明行动，遏制大操大办、相互攀比、"天价彩礼"、厚葬薄养等陈规陋习。2019年1月，《关于坚持农业农村优先发展做好"三农"工作的若干意见》则进一步明确，要对婚丧陋习、天价彩礼、孝道式微、老无所养等不良风气采取约束性强的措施予以治理。这就逐渐细化了乡村文明生活方式及行为文化建设的内容。

此外，为了适应市场经济的发展与村民消费观念的变化，进入新时代以后在乡村民众消费文化引导上，中国共产党明确了方向，即提高全社会绿色消费意识，鼓励节约适度、绿色低碳、文明健康的现代生活方式和消费模式，力戒奢侈浪费型消费与不合理消费，推进可持续消费④，大力培育理性健康的消费理念与丰简有度、雅俗兼容的消费文化，全方位营造绿色

① 中共中央文献研究室编. 十七大以来重要文献选编（上）[M]. 北京：中央文献出版社，2009：684.

② 中共中央文献研究室编. 十七大以来重要文献选编（中）[M]. 北京：中央文献出版社，2011：6.

③ 中共中央党史和文献研究院编. 十八大以来重要文献选编（下）[M]. 北京：中央文献出版社，2018：123.

④ 中共中央党史和文献研究院编. 十九大以来重要文献选编（上）[M]. 北京：中央文献出版社，2021：627.

消费与文明现代的良好社会氛围。

（二）改革开放以来我国乡村文化建设的实践路径

路径是实现目标的基本手段，路径选择的合理性，决定着目标实现的有效性。改革开放以来，中国共产党通过乡村思想政治建设、乡镇文化站建设、农家书屋建设、文化下乡、乡村教育发展等不同路径，为乡村文化建设实践提供了基本通道。

1. 乡村思想政治建设

思想政治建设在文化建设中具有极端重要的作用，其根本目的在于增强人们对主流价值与社会制度的认同。改革开放以来，面对乡村社会的发展变化，中国共产党秉承与时俱进的优良品质，将乡村思想政治建设始终置于乡村文化建设的首要位置。

1982 年 10—11 月召开的全国农村思想政治工作会议，对乡村思想政治建设进行了全面部署，明确了用共产主义思想教育乡村干部与广大群众的主要任务。1983 年 1 月，中央印发《关于加强农村思想政治工作的通知》强调，乡村思想政治建设要渗透到乡村各项改革与生产活动中去，将思想政治教育融入做实事、办好事的实践中。在这一背景下，乡村各地进行了"四项基本原则"教育与"五讲四美三热爱"移风易俗活动。从 1984 年开始，全国各地以创建文明村镇为载体，极力增强乡村民众爱国家、爱集体的思想认识。

党的十三大上，中国共产党进行了重大理论创新。为了使乡村干部与农民群众更好地理解十三大精神，各地进行了大力宣传，主要内容涉及正确认识我国社会主义所处阶段、理解"一个中心、两个基本点"基本路线、拥护政治体制改革等方面。随着乡村经济发展水平不断提高，乡村民众开始萌生了多元化的思想观念。针对这一问题，从 1990 年冬季开始，全国乡村开展了社会主义思想教育活动，经过一年多的实践，到 1991 年年底 1992年年初基本完成。从实际效果来看，此次活动既加强了农村党员干部的政治业务素质，也提高了广大农民社会主义思想觉悟与政治认同水平。

受到市场经济发展的冲击，不少农民身上出现了理想信念淡化、拜金主义严重、集体主义不强、道德水平不高等问题，这就急需在乡村开展思想政治建设工作。从当时的具体实践看，在农民思想理论教育上主要集中于学习邓小平"南方谈话"和建设有中国特色社会主义理论、引导农民坚持集体主义与社会主义主旋律、弘扬创业精神、树立学习榜样等方面；在农民道德教育上主要集中于制定各种道德规范、开展形式多样的道德教育活动、贯彻落实《公民道德建设纲要》等方面；在农民精神文明建设上主要集中于文明家庭创建、文明村镇建设与文明乡镇企业创建等方面。

此外，加强乡村基层干部的思想政治教育也得到了高度重视。据统计，在全国农村"三个代表"重要思想学习教育活动中，有 1 520 万名党员干部参与其中，其中乡镇干部193 万，县（市）部门干部535 万，村干部503 万，乡镇站所干部289 万[①]。加强乡村党员干部的思想政治教育，为营造乡村良好的思想政治环境提供了保障。

党的十六大以来，中国共产党从全面建设小康社会的全局出发，更加重视乡村社会的发展，"三个代表"重要思想、科学发展观成了中国共产党乡村思想政治建设的主导思想。2005 年，保持共产党员先进性教育活动，有 64.5 万个农村党组织、1 923 万名农民党员参与其中[②]，较好地发挥了基层党组织在思想政治建设中的引导作用。之后，社会主义荣辱观教育与社会主义核心价值体系建设深入乡村，进一步丰富了乡村思想政治建设的内容。2008 年 10 月，十七届三中全会进一步明确了乡镇思想文化阵地建设的重要性，即必须用丰富多彩、健康向上的精神文化占领乡村文化阵地，给农民提供健康的精神食粮，乡村思想政治建设迎来了新的发展。各地则借助文明家庭、文明村镇创建等活动，竭力向广大农民宣传党的方针、政策，提高了农民的政治觉悟。

党的十八大召开，标志着中国特色社会主义进入了新时代，乡村思想政治建设有了新内容。一方面，在全面从严治党战略部署下，通过群众路线教育实践活动、"三严三实""两学一做""不忘初心、牢记使命"等一系列教育活动，大力整治农村基层党组织存在的软弱涣散、村"两委"

① 中共中央文献研究室编. 十五大以来重要文献选编（下）[M]. 北京：人民出版社，2003：2420–2421.

② 杨素稳，李德芳. 中国共产党农村思想政治教育史 [M]. 北京：中国社会科学出版社，2007：244.

关系不顺、党组织带头人能力不足、基层干部作风不正、党员脱离组织、村级经济发展滞后等问题，增强了党组织的战斗力，为乡村思想政治建设起了带头作用；另一方面，以精准扶贫、美丽乡村、乡村振兴为契机，在助推乡村经济社会发展、生活面貌改善的同时，培植乡村发展的精神动力，让农民在获得感增强中坚定了新时代中国特色社会主义的思想认同，特别是社会主义核心价值观在乡村的培育，一定程度上增加了主流价值对广大乡村民众思想和行为的统摄力，但是，由于受到各种客观因素的制约，农民的国家意识、责任意识、集体意识、诚信意识还需增强，中国共产党思想政治建设与主流价值观建设还有待进一步持续推进的必要。

2. 乡镇文化站建设

1949 年中华人民共和国成立后，国家将接收的民众教育馆改建成人民文化馆，文化馆、文化站建设在全国铺开。1953 年 12 月，《关于整顿和加强文化馆、站工作的指示》发布，明确了文化馆、文化站的性质与任务，即主要进行政治宣传、识字教育、文艺活动与科学知识普及等工作。1954 年，国家通过的第一部《中华人民共和国宪法》（以下简称《宪法》）规定文化馆的性质为文化事业机构，乡镇文化站则为其下派机关，工作听从上级安排，其主要目标是通过文艺形式进行政治宣传与教育，满足人们的政治需求。从 1959 年开始，尤其是 1966—1976 年，乡镇文化站呈现出波浪式曲折发展的轨迹，其服务乡村民众文化生活的功能趋于弱化与萎缩的状态。

1978 年，党和国家工作重心的调整，助推了受到冲击的乡镇文化站的重建。1981 年颁布了《关于关心人民群众文化生活的指示》，明确了"乡乡有文化站"的乡村文化建设目标。到 1982 年时，乡镇文化站从改革开放初的 3 264 个恢复到 32 780 个，其繁荣发展乡村基层文化事业的作用重新得以发挥。但随着压力型体制的形成，以经济发展为重点内容的考核指标，弱化了文化价值的考量，乡镇文化站被虚设和边缘化。

2005 年，党的十六届五中全会从战略层面首次提出构建公共文化服务体系，为乡镇文化站建设与发展提供了新的契机。2011 年，国家出台《关于推进全国美术馆、公共图书馆、文化馆（站）免费开放工作的意见》，进一步明确"三馆一站"是政府举办的公益性文化事业单位，是保障人民群众基本文化权益的重要阵地。至此，乡镇文化站正式作为公益性事业单位免费向社会提供公共文化服务，乡乡有文化站成了乡村文化建设的一项重要制度安排，中国共产党乡村文化建设的机制逐步得以完善。

在改革开放以来的历史进程中，乡镇文化站是乡村文化建设的主要领导机构，在推动乡村文化建设方面发挥了重要作用。国家专门针对乡镇文化站的政策法规、部门规章较为密集，如1984年《国务院办公厅转发文化部关于当前农村文化站问题的请示的通知》、1992年《文化站管理办法》、2003年《公共文化体育设施条例》、2007年《全国"十一五"乡镇综合文化站建设规划》、2012年《国家"十二五"时期文化改革发展规划纲要》、2015年《关于推进基层综合性文化服务中心建设的指导意见》、2017年《国家"十三五"时期文化发展改革规划纲要》等，这些政策体系的构建为乡镇文化站"以钱养事"改革提供了保障，极大地提高了工作人员的自主性与文化服务的有效性，也在文化站供给公共文化服务市场化方面进行了新的探索。

党的十八大以来，在一系列政策措施的支持下，各地乡镇文化站或综合文化服务中心在硬件建设上成效更为显著，例如：宁夏启动了贫困地区"百县万村"综合文化服务中心建设与文化扶贫工程；安徽重点推进"农民文化乐园"建设；内蒙古在353个嘎查村实现文化广场、文化活动室、小戏台全覆盖；河南百县万村第一批文化活动广场的建设标准最低不少于1 000平方米，文化活动室至少90平方米以上[①]；重庆市江北区鱼嘴镇建成了集7 000平方米文化广场、2 202平方米办公用房、2 010平方米活动用房于一体的综合文化服务中心，具有多功能展厅、音响厅、图书阅览室等数十个功能室，藏书达9 091册，演出服装80套，计算机11台[②]；山东、江苏等部分乡镇文化站，则成建制的更名为"文化中心""文体服务中心"或"文化服务中心"等，来满足乡村民众的文化需求。改革开放过程中，各地乡镇文化站建设体现了综合性、集约性、标准化、个性化的特点，这便利了乡村民众文化需求的满足。

---

① 张贺，宋梁缘. 文化扶贫升级快 基层群众获利多——基层综合文化服务中心建设述评 [N]. 人民日报，2016-11-25.
② 傅才武，许启彤. 基层文化单位的效率困境：供给侧结构问题还是管理技术问题——以5省10个文化站为中心的观察 [J]. 山东大学学报（哲学社会科学版），2017（01）：50-59.

3. 农家书屋建设

农家书屋是为满足乡村民众文化需求，建立在行政村且存有一定数量报刊图书、音像制品并由农民自主管理、自我服务的乡村公益性文化场所，是乡村文化事业建设的主阵地，具有继承、汇聚、融合、交流知识与传播信息、娱乐休闲的功能，集知识、信息、培训、服务、休闲于一体，对培养新型农民能够发挥十分重要的作用。

2005 年年底，甘肃率先在全国建立了 15 个农家书屋。2007 年，农家书屋工程在前期试点的基础上开始在全国全面推开，按照每个农家书屋配置 2 万元标准，中央财政对中西部地区分别补助 50％与 80％、对东部地区采取奖励的措施予以支持。2007—2012 年，中央共安排 59 亿元在全国建成了 60 多万个标准书屋，每个书屋平均拥有图书 1 565 册，基本上实现了农家书屋村村有[①]，提前三年完成了农家书屋的硬件建设。2012 年 3 月，残疾人联合会与新闻出版总署联合下发《关于选聘农村贫困残疾人担任农家书屋管理员的通知》，在农家书屋管理员的配置上做了探索。

为进一步提升农家书屋发展水平，2014 年 1 月 10 日，国家发布《2013—2014 年农家书屋重点出版物推荐目录》的通知，要求每个农家书屋每年补充图书不少于 60 种，进一步规范了政府图书采购与农家书屋补充资金监督，有效保障了农民的文化权利，农民人均图书拥有量逐渐从 0.13 册上升到 1.25 册。2015 年 5 月，国务院办公厅出台《关于做好政府向社会力量购买公共文化服务工作意见的通知》，确定"自下而上、以需定供"互动式、菜单式服务方式是农家书屋提供有效需求的主要形式。2016 年 2 月，新闻出版广电总局出台《2016 年农家书屋重点出版物的通知》，对优化农家书屋服务体系管理提供了重要的政策支持。2017 年 3 月《公共文化服务保障法》的正式生效与 2017 年 11 月《公共图书馆法》的通过，为农家书屋的繁荣发展奠定了重要的法治基础。

此外，从 2010 年开始，农家书屋数字化建设开始探索。文化部在当年出台的《公共电子阅览室建设试点工作方案》中规定，乡镇一级公共电子阅览室的配置为：软件建设带宽不低于 1MB，电视接口包括 CCTV1 等 20

---

① 朱立芸，王旭东. 文化传承与新时期农家书屋形态、发展及其障碍研究——甘肃省张掖市农家书屋调研 [J]. 甘肃社会科学，2013（06）：181-184.

套以上节目；硬件包括 1 台 PC 服务器、10 台终端计算机、1 台平板电视、1 套音箱、1 台投影机、1 台打印机、1 套 DVD 播放器及若干应用软件。按照这一标准，2011 年评出了 28 个公共文化服务示范项目与 28 个服务示范区。就江苏来说，在"十二五"期间建立起了以计算机为载体的数字农家书屋 1 828 家，卫星网络平台数字农家书屋 220 家①。2013 年 6 月，江苏省吴江区建立的区级图书馆、乡镇分馆与村级农家书屋三级借阅体系，在农家书屋数字化建设方面走在了全国前列。

4. 文化下乡

改革开放初期，中华人民共和国成立以来拍摄的一批优秀影片开始在乡村放映，尤其是刚出现的电视让农民享受着坐在家里看电影的乐趣。同时，乡村民间艺人也自发组建团队开展各种文娱活动。而仅凭乡村内部的力量来发展乡村文化，动力有限，急需国家力量的介入，文化下乡成为促进乡村文化发展、保证文化均等性的一项重要国家战略。

1993 年 12 月，文化部成立了文化扶贫委员会，组织实施了"手拉手"工程、"万村书库"工程、为农村儿童送戏工程、电视扶贫工程、报刊下乡工程等，文化下乡开始发轫。1995 年 10 月，中宣部、文化部等八部委联合发起文化下乡来改善乡村文化发展滞后的面貌。1996 年 10 月，十四届六中全会强调要继续做好文化科技下乡、扶贫工作。12 月，中宣部、文化部、卫生部等十部委下发《关于开展文化科技卫生"三下乡"活动的通知》，其中文化下乡主要包括图书、报刊下乡，送戏下乡，电影、电视下乡。至此，文化下乡正式步入了正规化。

此后，国家每年都会出台相关政策来扶持"三下乡"活动，关注重点从具体活动转向体制机制建设，参与部门与人员逐渐增多。文化下乡的实施，使得图书报刊、传统戏曲、电影电视成为下乡最主要的内容，所开展的群众性文化活动以其内容的娱乐性、艺术性与参与的广泛性广受群众欢迎，在一定程度上丰富了村民的日常文化生活，满足了村民多样化的文化需求。1996 年以来，有关部门先后组织了"老区特区心连心艺术团""京九文化列车""南昆文化列车"等一批文化下乡慰问演出活动。仅前 5 年组织的

---

① 杨玉华. 江苏农家书屋迈进数字化成为新型农民的"充电所"[EB/OL]. http：//news. jschina. com. cn/system/2013/02/04/016182601. shtml

各类基层文化活动达到了 138.66 万次，举办展览 50 万个，开办培训班 66 万期次。文艺由"下乡"而扎根当地，极大丰富了乡村民众的文化生活。

1998 年开始，国家计委、广播电影电视总局、文化部联合发起跨世纪农村电影放映"2131"工程，即在 21 世纪初基本实现全国农村一村一月放映一场电影。为解决广播电视覆盖"盲村"群众听广播、看电视问题，国家广电总局也启动了"广播电视村村通"工程，国家通过卫星、有线、无线等多种技术手段建设广播电视综合覆盖网。2006 年，国家实施了农民体育健身工程，主要以行政村为对象，体育场地的建设标准是一块混凝土标准篮球场、一副标准篮球架与一张室外乒乓球台，旨在把健康的生活方式送到乡村。2007 年，国务院将一村一月一场公益放映的目标纳入乡村公共文化服务体系建设的总体布局。2011 年 10 月，十七届六中全会通过《关于深化文化体制改革推动社会主义文化大发展大繁荣若干重大问题的决定》，明确指出要深入开展全民阅读、全民健身活动，推动文化科技卫生"三下乡"、科教文体法律卫生"四进社区""送欢乐下基层"等活动经常化，支持演艺团体深入基层和乡村演出。

党的十八大以来，国家对"三下乡"活动的支持力度更大、内容更为丰富，既将党的最新理论、思想与政策融入其中，又全面考虑了乡村民众的迫切文化需求，如 2018 年 1 月，中宣部、中央文明办、国家发改委、教育部等十五个部门联合下发通知，要求凭借"三下乡"的品牌效应将十九大精神学习推向乡村，来补齐农民的精神短板。通过"文化进万家""文化迎春艺术为民""送欢乐下基层""心连心"、农村电影放映、全民阅读、新春送书等活动，把优秀的文化产品与服务送给了乡村群众。

5. 乡村教育发展

教育的根本问题是文化培育，将乡村教育上升到文化层面，就会开阔乡村教育的文化视野，增进乡村教育与乡村生活间的内在联系，实现教育内容与乡村生活经验间的融合，培养乡村民众基本的乡村情感与价值观，建立乡村生活的文化自信。改革开放后，国家对乡村教育的发展从不同方面进行了探索。

针对五年制小学尚不普及，乡村每年产生大量新文盲的现实。从 1978 年 10 月开始，国家先后发布《关于检查普及农村小学五年教育的通知》《关于普及小学教育若干问题的决定》《关于继续切实抓好普及农村小学五年教育的通知》等,对乡村小学五年教育工作做出安排。1982年12月颁布的《宪法》规定,国家举办各种学校来普及初等义务教育,首次在《宪法》中明确了九年义务教育的基本国策。1983年,中央在《关于加强和改革农村教育若干问题的通知》中要求,大力提高劳动者政治、文化素质,着力造就乡村需要的各种人才,促进乡村社会主义建设,在实施九年制义务教育的同时,把发展以初级为主体、中级为骨干的多种形式的职业技术教育和成人教育作为解决经济建设和社会发展的突破口。

1988年5月,国家教委实施"燎原计划",大力发展职业技术教育,不仅要求学生掌握一定的科学文化知识,还要掌握一定的实用技术与经营本领,成为将来发展乡村商品经济的骨干。1990年,国家共创办了340所农民中专学校、1 265所农民技术培训中心、36 960所乡镇农民文化技术学校、126 604所村农民文化技术学校,基本构建起了县、乡、村三级文化技术教育体系[1]。20世纪90年代,国务院出台《关于经济实行农科教结合推动农村经济发展的通知》重申了农科教结合战略,要求以促进农业和农村经济发展为目标,以加强农村教育特别是职业技术教育和实用技术培训为基础,实现乡村的全面发展。1995年,国家教委在《关于深入推进农村教育综合改革的意见》中仍然坚持乡村教育主要为当地经济建设与社会发展服务的导向,即通过农村基础教育、成人教育、职业教育分工协作,共同培育有文化、懂技术、会经营的新型农民。

进入21世纪,乡村人口素质教育加快发展。2003年9月,国务院召开第一次全国农村教育工作会议,提出西部地区要集中力量打好"两基"攻坚战,即基本普及九年制义务教育与基本扫除青壮年文盲工作,旨在提高全民族特别是乡村人口的素质。在国家的不断努力下,乡村劳动力中不识字或识字很少者的比例1985年时为27.9%,2003年时减少为7.39%,2010年时再减少到5.5%,与之相对应的大专及大专以上学历者则从0.1%上升到2.11%,再到2.7%[2],乡村教育的发展极大地为乡村文化建设营造了良好

---

① 吴锦程. 中国农民教育供给制度研究 [M]. 北京:人民出版社,2012:79.

② 顾益康,金佩华. 改革开放35年中国农民发展报告 [M]. 北京:中国农业出版社,2013:110-111.

的氛围。

在乡土教材建设方面，国家立足地方文化的传承来予以考量。2001年，教育部颁布实施《基础教育课程改革纲要（试行）》，国家开始推行教材多样化的政策，鼓励有关机构、出版部门依据国家课程标准来组织编写中小学教材，满足不同地区、不同学校与不同学生的要求，为乡村学校的校本课程特色化建设进行创新，也为乡村文化走进乡村学校提供了可能。但是，乡村义务教育的新课程改革，仍然依据的是城市教育模式。教材多样化的倡导，在现行教育体制与升学压力背景下，乡村课程设置还是在复制国家课程体系，对于乡村教育的价值诉求与乡村社会生活的关联度远远不够。再加上受到人才资源与物质条件的制约，校本课程最终收效甚微。

在乡村民众卫生观念养成上，国家进行了厕所革命。据统计，乡村改厕累计从2000年的9 571.8万户增长到2011年的18 108.5万户，从44.8%升至69.2%。在农村户厕中，三格化粪池式占据近三成，这种户厕类型在通风上进行了改良，且多数有配套的粪便处理设施，最能满足农民对户厕清洁卫生的需求。自2006年以来，无公害化厕所在乡村的普及率也达到了47.3%[1]。2004—2013年，国家投入了82.7亿元用于乡村改厕。到2016年，乡村卫生厕所普及率达到了80.3%，与1993年相比增长了72.9%[2]，乡村环境卫生有了显著改善。

此外，2015年7月，习近平在吉林调研时，了解到一些村民还在使用传统旱厕，便提出新农村建设要来场"厕所革命"，让乡村群众用上卫生厕所。2017年11月，习近平肯定了旅游系统"厕所革命"的工作，之后"厕所革命"从景区逐渐向全域扩展、从城市向乡村扩展，村民的卫生观念逐渐在养成中。

① 顾益康，金佩华. 改革开放35年中国农民发展报告 [M]. 北京：中国农业出版社，2013：126-127.

② 国家卫计委. 农村厕所普及率超八成 [EB/OL]. https：www. henandaily. cn/content/sh/2017/1130/77741. html.

第五章 乡村振兴中乡村文化
自信面临的问题分析

改革开放后，尤其是 20 世纪 90 年代以来，乡村社会基本上处于资源与劳动力供应的地位，乡村开始边缘化、空心化，并呈现不可逆的态势，乡村文化自信遭到了严重解构。由于受城市文化与工业文明的冲击，传统乡村文化精髓不断被否定，造成乡村生产、生活和生态价值的消解，乡村文化价值、乡村伦理价值、乡村教育价值的衰落，在一定程度上造成乡村文化的发展困境。乡村文化的价值衰落是一个渐变的过程，并不是一夜之间轰然倒塌的剧变，正生活于乡村社会的农民并没有意识到精神的变迁和文化的颠覆，这种"慢性自杀"式的过程更容易麻痹人心，使人忽略问题的严重性。可见，分析乡村文化自信面临的问题是重塑更高意义的乡村文化价值，重建乡村文化自信，为新时代的乡村社会筑起坚强的精神堡垒的关键所在。

一、城市化进程中乡村文化的价值衰落

乡村社会是伴随着城市化的步伐而不断发展的，乡村的发展已经和城市牢牢地绑在了一起。改革开放之前，城乡分割的二元结构是一种由制度安排的行政主导型二元结构，这是中国社会特定历史时期经济发展模式的产物，被打上了计划经济体制的烙印。从 20 世纪 90 年代开始，随着市场经济体制的孕育和发展、户籍制度的松动及劳动用工制度的开放，促使新的"市场主导型二元结构"形成。如果说传统的"行政隔离"曾经在农民与市民之间筑起一道坚固的隔离墙，那么改革开放之后，随着乡镇企业的

腾飞、农民工的进城及大规模的征地拆迁，正在逐步削平或者拔掉这道隔离墙。

然而，城市化却又造成了另一条更为难以逾越的鸿沟，由于我国乡村社会发生了一系列结构性的震荡和变革，也出现了阶层分化严重、人口流动频繁的严重的"鱼笱效应"[①]，乡村精英大量流向城市。城市化的过程导致社会的分化与裂变，打乱了许多天然的、稳固的社会阶层、生活方式、道德规范和价值认定，造成乡村社会秩序的重新组合，也不同程度冲击着农民的精神世界，解构着原有的乡村文化生态，从而带来了深刻的文化冲突。生活在乡村社会的人们在享受富足、文明与进步的同时，内心也承受着文化冲突与价值冲突带来的不确定性和不安全感。

（一）城市化进程中乡村生产、生活和生态价值的消解

在人类文明史上，除西欧封建社会之外，城市一直是文化与政治的中心，特别是近现代以后，城市对乡村的支配更是不可动摇。但是，传统社会中的"礼失求诸野"之说其实是在肯定乡村文化中蕴含的一套合理价值系统，包含对人与自然、人与社会及人与自身关系的深刻理解，是整个社会价值的重要来源。近现代以来，以城市文化为核心的工业化给社会结构带来了极大震动，乡村文化中的原有经验与价值难以应对乡村社会变迁中遇到的难题，乡村集体记忆遭到怀疑。社会转型过程中，现代性因素的侵入必会导致传统农业文明价值基础的解体，这是所有后发现代化国家乡村发展中不可回避的问题。乡村文化凭借惯例、习俗、民间信仰、生活方式等形式塑造乡民个性、精神面貌、生活态度、行动逻辑并为其提供生活意义的价值，正在遭遇以城市文化为特征的现代性解构。

在价值层面，城市化使乡村年老一代的家庭观念、血缘观念与乡土观念逐渐淡化甚至被抛弃，乡村能人与新生代农民工选择城市居住，比较认同城市生活方式，且多数人认为乡村生活是落后的。受到城市文化冲击的乡村留守农民在精神上无可依靠，乡村文化中已经难以找寻慰藉心灵的价

---

① 鱼笱是一种头大尾小、中间束腰、形似喇叭的竹制捕鱼篓，鱼上钩以后跑不出来。中国乡村的城市化很像是"鱼笱"效应，成了吸收乡村人才外出的机会。"鱼笱效应"是一种"单向流动"，没有良性回流，从而不断加剧城乡之间的差别，并促成乡村文化的整体性沉滞。

值支撑，乡村文化自信的根基严重动摇，乡村文化在很大程度上仅是一种符号存在。

1. 城市文化的强势化

近代以来，城市的高速发展与乡村的衰败过程，几乎在所有西方发达国家不断重复。改革开放后，由于城市化进程加快，我国乡村社会的文化生活发生了巨大变化，城市文化以工业化为基础成了社会主流文化，并以强势姿态进入乡村，对乡村文化产生了巨大冲击，村民累世承传的乡村传统、日常习惯、生活方式呈现新的取向。当时最深刻的变革之一是农民私性文化有了长足发展，农民或农民家庭拥有的私性文化资源日渐丰富，如电视机、影碟机、卫星电视接收设备、电话、手机、电脑等现代文化信息产品进入乡村大众生活[1]。近现代以来，我国城乡文化关系的变迁中城市文化就已经处于强势化的态势，随着改革的进一步深化，在市场经济基础之上，城市文化逐步成了乡村文化发展的基本导向与主要内容，乡村文化更加呈现城市化。

到了 20 世纪 90 年代初，乡村中 90％的家庭拥有电视，更加便利了城市文化迅速进入乡村。沿海地区年轻的农民工返乡探亲时，也从城市带回来最新的时装、家居用品、电子产品和他们在城里已经熟悉的食物，乡村地区在文化上城市化了[2]。以电视内容为例，去农化倾向明显。2015 年，我国乡村常住人口大约为 6 亿，占总人口的 44％。而当年我国乡村题材的电视剧仅 15 部 490 集，部数与集数占年度总发行量的 3.81％与 2.96％，无法满足乡村常住人口的收视需求[3]。即便是乡村内容的电视剧，有一部分是与乡村民众有隔膜的，剧情所蕴含的理念与乡村生活存在着冲突，没有直面乡村民众的精神诉求。城市作为现代文明的一种重要表征，给人们带来诸多便利的同时，却给乡村文化可持续发展形成挑战。

由于乡村社会的发展与城镇化进程的加快，乡村基础设施条件有了很大改善，极大地便利了城市文化进入乡村，乡村文化城市化成了不可逆的现象。梅其君等人对贵州少数民族村庄的调查显示，纳麻村以前使用大卫

---

① 吴理财. 当代中国农民文化生活调查 [M]. 北京：知识产权出版社，2011：91-92.

② 傅高义. 邓小平时代 [M]. 冯克利，译. 北京：生活·读书·新知三联书店，2013：651.

③ 李勇强. 农村题材电视剧成被"遗忘的角落" [N]. 光明日报，2016-06-11.

星接收器，电视可以收看10多个台，2011年始，村庄安装了小卫星接收器，可以收看30多个台。截至2015年底，纳麻村23户人家有23台电视，拥有率100%。其他调研的平善村98户人家有电视96台，拥有率97.96%；巴拉河村115户人家有112台，拥有率97.39%；控拜村240户人家有245台，拥有率102.08%[1]。郑欣在江苏乡村的调查也表明，95.9%的家庭安装了有线电视，有些家庭还安装了数字电视，有81%的村民经常看电视[2]。随着电视等现代化设备走进千家万户，以大众传媒为载体的城市文化给乡村民众带来更多、更全面商业文化、流行文化熏陶，个人主义、消费主义、工具主义等开始改变着乡村原有文化生态与价值体系，村民的离农向城思想油然而生。城市文化的这种强大的影响力与吸引力冲击着乡村传统的价值体系，原有的风俗习惯、独特的宗族文化、淳朴的乡规民约在城市文化裹挟下趋于淡化。

乡村少年是乡村社会未来的主体，是乡村文化存在、发展与繁荣的承载者。但在城市文化的强势影响下，再加上城市文化与年轻人渴望自由、寻求突破性格的高度契合，城市文化更易引起他们心灵的共鸣，从而形成乡村少年对乡村文化日益漠视与对城市文化更为钟情的强烈反差。由于理解力与辨别力不是很强，他们一接触城市文化后，会以盲目的心态从实用性与功利性的视角来看待城市文化。注重个人权利与自由，强调物质利益与获取，成了他们的价值追求，城市文化从小在他们心中留下了印迹。

同时，城市文化主导下的乡村学校教育，以升学为考察教学质量的标准。这种学校教育的城乡一元化模式，丢失了对学生价值观的正确引导，逃离乡土、进入城市、享受现代生活成了乡村少年学习与奋斗的目标，追逐城市现代文明是他们的人生理想与首要选择。另外，乡村教育的城市化取向，也致使民间传统技艺的传承面临着危机，乡村少年愿意学习、传承乡村优秀传统文化愈来愈少，这就弱化了乡村文化发展的持续性与乡村文化振兴的全面性。

---

① 梅其君，封佳懿，宋美璇. 信息技术传播与少数民族乡村文化变迁 [J]. 中南民族大学学报（人文社会科学版），2018（02）：68-72.

② 郑欣. 治理困境下的乡村文化建设研究：以农家书屋为例[J]. 中国地质大学学报（社会科学版），2012（02）：131-137.

2. 乡村文化的脱域化

乡村文化的脱域化，就是指乡村文化在传承、发展的过程中，受到社会环境变化的影响而逐渐脱离了自己原有的文化场域，最重要的是承载这一文化的主体——人口开始对其产生了不适应性，造成乡土文化的意义发生了根本性变化，最终导致乡村文化取向的城市化。

当前，我国社会已经进入了快速城镇化阶段，乡村文化存在的原有社会结构与基础发生了重大变化，村落数量的减少、农民群体的缩小、城乡区域的融合成了乡村社会发展的一个基本态势。据调查，乡村民众的职业身份出现了多元化，即农民大约占 43.3 %、务工人员大约占 30.7 %、个体业主大约占 7.9 %、政府与事业单位大约占 4.8 %，其他大约占 13.2 %[①]。乡村文化是以农民为主体、以农业经济为基础、以广大农村为空间的文化形式，乡村大量劳动力转入非农产业，为城市文化提供了生存的土壤，却造成乡村文化的脱域化。那些暂未脱离非农产业的村民，期许有朝一日自己或下一代能够离开农业与农村，这就动摇了乡村文化赖以存在的稳固根基。

乡村物质文化是乡村文化的基本形态与物质载体，是塑造乡村精神文化的重要基础。改革开放以来，随着市场经济的发展与城乡互动的频繁，城市文化介入乡村社会的过程中，带来了乡村物质文化的巨大改变。就房屋结构来说，以前的乡村大多数以土坯房结构为主，现在的乡村基本上以钢筋水泥结构为重，完全是一种城市化的建筑风格。尤其是在一些少数民族村庄，用现代城市风格来改造传统民族建筑，严重忽视了乡村文化的乡土性与整体性，致使乡村文化的存在在丧失自己特定的场域空间。在村落布局上，由于追求空间感的存在，有限地域内难以满足多个家庭的需要，村民居住逐渐呈现了离散型状态，这在浪费土地资源的同时为村民间的交往与情感的传递制造了现实的空间阻隔。

饮食文化是乡村文化的一大特色，也是乡村文化日常化的重要体现，但随着人们快节奏生活方式的形成，这一乡村物质文化也在消解。传统乡村社会，饮食都是各家各户自己生产原料、自行加工食品，实现村民与土地的有效勾连。当下的村民，时间成本提高，在饮食方式上已经发生了变化，

---

① 陈波. 二十年来中国农村文化变迁：表征、影响与思考——来自全国 25 省（市、区）118 村的调查 [J]. 中国软科学，2015（08）：45-57.

购买商业化的快餐食品成了一部分人的选择，传统乡村饮食文化中的协作性、民俗性、特色性都在失去存在的场域。这种变化特别在乡村民俗节日中的饮食上表现得更为明显，商品化的食品充斥着村民的餐桌，饮食文化的仪式感大大降低，形式化却大大地增强了。

在乡村社会中，看戏是乡村民众一项极为普遍的精神文化活动，也是乡村文化共同体的标识与乡村公共文化的重要内容。由于观众将欣赏、互动、狂欢集于同一空间，村民便获得了刻骨铭心的快乐，因而看戏广受大家喜爱。但受到乡村社会变迁与村民欣赏习惯改变的影响，这类乡村文化形式同样存在着脱域化。统计显示，2011 年全国平均有 60.7％的农民没有看戏，2012 年时为 59.4％，2013 年时为 60％，在中西部乡村经常看戏的人不到 10％[1]。熊正贤对武陵地区 18 个乡村的调查表明，留守村民中，43.1％的人认为本地文化习俗基本已经忘记，56.9％的人对本地传统文化谈不上喜不喜欢；外出务工人员中，64.6％的人表示本地习俗文化已被城市里流行的东西所代替[2]。现代化对传统乡村社会结构与生活方式带来颠覆性改变，极大地冲击着传统乡村共同体意识与文化模式，乡村文化在逐渐脱离自己原有场域的同时日益走向城市化。

3. 乡村文化生态发展失衡

乡村文化生态作为乡村文化建设的外部实践环境，其发展失衡为乡村不良社会风气滋长提供了社会土壤。人与环境的关系是影响文化生态发展的关键因素。人作为构成文化生态的必要成分，主要通过处理其自身与自然生态环境、人文生态环境的关系，对文化生态发展起内在的主导作用。通常情况下，当人与自然生态环境、人文生态环境之间和谐相处时，文化生态就会平衡发展，反之则失衡发展。具体到乡村地区来看，在现代化发展的幕布下，部分农民处理其自身与农村自然生态环境、人文生态环境之间关系的实践能力缺乏，以致三者之间的关系经常处于不和谐状态。同时，由于文化惯性的作用，乡村自然生态环境和社会文化生态环境自身也不能

① 陈波. 二十年来中国农村文化变迁：表征、影响与思考——来自全国 25 省（市、区）118 村的调查［J］. 中国软科学，2015（08）：45-57.

② 熊正贤. 富民、减贫与挤出：武陵地区 18 个乡村旅游样本的调查研究［J］. 云南民族大学学报（哲学社会科学版），2018（05）：77-88.

及时适应农村社会结构变革要求，最终造成乡村文化生态失衡。

现代性因素不断渗入乡村传统社会，特别是"三区三州"地区农业自然灾害多发、地理位置偏远、资源匮乏，生态保护与现代经济发展的矛盾较为突出。如不能有效引导农民发展科技农业或非农产业，将会加重原本生态脆弱地区的生态负担。但这些偏远乡村地区的农民大多生态环保意识不强，更不具备结合市场需求发展绿色有机农业、文旅产业等的实践能力。他们处理其自身与自然生态环境关系的能力缺乏，其落后的农业生产行为易使农村自然生态环境呈现"穷山恶水"的空间表征，继而造成乡村自然生态环境污染严重的后果。同时，长期以来，乡村公共卫生基础设施不完善，下水管道铺设、卫生厕所普及难度大，乡村人居环境治理水平相对较低，这客观上使农民无法及时、便捷地处理生产生活垃圾。部分农民因长期生活在被污染的自然环境中，不仅易产生压抑情绪，有害身体健康，更无形中败坏了乡村环境伦理，使不良行为方式滋生；而且行为心理学中的社会学习理论认为，人们日常行为的习得主要是通过示范、观察与模仿等方式进行的。文明健康的农民能在与拥有不良生活习惯农民的社会交往中逐渐习得对乡村环境保护不利的一系列态度与价值观念，并经由特定的行为方式展现出来，这更不利于形成乡村社会健康、卫生的生活氛围。另外，面对城乡不合理的生活环境质量差距，"逃离"乡村成为大多数农民的内心想法，部分农民并未似从前一样将乡村建设行动看成自身应尽的责任与义务，而认为仅是政府的职责所在，这直接造成人居环境整治实践活动的群众参与性较低，不能从根本上拔除污染乡村自然生态环境的精神病根。

此外，乡村人文生态环境的不断优化对净化农民内心世界、培养农民现代生活理念具有深远影响，然而受现代市场经济理性化价值理念的冲击，乡村的传统人文生态环境正在裹挟着"市场化"的外衣。在城镇化建设进程中，乡村传统文化悄然被城市文化与西方文化浸染。侵入乡村的城市文化更多地表现为物质文化，不带有一丝乡土生活的温度。而观念是文化结构中最不易被撼动的部分，因此部分乡村地区呈现出现代民主法治思想与传统宗族观念相交织，西方消费主义与勤俭质朴生活观并存的人文生态环境。在新旧文化的不断博弈中，国家没有及时在乡村建立起新的价值观念和体系，农民自身也难以抵制外部负面文化因素的强烈冲击。部分农民由于其内心没有坚定而成熟的价值观，未能坚守住传统克己守礼的伦理约束、勤俭持家的价值取向、重义轻利的行为规范等，而是在乡村文化转型时，逐渐把拜金逐利、极端个人主义等观念作为指导自身行为的新准则，未能处理好自身与人文生态环境的关系，乡村人文生态环境发展失衡。因此，在乡村旧有价值规范面临失序，现代价值理念又难以扎根于农民内心的双重情景交织下，一些不良现代文化趁机占领了乡村文化阵地，乡村传统伦理道德体系面临逐渐被瓦解的风险，高价彩礼、铺张浪费等不良社会风气大量滋生。

（二）城市化进程中乡村文化价值的衰落

一种文化一旦去干涉另一种文化的精神生活和价值观，就必然产生文化与文化之间的竞争与较量。或者说，假如文化之间没有形成价值之争，那么一种文化不会自动变成一个令人困惑的问题，不会成为反思对象。任何一种文化其自身都不构成问题，它只是生长着。乡村文化之所以成为现在人们关注的主要问题，是因为其他文化的侵入。

1. 城市化进程对乡村文化的强势改造

工业化带动城市化，并创造了"城市文化"。在城市里，居住在一起的人们创造出一种新的生活方式，因为他们需要协调彼此的思想、需求和利益。城市好比社会发展的催化剂，它在居民中传播着新的文化和思想。城市的经济结构、社会结构及市民特有的异于乡村的城市化生活方式共同塑造了城市社会的城市文化，它们构成了钢筋混凝土包裹着的城市的灵魂。现如今，中国大众的生活（无论是社会生活还是日常生活）已经拥有了非常大的自由度，也拥有了较高的宽容度，人们开始认可现代社会所张扬的具有理性和创造性的文化价值观念。但是也要看到，这种现代价值观念尚未构成具有崇高价值和巨大感召力的主导性价值取向。同时，消费主义超前来临，后现代的文化心态通过大众文化、通俗文艺、快餐文化等形式悄然进入中国民众的生活中。城市文化是指包含着契约精神、法治意识、独立竞争意识等现代公民意识及其特有的生活方式。在当今社会的文化体系中，城市文化与乡村文化的地位是不平等的。城市文化具有比传统乡村文化更优越的特质，生活于城市的市民在思维方式、行为方式、生活方式等方面都体现着优越于乡村文化的城市文化，其作为主流文化的地位是无可争辩的；而乡村文化则是非主流的、处在边缘的、待改造的文化。城市文化通过各种形式不断向乡村灌输和贩卖自己的理念与精神，改变着乡村文化的生存现状和价值理念，农民原有的以血缘为纽带的人际关系、居住方式甚至语言习惯等都潜移默化地发生了变化，农民已经无法在乡村世界找到从前的家园感。乡村社会"被嵌入"工业化、市场化的轨道后，失去了自身文化的本真，缺乏本土文化的支撑与归属。

（1）城市生活的集聚特征使农村成为城市文化的输出地

城市是人类物质文明和精神文明的载体，是新思想、新观念、新知识、新技术的摇篮。城市的现代文明不仅孕育着城市人，还辐射和带动周边地区和广大乡村社会。与乡村不同，现代城市的本质特征在于社会资源的高度集聚，在于社会资源的集约利用，在于让更多的人群得到资源共享。在城市，人们普遍感受到的是人口、建筑、财富和信息的高密度集聚。人口、信息、财富的高密度集聚不仅会导致政治认同的集聚，而且也会导致精神、观念、文化上的集聚。换句话说，城市不单单是一个人口密集的生活场所，而且也是产业、资金、技术和建筑物密集的活动场所，更是一个精神、文化观念的集聚体。其所具有的文化优势是乡村社会根本无法比拟的。

首先，城市社会是各路文化精英的"集聚地"。城市生活的集聚特征给城市的精神文化生活打上了深刻的烙印，同时产生了巨大的虹吸效应，吸引广大农民尤其是乡村精英通过学习参与城市社会文化活动。而开放的城市社会空间又具有流动性特征，这一特征造成有利于文化精英成长的城市"优化机制"。其次，城市是各种文化资源的"集聚地"。城市拥有先进的文化设施，在这里有博物馆、展览馆、影院、歌剧院等风格各异的建筑场所，为人们集中展示丰富多样的、静态的动态的文化艺术精品。最后，城市向人们传递着先进的文化理念。在城市集中了大学、中学等教育机构及艺术研究所，具有向人们传递先进文化理念的先天优势。同时，城市的兼容并包也使各种思想、艺术流派在城市不断得以相互交锋、相互融合。正是由于城市文化这种巨大的集聚力量，才会使城市文化不断繁荣、发展和壮大，如一种艺术风格、学术流派要成为"显学"，首先必须进军城市。

文化在城市的集聚和繁荣必然会导致文化向城市的边界蔓延，超出城市的范围，使城市成为辐射和扩散文化的中心。城市文化的辐射性是它的集聚性特征的必然结果。总之，城市是文化的生产和消费中心，也是文化的扩散中心。城市的辐射性功能不仅使处于城市边缘的乡村社会在经济、政治方面从属于城市，而且也使处于城市边缘的乡村社会成为城市文化的输出地。城市精神、思想、观念的扩展不断吸引乡村居民的注意力从乡村事件、农业文明转向城市生活与工业文明，这强化了他们与城市居民在情感上、文化上和道德上的联系，更主要的是削弱了他们对乡土语言、乡村生活方式、传统习俗、道德观念等乡土性传统的拥护。

（2）大众传媒的"城市中心主义"造成乡村文化的断裂和边缘化

当前我国已进入大众传播时代，电视、广播、报刊、网络等成为传播文化、交流信息的最基本渠道。人们通过大众传媒获得知识、猎取信息，感受异质文化的冲击和碰撞，进而影响甚至改变人们原有的思想观念和价值取向。特别是近年来，随着"三通工程"的不断实施，大众媒介全面进入乡村生活，越来越多的农民接受了或正在接受着报纸、广播、电视及网络媒介。而对于广大农民而言，看电视已经成为他们闲暇时间主要的娱乐活动。同时，我国一些经济发达地区已经兴起了网络农业，农民可以不受时空的限制，足不出户即可了解到世界的最新动态。不断革新的文化传播媒介推动了乡村民众观念的变更，他们是城市文化对乡村文化进行价值颠覆的主要推动因素。

由于大众传媒在经济利益的驱动下，其传播主要面向城市居民而忽视了乡村民众的文化需要。农民作为社会中处于边缘的群体，他们每天观看的电视节目和城市居民几乎没有什么不同。进入 21 世纪以后，尽管电视频道扩容，荧屏节目增多，各种娱乐节目精彩纷呈，但真正反映乡村生活实际的优秀作品不多，真正适合村民欣赏口味的节目少之又少。传媒所展示的城市生活中的各式时尚、舒适、幸福和美感不断刺激着村民的物质欲望，引发强烈的物欲奢望。这些新潮生活信息非常容易让村民陷入一种精神失落状态，尤其是那些 20 岁左右人生观念尚未进入稳态的农村青年，他们的价值观判断更趋复杂。他们向往城市琳琅满目的商品、方便快捷的服务、豪华舒适的生活，渴望在城市短暂的打工生涯中获得较高的报酬，渴望改变劳作方式来提高自己的生活水准和幸福感受。由于城市影像大量地侵入乡村世界，在城市符号的影响和冲击下，农民的生活在多元层次上被打开。以电视为主的大众传媒改变了中国农民思想、行为和认识，促进了农村和城市的交流，将城市里的一切带到了农村，也使得农民了解了城市世界，逐渐改变着农村的消费观念、婚姻观念、价值判断，使他们的生活日益接近城市文明。在物质标准与媒体效应的刺激下，农民生活所依赖的文化在社会文化当中越来越边缘化。村庄中乡土艺术逐渐凋零、文化形式日渐被摧毁、远离乡村生活本真状态的娱乐形式已占据主流，更重要的是，在边缘化的过程中，乡村社会普遍出现了一种无意识的精神上的不安、文化上的焦虑。在城市强势文化的冲击下，乡村那种怡然自得的生活被逐渐逼退，快节奏的、高效的生活成了时代的主流。

2. 大众文化的负面效应对传统乡村文化的过度解构

大众文化是指在现代都市工业社会中产生，以现代都市大众为其消费对象，通过当代都市大众传播媒介传播的无深度的、模式化的、易复制的、按市场规律生产的文化产品，是"一种都市工业社会或大众消费社会的特殊产物，是大众消费社会中通过印刷媒介等大众传播媒介所承载传递的文化产品，其明显的特征是为大众消费而制作出来的，因而它有着标准化和拟个性化的特色。"[①] 大众文化自从产生之日起，就与城市存在着密不可分的关系。它产生于城市，以大众为自己的"典型"受众，和原有的城市文化相比，大众文化作为商品经济社会寻常百姓的一种日常文化消费方式，更多地表现出关注世俗人生的文化品性，这就是说大众文化更加具有亲民性，更加接近人们的生活。更重要的是大众文化以现代传媒为传播手段，可以按照市场规律成批生产，大量复制。这些特点使大众文化很快就在城市文化中占据了主导地位。大众文化生而具有正负效应并存的特性，其正向效应表现在以下几个方面。第一，为适应工业文明和社会主义市场经济的发展要求，大众文化也相应地发展，从而蕴含一定的现代性意识，在总体上体现了对时代精神的追求。第二，努力做到与现代化同步。大众文化超越与批判农业文明，因而蕴含相当的工业文化精神和商业文化意识，力图大力推动现代工业文明。第三，大众文化具有一定的民主化。普通大众

---

① 蔡尚伟. 影视传播与大众文化 [M]. 成都：四川大学出版社，2005：25.

对社会文化资源的共享真正得到实现，对社会文化层面上的发言权不断增加。第四，具有强大的娱乐功能。大众文化的娱乐功能能够缓和现代人由于高速紧张的现代生活方式而造成的心理紧张和内在焦虑，释放心理压力。但是，大众文化并不是十全十美的文化形式，它的兴起与流行使当代中国的乡村文化呈现出一道极具挑战性的文化裂变，其世俗功能、商业意识导致传统与现代的对立与对抗，导致人性结构中利益与道德、享乐欲望与价值理性的分裂与对立。那些不可忽视的负向效应，需要我们大力关注并加以防范。

（1）大众文化对农民精神生活的冲击

不可否认，大众文化在一个旧的价值体系已陷困境，而新的价值体系尚未产生的断裂时期，对农民的精神生活形成极大的冲击。

首先，大众文化的城市化与西方化特征阻碍马克思主义意识形态传播。在多元文化共存的文化生态中，总是存在着大量的文化冲突乃至对抗的事实。大众文化以城市文化为基础，宣扬的是城市文化和西方文化的价值理念和文化形式，放逐了马克思主义的价值观念和固有的神圣崇拜。由于大众文化大量宣扬以好莱坞电影为代表的而且没有得到有价值的、中肯的分析和批评的西方文化霸权主义作品，结果导致"热衷于消费实践、文化身份的碎片状态、中心的丧失、稳定的共同文化价值强加于其他文化之上"①。以西方价值为主导的大众文化在乡村社会的大肆传播，致使农民的价值信仰和文化观念在多元文化的冲击下趋于多元化，从而制约乡村文化发展，实现了对乡村文化的"社会整编功能"。资本主义文化渣滓始终得不到堵源截流式的致命打击，依然在销蚀着我们民族文化的领地，销蚀着我们民族的灵魂。这就使得政治修养和文化水平不高的农民丧失自己的政治警惕性，由浅层次审美文化上的认同发展成为深层次政治上的认同。在大众文化精神的浸淫下，农民的民族精神变得相当模糊乃至淡化，逐渐丧失了民族自尊心和自豪感，对社会主义制度和共产党的领导产生怀疑、动摇，国家意识形态的主流地位受到了冲击。

其次，大众文化的商品性决定了娱乐消遣的单一性。娱乐消遣原本是

---

① 刘登阁. 全球文化风暴 [M]. 北京：中国社会科学出版社，2000：51.

人类的正常精神生活，与社会主义是不相抵触的，马克思将这种精神称之为"享乐的合理性"的满足。但是，大众文化的商业性质追求纯粹的大众娱乐消遣，人们竞相模仿、复制大众文化中纯粹娱乐消遣的文化产品。大众文化的娱乐化造成固定化、同一化的文化消费模式，这不仅会把文化推向单调平庸，也使得原本可以丰富多彩的精神生活单向变化，造成人格、趣味、时尚的惊人趋同。大众文化的娱乐消遣性导致部分农民感性欲望的放纵，我们看到，现代某些文艺作品无限夸大和极力放纵人的感性欲望，在带给人们瞬间快乐的同时导致心灵的麻木和空虚，甚至使人们面临生存意义的虚无和生存根基的沉沦。可以说，大众文化的娱乐消遣特质缺乏起码的理性精神与人性关怀，而走向非理性化、低俗化和媚俗化。在娱乐的狂欢中，农民缺乏对他人生命的关怀与尊重，也掩盖了个体生命的价值与悲欢，渐渐变得狭隘、自私，道德冷漠，良知麻木，从而丧失社会责任感和同情心，失去对社会的反省，更缺乏参与公共政策的热情。

最后，大众文化中的庸俗文化有违公序良俗，降低人的道德情操，无法构成对现存文化的反思、批判和重建，更给群众身心健康带来损害，严重污染了淳厚质朴的乡风民风。大众文化的生产完全服从市场经济法则的支配，以市场价值为唯一取向，在强调商业效益时严重忽视甚至排斥社会效益，结果既助长了消费主义的虚假意识形态，又强化了拜金主义价值观和腐化享乐的思想。有些农民片面理解大众文化的享乐功能，忽视精神愉快的内涵和要求，只追求感官刺激，而不考虑其道德理性、终极关怀等人文精神。有些文化产品具有宣扬帮会文化的倾向，造成帮派伦理广泛传播，使农民本来早已绝迹的帮会意识复活。大众文化中的低俗成分在精神与物质、道德与欲望的二元对立中逐渐占据主导地位，从而造成人文素质的滑坡、道德理想的沦丧、人性的异化和变质。村庄生活处于一种无意义的境界，农民的生存尊严所依赖的社会文化基础被瓦解。

（2）乡村公共文化发展不充分

乡村公共文化是指在乡域公共空间内所生长的一种文化样态，作为地方性共同体共享的符号系统，借助个体的文化观感和价值体验作用于观念、行为和规范，从而对构建基层治理秩序具有支撑作用①。从文化视角来看，乡村公共文化既是乡村文化建设的重要内容，也是乡村民众基本文化需求得以满足的有效载体与基本形式。改革开放以来，我国乡村文化建设已经初步构建起了乡村公共文化的供给体系，但在满足民众文化日益多样化需求上发展还不充分，这就进一步制约了我国乡村文化建设的深入推进。

①乡村公共文化主体性不足

乡村公共文化是乡村文化的基本要素，也是乡村民众文化需求得以满足的主要保证。改革开放以来，我国乡村公共文化发展虽然取得了一定的进步，在物质文化建设上成就不小，但就公共文化主体性来看，不足依然存在，主要表现在以下几个方面。

第一，乡村公共文化责任主体不清。计划经济时期，在大队体制下，由于有集体经济的支持，大队具有相应的财政权力，这就保障了一些制度化乡村文化活动的开展，一定程度上能够满足乡村民众的公共文化需求。随着家庭联产承包责任制的推行，大队作为独立核算单位予以取消，再加上乡村集体经济开始解体，乡村内部独立建设公共文化的物质基础日益弱化，需要通过县、乡层级的财政扶持才能开展文化活动，村委会进行乡村公共文化建设已经难以承担主体责任，这一责任由乡镇一级开始承担。

农村税费改革之前，虽然乡镇具有自己的财政系统，由于大多数基本上都是吃饭财政，乡村公共文化建设受到财力限制及考核导向影响推进并不顺利。税费改革之后，农业税取消，乡镇财政权力更加弱化，承担乡村公共文化建设的责任主体身份未变，这就出现了财权与事权的不对等，乡镇一级无力担负这一重任。无论是从财政能力来看，还是从行政系统完整性而论，县级承担乡村公共文化建设的主体责任较为合适，但在实践过程中主体责任的归属却不是十分清晰。

第二，乡村公共文化组织主体弱化。在传统社会，乡村公共文化建设的组织主体主要是当地的家族、宗族及乡绅，其中长者或族长是组织主体的核心。中华人民共和国成立后，血缘、亲缘与地缘结构被打破，传统社会的自组织被党组织所代替，村庄内的公共文化活动就在党的领导下由大队来具体实施，还是较好地满足了当时乡村民众一定的文化需求。

改革开放以来，随着乡村社会发展的急遽嬗变，党组织在乡村社会事务发展中的组织能力日益弱化，乡村公共文化建设更是失去了有力领导，甚至有些乡村党组织被一些黑恶势力所把持，根本无从谈什么公共文化活动组织之事。党组织在乡村公共文化建设中组织主体的弱化，使主流价值与核心价值的引领力下降，乡村公共文化的先进性受到制约，人们的价值系统处于无序状态。同时，城乡人口流动的便利化，部分具有公共意识的乡村精英移居城市，这就造成乡村公共文化组织者的流失，在一定程度上影响了乡村公共文化活动的开展。

第三，乡村公共文化参与主体缺失。乡村公共文化的参与主体是广大乡村民众，这也是其公共性的主要表征。改革开放后，以经济建设为中心是社会发展的主题。在这一背景下，乡村开放程度不断提高，城乡人口流动加快，大量的乡村民众进入城市谋求新的发展，追求金钱与物质是人们的重要选择，人们普遍为整个村庄考量的公共意识却迅速下降，村民对乡村公共文化参与的热情不高，便逐渐远离了乡村的公共性场域，农民被置于"他者"的境地，其参与乡村公共文化建设的主体缺失。

此外，政府在进行乡村公共文化建设时，由于延续了计划经济时期的一些制度设计，对农民的文化需求进行收集、论证等环节较为薄弱，形成农民群体客观上不能表达与主观上不想表达的局面，最终导致乡村公共文化供给与实际需求间存在着不匹配、不协调的问题，逐渐疏远了乡村民众进行公共文化的主动参与。

第四，乡村公共文化供给主体单一。中华人民共和国成立后，我国在文化建设上实行了自上而下的管理模式，政府成了乡村公共文化供给的主体。改革开放以来，我国在乡村文化建设中继续延续了这一供给模式，政府依然是乡村公共文化供给的主体，如广播电视村村通与户户通项目、文化下乡活动、农家书屋建设等，都是一种政府主导行为，基本上是政府承担了一切。尽管一些乡村组织以传统文化为载体自发地复活了原有的一些文化活动，如社火表演、唱戏、庙会等，对活跃当地乡村公共文化生活发挥了重要作用。但由于这是一种村民自发行为，受到财力、人员流动的限制，公共文化供给的稳定性不高。

在发达国家，企业参与公共文化建设时，既弘扬了企业文化与品牌文化，又丰富了民众的文化生活，还增强了公共文化的供给力量。近年来，我国乡村公共文化建设过程中，一些企业向乡村进行了文化用品、健身器材、书籍报刊的捐助，但这具有临时性与短期性的特点，无法满足乡村民众的实际需求。因此，从乡村实际情况来看，政府仍然是乡村公共文化供给的主体，县政府、县文体广电局及乡镇政府承担着主要任务，社会组织、个人组织、企业组织参与乡村公共文化供给的融入度有限，政府购买公共文化服务在大多数地方还处于起步阶段，很多方面还不是十分科学与规范。

②乡村公共文化实际成效不足

乡村文化建设与发展需要依靠农民，重要的是还要服务农民，农民既是乡村文化的创造主体，又是接受主体，即农民是乡村文化的创造者，也是乡村文化的需求者与接受者，这是由中国特色社会主义的文化本质与农民生产生活的精神文化需求两个方面所决定的，满足乡村民众文化所需就成了乡村文化建设实际成效考量的主要依据。改革开放后的乡村文化建设，国家在广播电视村村通、文化信息资源共享、农村电影放映、农家书屋建设等方面投入巨大，在硬件上基本实现了乡镇文化站、农家书屋、乡村舞台、文化广场等文化设施的全覆盖。但从使用频率、服务质量与实际效果来看，除广播电视村村通工程外，其他文化建设工程在建设标准、管理水平等方面还有巨大发展空间，公共文化服务实际成效还有提升的必要，乡村民众文化生活空心化问题依然存在。

从乡村公共文化建设的途径来看，送文化下乡是当前政府普遍采取的一种方式，在一定程度上丰富了乡村民众的精神文化生活。农家书屋是提升村民文化素养的一个重要场地，而提供的一些书籍则存在着读不懂、用不上的问题，甚至一些地方的农家书屋连正常的借阅都无法提供，形式大于内容，这就影响了村民的使用频率、阅读兴趣与满意度的提升，农家书屋便失去了其本应有的功能与作用。

在乡村公共文化阵地建设上，刚性供给与弹性需求间的不匹配，尤其是供需分离问题的存在致使文化物理空间的功能发挥显得不足。以往村民主要呈现出听广播、看电视、打麻将等的单一文化需求，随着乡村生活水平提高，人们的文化娱乐样式发生了变化，需求层次有了明显跃升，乡村民众更加期待丰富多彩的精神文化活动。当下，乡村公共文化阵地包括乡镇或村文化中心、文化大院、农民夜校、农家书屋、文化广场等，从硬件设施建设来看，大多数乡村基本上能够达标，但就服务成效而论，还不尽如人意。乡村民众享受公共文化产品与服务的交通成本很高，乡村公共文化供给"最后一公里"不是十分顺畅。

按照国家顶层政策设计，基层综合性文化服务中心是一个集文化宣传、科技普及、法治宣传、体育健身、党员教育等于一体的公共文化阵地。而在实践运行中，唱戏、棋牌、跳舞等休闲娱乐性活动居多，技术性培训、宣传性引导类的活动相对较少，其文化公共性功能的发挥不足。以乡村中青壮年劳动力的文化需求为例，他们希望能够较多掌握一些种植养殖、政策法律、信息技术等方面的知识，旨在解决生产生活中碰到的实际困难，而乡村文化阵地在实际供给中其实是不及时或虚化的，缺乏针对性，从某种程度上来说成了一种无效的文化供给。

随着乡村社会的发展与民众文化需求层次的提升，乡村公共文化服务承担了更加重要的责任。尽管乡村公共文化服务体系的硬件建设基本到位，并不断走向优化。从结果导向来看，技能训练、文体娱乐及才艺展示等集合度不高，公共文化融入村民的日常生活程度不够，文化赋权的弱化难以让人们获得更多的文化福利，与人们日益增长的多元化精神文化需求间还有一定的差距，这就为新时代中国共产党乡村文化建设明确了供给的基点与努力的方向。

（三）城市化过程中乡村教化（伦理）价值的衰落

传统中国的乡村社会是"伦理本位"的社会。但是，由于近代以来西方文化与工业文明的入侵和冲击，乡村社会的生产方式发生了巨大转变，社会结构、社会关系与生活方式也发生了巨大的变化，农民的日常生产生活行为日益商品化、市场化和社会化。新的生产经营方式和角色分化解构了乡村社会的传统结构和运行机理，深刻影响着农民的个体心态和人格形成，造成农民价值取向的复杂与多变，这在无形中消解了传统道德的承载基础，引发乡村社会传统道德观念的一系列变化，从而使传统道德碎片化、边缘化。虽然旧的生活方法有习惯的惰性，但是历史沿袭下来的宗法伦理道德观念随之逐渐瓦解。一方面，传统道德权威在乡村社会日渐衰落，道德的舆论控制作用渐渐无力；另一方面，现代乡村社会存在的多元道德价值观的混乱状况使农民陷入两难境地，导致乡村社会道德评价标准的失范。正如亨利·孟德拉斯（Henri Mendras）在《农民的终结》一书中所说："劳动者不再仅仅依赖于自己的良心、干劲和牢固的劳动观念，家庭父亲的道德观念也不再是劳动者评价的主要依据和从事经营管理的标准等等。"① 人们不再有共同的荣辱、是非、对错、善恶的判断标准，不再有地方性的伦理共识和道德规范，对人与事的道德评价往往只依赖于个人喜好及与当事人的亲疏远近等主观认识，村民评价的参照体系混乱而且缺乏规范，从而导致乡村社会陷入紊乱无序的风险迅速上升，主要表现在以下几个方面。

1. 个体伦理道德价值迷失

理想信念的缺失与精神世界的空虚。在社会转型期，市场经济大潮的冲击造成普遍的价值失落，拜金主义、享乐主义、极端利己主义在广大农民中间日益蔓延。他们对共产主义、马克思主义及对中国特色社会主义的认识比较模糊，甚至表现出对社会主义制度的信任减弱乃至怀疑。他们在政治上不求上进，要求入党入团的农民减少，不能正确处理国家、集体、个人三者利益的关系，不能正确认识和处理好自己与他人、金钱与道德的关系，只注重个人财富的积累和个人价值的实现，为了个人利益、小团体利益，置国家、集体利益于不顾，集体主义观念明显淡化，对社会公益事业漠不关心。在社会转型期，市场经济大潮极大地冲击着农民的思想观念，相当一部分农民的信仰日渐失落，很多人处于"什么都不信"的无信仰状态，缺乏投身于新农村建设活动的信仰动力。

小农意识死灰复燃。小农意识是一种与小农经济相伴随的落后观念，更看重眼前利益而难有长远打算。随着改革开放带来的宽松社会环境，小农意识的残余文化心理并没有彻底消减，反而死灰复燃，成为阻碍农民现代道德自觉生成的顽固力量。小农意识的核心是差序性交往方式，这种交往方式以血缘或人情为基础，左右和影响着乡村村民的具体行为方式。它排斥现代价值观念，又选择性地利用和张扬着市场经济的种种流弊，其文

---

① 孟德拉斯. 农民的终结 [M]. 李培林，译. 北京：社会科学文献出版社，2010：97.

化心理与现代化在本质上是根本对立的。由于小农意识的抬头，乡村宗族主义也相继复苏，并试图通过新的形式掌握乡村现代发展秩序。

2. 西方功利主义价值观的繁盛与传统道德价值观的退让

由于市场经济的深入发展，西方功利主义价值观也被引进并在中国社会大力宣扬和传播其核心价值观。西方功利主义价值观的核心精神是"利益最大化"，"逐利"是其本性。由于物化和功利意识的极度张扬，农民对物质和金钱的占有及享受欲望增长过快。在功利主义价值观的驱使下，部分村民逐渐放弃了一向秉承的朴素道德要素，个人主义抬头，自私观念与功利心态非理性膨胀。在追逐金钱的过程中，见利忘义、损公肥私、伤害他人的行为比比皆是。有些地区的农民为了追逐眼前更多的经济利益而不惜使用非正常手段，从而导致一些影响恶劣的公众事件，如"毒奶粉""苏丹红""毒豆角""毒大米"等事件。他们漠视了长远效应，既没有考虑到公众的利益，也破坏了本土特色品牌的代际影响。在农耕生产观念和宗法伦理系统解体的情境下，乡村传统的纯朴敦厚、诚实守信的民风逐渐退化，宽容忍让、俭朴谦良的传统风气有所消退。再加之，乡村如今尚未构筑起新的能够有效抵制现代市场弊病和不良现象的道德整合机制与批判功能，从而导致一系列的道德问题和社会危机，出现一批"无公德"的农民，乡村的道德境况不容乐观。

3. 乡村精英趋于没落，逐渐失去凝聚人心的力量

所谓乡村精英，是指乡村当中极少数的成员，他们有才华、有能力、有学识，能在乡村建设中起到一定的引领和带头作用，能为乡村做出重要的贡献，同时能得到村民的一致认可，有一定的权威，乃至对其他人产生不小的影响。他们本身就具有乡村的凝聚力，能号召和集中村民办大事、办实事，在村落这个共同体中有一定的话语权和影响力，为乡村社会的稳定、繁荣起到不可代替的重要作用。在传统乡村社会中，他们是保持社会稳定的重要中坚力量，他们在政府与民众之间作为沟通的重要桥梁的角色。处理各种复杂的基层社会关系和处理乡村里的各种矛盾，他们是集中基层人们办大事的组织者，更是领导者。在很大程度上加强了农民与政府之间的信任。同时，他们凭着自己的才德，在乡村承担着教育管理、道德标准的制作者和民间民俗文化的策划者等方面的功能，促进乡村健康发展。

近年来，随着城市化进程的加快和经济体制的转轨，中国的乡村精英格局也发生了历史性变化。乡村精英的身份转变，以另一种身份角色出现在社会上，继续引领乡村社会发展。改革开放后，乡村经济发展中的"先富"者，他们敢于拼搏，敢为人先，在某一行业做出了成就，是先富的主要中坚力量，经济上的佼佼者，但是，他们并没有成为具有真正意义上的乡村精英。他们为乡村的经济发展确实贡献了重要的力量，并且带领村民致富，但大多数都没有通过自身的财富和影响力来对乡村的社会文化进行延续和发展。他们多数是通过手上的财富来对乡村的村容村貌进行改观，改造乡村社会落后的状态。但这种改变也只是存在于物质层面，难以深入到文化内涵层面，甚至有时候还会对村民产生误导，以为有钱就为所欲为，对金钱的崇拜程度可能更会加深。不过也有一些是真正的现代性乡村社会精英的存在，他们手上不仅有财富，更有学识，而且能够影响村民的道德思想。如今很多乡村都开始进行文化建设，兴建乡村图书馆、乡村文化广场、乡村各种文化设施，还有重视教育，设立升学奖学金，激励孩子努力学习，通过知识改变命运等，这些与现代性很好兼容的做法不但丰富了村民的精神世界，还为乡村社会的发展指明了方向。但这也是极少数的存在。大多数的乡村先富者只是带着后来者往城市跑，却忘记了如何引导留守农民依靠自己的力量在自己的土地上建设乡村。这些后来者到了城市之后，更多的还是以卖苦力为主，在工业化城市中漂泊，迅速地失去主体意识，随波逐流。这些先富者并没有影响到村民的思想意识，主体意识淡薄，缺乏社会公益价值与社会责任，自然是无法承担起文化传播者和作为文化发展的指引者。总而言之，现如今真正的、具有传统意义上的"乡贤"式乡村精英，是已经基本没落，甚至有些村落基本没有，导致如今一些村子，民风依然彪悍野蛮，利益至上。

（四）城市化过程中乡村教育价值的衰落

乡村教育是指在乡镇或村庄中，以成年农民和乡村青少年为主要目标人群的教育形式，既有针对乡村青少年的义务教育，也有针对成年农民的思想政治教育和职业教育等。教育需要本土文化的支撑和悉心呵护，唯有如此，教育才能成为全方位滋养个人精神生命、发育人生细微情感的沃土。

但是，由于城市文明取得了阐释现代文明的话语霸权，"城市世界"成为构造教育蓝图的基础与背景，使传统乡村文明被排斥于现代教育的视野之外，其本有价值被隐匿，甚至完全缄默。

1. 城市化的教育理念对乡村文化价值重视不够

乡村教育理念呈现城市化的取向并不是近些年的产物。清末民初，西方列强在侵略中国的过程中提倡对西方文化中"落后""愚昧"的乡村社会进行改造的所谓"新教育"。"新教育"是对中国传统教育体制的彻底摧毁，通晓西洋教育的晏阳初一针见血地指出："所谓'新教育'，并不是新的产物，实在是从东西洋抄袭而来的东西。"①

中华人民共和国成立后，乡村作为被改造的对象这一理念仍然没有变，乡村教育与乡村社会相脱离的事实依然存在。改革开放后，发达的工业文明更进一步吸引着乡村的目光向城市集中，城市成为乡村精英心目中向往的地方，"城市取向"成为乡村教育的主导性价值取向与价值目标。"知识就是力量""成才""大事业"等这些被有意无意渲染的强势的城市文化价值目标，在与乡村文化价值的比照中由于其现代的、先进的价值理念，使农民自觉不自觉地按照此价值预设做出价值认同和价值期盼，从而在乡村教育的传递过程中有意无意地毁灭了农民的价值世界。于是，乡村社会中的那些优秀人才（或者可以理解为是乡村精英）通过乡村教育和乡村学校流向了城市。走出乡村成为大部分村民的"人生理想"，再回乡村会让那些已经走出乡村的人觉得很没有"面子"，在乡邻面前抬不起头来。"好一点的进入小城镇，再好一点的进入到中小城市，进入到北京、上海这样大城市是多少人梦寐以求的。如果再有机会出国，特别是去'发达、现代、开放、自由、富裕'的欧美国家，并在那里谋到一份工作，则是天大的愿望了，简直是整个家族的荣耀。"② 有些乡村精英开始厌弃乡村，走出乡村走向城市，他们的离去不仅是乡村生活空间的离去，更是对乡村精神价值的背弃和彻底决裂。

乡村教育的城市化特征和精英式取向，无论是在道德上还是在情感上都丧失了与乡村社会的任何联系，既缺少以先进文化哺育乡村文化的意识和行为，更缺乏对乡村社会文化秩序和农耕文明的基本关心。乡村教育的

---

① 宋恩荣. 晏阳初全集（第一卷）[M]. 长沙：湖南教育出版社，1989：170.
② 石中英. 知识转型与教育改革 [M]. 北京：教育科学出版社，2001：354.

城市化特征和精英式取向可以让一些乡村少年通过发奋读书和努力学习等自身努力的方式走出乡村，走进城市社会和工业文明的现代化大门，从而成为城市化、工业化、现代化建设的人才。

2. 排斥乡村文化的课程设置导致乡村文化传承不够

课程教育既能够承载文化内容，又能够有效传递文化价值。在课程教育中，文化的具体内容及价值精髓是其原材料，课程的形成要求必须对文化进行选择。站在工业文明基础上的城市文化先天地被多数人界定为是代表着"先进性""科学性""现代性""前瞻性"的文化，而乡村文化由于传统农耕文明的自身固有缺陷影响到现代化的发展，相应地被定位是"愚昧的""落后的""保守的"文化形态。于是在设置课程的过程中，乡村文化顺理成章地被排斥在课程之外。

其实早在 1927 年，毛泽东同志就在《湖南农民运动考察报告》中指出："乡村小学校的教材，完全说些城里的东西，不合农村需要。"[1] 2001 年，教育部颁布实施了《基础教育课程改革纲要（试行）》，规定实行国家基本要求指导下的教材多样化政策，鼓励有关机构、出版部门等依据国家课程标准组织编写中小学教材，并且为保障和促进课程对不同地区、学校、学生的要求，实行国家、地方和学校三级课程管理。这样就为乡村学校在校本课程的特色化设置方面寻找到出口，也为乡村文化进入乡村学校提供了可能。例如，浙江进化镇的《走进梅乡》、河北邯郸的《走进峰峰，感悟生活》等校本教材的出版，再如河北宁晋县白侯小学的乡村锣鼓课程的开发等，都为传承乡村文化起到了一定的作用。但是，乡村义务教育实施的新课程改革，依然套用的是城市教育模式。尽管新课程改革倡导教材的多样化，却不难发现，在我国当下的教育体制和升学压力下，乡村课程的设置实际上仍然复制的是国家课程体系，既没有反映和表达乡村教育的价值诉求，也不可能关照到乡村社会生活。而且，乡村课程中最有可能表达乡村文化的自我价值同时最能反映和体现乡村实际生活的校本课程，由于缺乏课程开发的指导思想和正确理念，缺少课程开发的必要人才资源和物质条件，从而使校本课程成为空谈。在教学过程中，校本课程也不过是课

---

① 毛泽东. 毛泽东选集（第一卷）[M]. 北京：人民出版社，1991：40.

程表上的一个点缀符号，它不是"今天让位给语文、数学课"，就是"明天变成了学生的自习课"，而根本不可能在教学过程中得到普遍实施。

事实上，在目前乡村教育的课程中既没有用科学、辩证的态度看待乡村文化，也没有为乡村文化的传递留出空间和机会，相反在很大程度上，通过不断强化和放大城市文化的现代性、科学性，造成乡村少年对本土知识、乡土文化的不尊重，甚至鄙视。在城市化的教材中，无法找到自己土地上传承千百年的节日风俗、民间故事、山歌民谣、地方剧、民间手工艺等古老民族文化，对自己家乡、民族的历史、风土人情和资源一无所知。他们一走进教室就充满了对城市生活的向往。由于他们整个的学生生活都"与乡村无涉"，乡村学生找不到乡村文化的自豪感和亲切感，找不到"根的感觉"，无法从根本上形成对乡村价值的认同。"毫无疑问的是，当年轻人从学校回到生养自己的地方以后，对农业却一无所知。不仅如此，他们还从心底藐视自己父亲的职业……现代学校的一切事情，从教科书到毕业典礼，从来不会使一个学生对自己的生活环境感到自豪。他受到的教育程度越高，就越远离自己的故乡。教育的整个目的就是使他和他的生活环境格格不入，就是使他不断地疏远这种环境……他自己祖祖辈辈所创造的文明在他的眼里被看成是愚蠢的、原始的和毫无用途的。他自己所受的教育就是要使他与他的传统文化决裂。"①

二、乡村振兴中乡村文化自信面临的问题

"现代文明在向前拼命地奔跑之时，乡村文化作为一种传统文明也在外部世界转型的大潮之中被迫跟随着去拼命追赶这一种现代文明的发展"②，但是随着社会实践的发展，乡村社会由于文化资源抽离、文化差异隔阂、文化传播失范等问题，在一定程度上造成乡村文化的发展困境。

（一）乡村文化资源抽离带来的安全问题

随着工业化和城市化的发展，城市文明与工业文明以其独特的魅力似

① 转引自石中英. 本土知识与教育改革 [J]. 教育研究，2001（08）：16.
② 赵旭东. 乡愁中国的两种表达及其文化转型之路——新时代乡村文化振兴路径和模式研究 [J]. 西北师大学报（社会科学版），2019（03）：129.

漩涡般将乡村社会中的自然资源与人力资源从乡土场域中抽离，给原本相对独立的乡村文化体系带来了一定程度的安全问题。

乡村自然资源抽离带来的安全问题。随着生产力的发展，城市数目增多、人口增加、规模扩张，人力资源、社会资本、生产生活资料进一步向城市聚集，乡村社会许多土地、农田被陆续征用与开发，部分农民失去了赖以生存发展的土地资源。随着人们收入的增加，消费结构不断升级，城市空间资源稀缺性问题日益明显。远离了工业开发空间的乡村社会仍然保留着特质化的地理环境、多样化的生态景观，乡村社会中所蕴含的人文生态与历史资源越来越受到城市居民的青睐。乡村社会自然资源的价值远超出了传统农业生产的范围，由原本单一维持农民生产生活向支撑工业、服务业等多种产业发展的功能转化，乡村社会自然资源独立与完整的自然状态遭到了破坏。

乡村人力资源抽离带来的安全问题。由于工农业生产水平的差异、城乡居民收入差距、区域间公共服务差异等问题，劳动力要素为实现自身利益的最大化，会自觉地向人力资本回报率高的城镇地区转移，乡村社会大量剩余劳动力向城镇非农部门聚集，乡村社会人口持续减少，乡村人力资源总量不断下降。重构与时代发展要求相适应的新型农村社区，需要相应技能型、带动型、经营管理型以及社会服务型的人才结构作为支撑。尽管土地所有权、承包权和经营权的"三权分置"，保障了以土地规模经营为特征的新型农业经营主体的权益，但是形成乡村社会的农业现代化水平不高，多以小农业为主，人力资本回报周期长且风险高、附加值低，以及乡村产业升级缓慢导致人才吸纳能力弱等原因，乡村社会优质人力资源不断外流，使乡村社会产生了一定程度的人力资源危机。

（二）乡村文化差异隔阂带来的认同问题

乡村文化认同是指乡村社会中的个体与群体，对于本土文化中的风俗习惯、文化信仰、价值理念表现出的认同，是乡村社会有序运行的基础。但是随着社会实践的发展，乡村社会的差异化发展削弱人们对乡村文化的认同感。

传统文化断裂导致乡村文化认同的缺失。在社会结构变动中，乡村发展面临人口结构变化、城乡社会流动和公共服务供给等方面的多重挑战①，乡村社会的现代化发展具有不断开拓创新的内在要求，寻求创新之路中常常伴随着摒弃传统延续的潜意识，易于形成传统与现代二元对立的尴尬局势。"文化层面上而言，伦理本位是传统乡村文化的社会基础，血缘关系作为村落凝聚的纽带，同样也是社会关系网络搭建的核心"②，"依托于乡村生活的农民以乡土为根基，以乡情为纽带，形成了难以割舍的恋乡情结"③，但是随着改革开放的发展，现代性的增强不可避免地导致城乡差距的拉大和乡村风险的产生，出于对劳动力要素的优化配置，乡村社会人口外流，逐渐呈现出空心化的趋势，乡村文化遭遇到城市文化的碾压呈现出边缘化的趋势。乡村原有的熟人社会体系被打破，血缘与地缘的认同感被削弱。断裂的乡土文明内在凝聚力被削弱，城市文明与工业文化以一种胜利者姿态向乡村社会强势灌输着自己的文明理念，不断地解构着乡土社会原有的文化秩序和价值理念，人们对于传统乡村文化的认同感减弱。

少数民族对于本民族乡村文化的认同危机。随着社会主义市场经济的发展，少数民族文化原本相对封闭的文化生存空间遭到挤压，人们在传承民族传统文化、保护民族文化遗产与适应现代化市场化需求、发展乡村经济之间有了选择困难。"对文化价值的体认也是实现文化身份认同、坚定文化自信的必由之路"④，少数民族文化是在独具民族特色的自然环境、社会环境、历史传统中积累而成的文化形式，颇具地域性、生活性、艺术性等特征。在全球化的影响下，全国各族人民都面临传统文化与现代文化、东方文化与西方文化等多元文化的影响，独具特色的少数民族乡村文化元素或许可以成为乡村文化在多元文化中脱颖而出的突破口。但是由于缺乏合理的薪资报酬、社会福利，让掌握着民族习俗、民族文化等多方面民族技艺的少数民族文化传承人，无法安心"孵化"、耐心"哺育"，少数民族乡村文化的传承与发展面临困境。

---

① 赵霞. 传统乡村文化的秩序危机与价值重建 [J]. 中国农村观察，2011（03）：80-86.

② 赵旭东，孙笑非. 中国乡村文化的再生产——基于一种文化转型观念的再思考 [J]. 南京农业大学学报（社会科学版），2017（01）：121.

③ 转引自赵旭东，张洁. 乡土社会秩序的巨变——文化转型背景下乡村社会生活秩序的再调适 [J]. 中国农业大学学报（社会科学版），2017（02）：57.

④ 李国娟，周赟. 坚定文化自信的多维向度 [J]. 思想理论教育，2018（04）：26.

（三）乡村文化传播失范带来的表达问题

乡村文化表达的合理与否，影响着乡村文化的传承与传播。乡村文化传播失范容易滋生落后的封建思想，致使古老的乡村文明难以传承，令乡村文化自信的实现面临困境。

乡村文化传播失范容易滋生落后的封建思想。随着城市化的发展，农民的交往方式开始由整体向离散转变，原本维持乡村社会体系正常运作的乡规民约、风俗习惯不断消亡，村民日常生产生活、交往方式日渐呈现出私人的特性，乡村社会对自文化管理与规划的话语权减弱。农民对于各类思想文化是否具有科学性的辨别能力较弱，受地域阻隔乡村社会物质生活简单、人际交往闭塞，为封建愚昧文化的传播提供了土壤，部分地区重男轻女、封建迷信、奢侈攀比等社会陋习仍在潜移默化地影响着村民的生活方式，乡村文化的传播失范让人们误以为乡村文化是封建落后的代名词。乡村文化传播失范让古老的乡村文明难以传承。城乡经济发展差异致使大多数的文化人才、文化服务、文化投资聚集于城市。多元现代性的主张已证明了传统与现代是可以完成"对接"的，但是由于缺乏相应的物质资源基础和财政支持环境，部分乡村工艺、技术、戏曲等文化遗产，因为乡村文化的表达不畅而难以为继。随着乡村振兴战略的实施，乡村文化产业如火如荼地发展起来，原本默默无闻、不为人知的乡间工艺、乡风民俗开始在新闻、影视、网络等各个平台传播，人们对于优秀传统乡村文化价值的认知逐渐深刻。但也造成一些乱象萌生，部分乡村文化产业在开发过程中本末倒置，将乡村文化和社会整体的长远利益置于一边，打着弘扬非物质文化遗产的幌子，大肆破坏乡村文化资源，真假非物质文化遗产充斥在景区，古村古镇商业化气息浓厚，本土文化表达的缺失使文化失去了乡土的味道。

第六章 国内外乡村文化建设的经验借鉴

乡村社会是人类文明的主要发祥地，随着历史的演进，乡村的地位发生了一些变化，但对于乡村社会的建设却仍然是一个国家、一个政权重要的施政方向。纵览人类社会乡村建设的历史实践，乡村文化建设在其中占据重要的内容，所累积的成功经验，为我国乡村振兴中乡村文化建设提供了诸多有益的借鉴。

一、国外乡村文化建设的经验借鉴

从世界视域来看，国家现代化离不开乡村现代化建设的支持。不论是美国的乡村再造计划、欧盟的农村建设，还是日本的造村运动与"一村一品"运动、韩国的新村建设及印度喀拉拉邦的乡村社区建设，都谋求借助乡村建设来推动整个社会现代化的实现。其中，它们的一个共同点是重视文化的重要作用，都将乡村文化建设置于基础性地位。文化发展一方面要继承传统，另一方面还要借鉴域外文化的有益成分，通过外来文化与本土文化有机融合来推动文化创新与发展。从国外乡村文化建设的意义而论，虽然各国国情存在一定差异，这些各具特色的实践在异域文明中难以完全复制，但其所累积的一些经验却可以为我国乡村文化建设提供一定的经验借鉴与启示。

（一）注重乡村多元价值的挖掘

挖掘乡村多元价值思想的核心要义是通过发展富有特色文化、生态价值的村庄推进乡村文化建设，这一思想主要体现在日本的"一村一品"运动中。日本在二战后面临工业化与城市化发展迅速但乡村经济文化发展逐渐跌落的不平衡发展状况。日本通产省时任官员平松守彦见此情形，于

1979 年年底正式弃官回到大分县开展"一村一品"运动。"一村一品"运动，学界亦称"造村运动""乡村再生计划"等，是一场自下而上的由乡村自发展开的乡村振兴运动，"一村一品"运动具有两层目标：一是提升农民收入，二是建设物质生活与精神生活满足的和谐社会[①]，实现精神层面的人才培育是运动的最高追求。

平松守彦认为乡村发展衰落主要由信息获得不对称导致。城市的信息流通量要远大于乡村，城市就像一块磁铁将乡村的人口、资源均吸入大城市集中发展。因此，"一村一品"运动以行政区划为基础，重点结合乡村内生的文化、生态资源，促进乡村特色文化旅游产业发展，旨在解决乡村人口过疏问题及满足乡村可持续发展需要。在整个运动中，日本政府坚持"头脑立县"，非常尊重农民意愿，在整个挖掘乡村文化与生态价值活动中给予农民充分的自主选择权，以提供技术与服务的政策支持代替简单发放资金的救助形式，激发乡村青年建设家乡的热情。同时，平松守彦坚定地认为具有悠久传统的民间工艺品、民间风俗节日，始终是不可移易的宝贵财富，不应成为经济发展的牺牲品。因此，"一村一品"运动始终坚持立足乡村内部特色资源，打造闻名国内外的文化品牌产品。

"一村一品"运动中的"品"，不仅指特色农副产品，更包含大量富有乡村特色的旅游产品及文化产业项目。在"一村一品"运动中，各县政府十分注重根据各町的自然生态条件与民俗文化优势，塑造出了富有特色的"里山模式"生产景观、聚落景观、民俗文艺景观等乡村景观系统，借此发展乡村旅游[②]。例如，大分县政府通过开展新故乡运动，让村民思考如何保护、发展大分县青山秀美的自然风光与珍贵文化遗产，创造富裕情趣、富饶美丽的新家乡。同时，通过成立万谣会，创作歌剧"吉四六升天"，举办"尾平音乐节"，召开"家乡风味菜肴"主题竞赛会等活动，让村民共同建设富饶美丽家乡。在"一村一品"运动中起先锋作用的日田郡大山町，分别开展了四次"N·P·C"运动，分为以促进产业发展致富、培养有理

---

① 农业部赴日本考察团. "一村一品"运动的实践、发展与启示 [J]. 农村经营管理，2007（03）：46.

② 王国恩，杨康，毛志强. 展现乡村价值的社区营造——日本魅力乡村建设的经验 [J]. 城市发展研究，2016（01）：16.

想有情操时代新人、改善乡村生活条件、发展农产品加工产业等为运动主题，组织村民同心协力，依靠勤劳双手与智慧建设自己的町村①。实践证明，"一村一品"运动不仅促进了农业产业化发展，更开发了特色文化旅游产业，赋予日本传统的温泉文化、饮食文化、服饰文化、手工艺文化等新的时代内涵，使乡村传统文化发扬光大。如 20 世纪 80 年代，三岛町政府在乡村振兴规划中提出开展生活工艺运动，先后成立生活工艺研究所、"木友会"民间组织、生活工艺馆等，动员居民利用农闲时光制作手工生活器具，相互交流、评比。在初夏时节，举办工人祭活动吸引手工艺者前来展览、售卖工艺品，传承创造乡村文化②。另外，在"一村一品"运动中，政府坚持"技术立县"，对农民进行现代农业技能培训，开办各式各样的培训班，如水产养殖、商业经营、农业技术讲习班，提高农民农业生产技能与综合文化素质。

综观日本"一村一品"运动来看，日本政府十分强调面向世界，挖掘乡村内部特色文化与生态资源，打造地方特色品牌。重视保护乡村传统文化、自然生态资源，将产业发展与文化传承、景观塑造绑在一起，焕发乡村多元价值活力。最终，将培养具有向世界一流技术挑战精神的农民看作运动的终极目标③。

（二）重视乡村公共文化设施建设

乡村物质文化是乡村文化赖以存在的基础，而乡村公共文化设施则是乡村物质文化主要组成部分，其建设状况直接决定着乡村文化的发展根基。在世界各国乡村文化建设中，通过加大投资力度推进乡村公共文化基础设施建设是一个成功的经验。

美国在联邦政府支持下建立的国家农业图书馆农村信息中心，为农村社区提供了丰富的精神文化服务，主要包括与农村有关的文化教育信息、全美国人文与艺术信息、发行和出版物等方面。日本的大多数乡村建立了乡村博物馆，甚至有的乡村有几座、十几座古民居被国家确定为保护单位，

---

① 平松守彦. 一村一品运动 [M]. 王翊，译. 石家庄：河北人民出版社，1985.

② 陈磊，曲文俏. 解读日本的造村运动 [J]. 当代亚太，2006（06）：34.

③ 平松守彦. 一村一品运动 [M]. 王翊，译. 石家庄：河北人民出版社，1985：163.

由公共财政对其资助进行保护。韩国通过削减经济建设开支，尽最大能力支持乡村文化基础设施建设。兴建的村民会馆，以发放宣传品、现身说法、讨论、讲课、培训等方式服务广大农民。当前，韩国乡村基本公共文化设施相当完备，各村都有自己的活动中心，集健身室、读书室、电脑室于一体，供农民免费使用，甚至电影院、广播站、音乐厅、酒吧等硬件设施建设与城市没有什么区别。公共文化信息服务中，图书馆是一个专业性极强的依托平台。印度喀拉拉邦在民众科学运动中，以政府专款形式在全邦建成了9 000 多座图书馆，阅览室超过了 1.2 万个，极大地拓展了乡村公共文化活动空间。

可见，乡村物质文化建设是乡村文化建设的基本内容，只有夯实了乡村公共文化设施建设，才能更好、更公平地促进乡村文化的发展与繁荣。公共文化建设具有公平性与普惠性，在于通过基本文化服务来丰富民众的文化生活。因此，新时代中国共产党的乡村文化建设，健全公共文化服务设施体系十分必要，县级图书馆与文化馆总分馆制的推行、乡村基层综合文化服务中心的建设、农家书屋体系的覆盖、户户通工程的开启等，必将进一步夯实乡村公共文化建设的内容。

（三）强化乡村精神价值的培育

乡村精神价值是乡村文化建设的核心与灵魂，决定着乡村文化发展的方向。其核心是通过提升农民思想道德水平推进乡村文化建设，这一思想主要体现在韩国的新村运动中。20 世纪 60 年代，韩国作为一个落后农业国，在以城市为主的工业化发展中遇到了与日本相似的城市化发展问题。韩国农民与城市居民经济文化生活水平差距逐步增大，这十分不利于韩国现代化发展。同时，韩国光复后不久，农民的生活伦理水平与国家经济发展要求不相适应，原本节约、互信的民风民俗被破坏。为改变这种状况，韩国政府曾开展过富裕村庄计划、国民在建运动等促进乡村发展等措施，但效果均未达到预期 [①]。在总结经验教训之后，韩国政府决定从 1970 年冬季正式开展新村运动，并且在运动中十分重视农民伦理精神的重塑。韩国新村

---

① 黄辉祥，万君. 乡村建设：中国问题与韩国经验——基于韩国新村运动的反思性研究 [J]. 社会主义研究，2010（06）：87.

运动是由韩国前总统朴正熙发起的一场自上而下的由农民广泛参与的一场追求更美好生活的运动[①]。新村运动一直持续到20世纪80年代后半期，及至90年代逐渐增加了工厂新村运动、城市新村运动、国际化的新村运动等新的发展形式。

韩国新村运动以村庄为运动单位，将全国3.4万个村庄划分为自立、自助、基础三级的独立经营单位，通过差额竞争方式获得政府不同量级的援助物资。韩国政府旨在通过较少的财政投入，以广大农民群众为主体建设乡村物质文化，进而由物质文化建设带动乡村伦理精神建设。新村运动主要分为基础建设阶段、扩散阶段、充实提高阶段、国民自发运动阶段、自我发展阶段等五个阶段。第一阶段，政府免费提供水泥、钢筋等建设物资，由新村运动中央协议会、中央研修院带领各村具体落实村庄规划，改善乡村生活居住条件。这一阶段通过改善农民居住的基础设施条件，激发了农民特别是乡村妇女参与乡村建设的积极性，改变了农民对待生活的消极态度。第二阶段，原来的自立村更名为"福利村"，政府着重改善农民的居住环境和生活质量，动员社会科技人员、科研专家下乡指导、推广科学技术，对发展好的村庄给予优惠贷款政策。第三阶段，在发展农业产业化的同时，特别注重乡村文化建设，提供乡村公共文化基础设施建材。第四阶段，政府主要从宏观制定村庄发展政策，由新村运动民间组织承担新村运动的具体事宜，不断完善农民生活环境与文化环境。第五阶段，政府倡导进行国民伦理道德建设、共同体意识培养、民主法制教育等，开发乡村文化发展的组织机构传承新村运动的精神理念[②]。如韩国在新村运动中兴建的村民会馆，在对农民进行农业科技与田间管理培训、文明乡风教育的同时，将乡村价值观培育置于首要的位置，较好地促进了集体主义与正直诚实价值观在乡村的践行。在乡村文化建设中，以"精神启蒙"为核心，十分重视乡村精神培育的日常化，如每半月举行一次大清扫活动时，农民清早起床后就要洒扫庭院、清洁村道，农民还会进行村歌演唱，这一切都旨在从小培养他们"自立、自助、勤勉、协力"的精神品格与思想观念。

---

① 朴振焕，潘伟光. 韩国新村运动：20世纪70年代韩国农村现代化之路[M]. 郑靖吉，魏蔚，译. 北京：中国农业出版社，2005：38.

② 李水山. 韩国新村运动及启示[M]. 南宁：广西教育出版社，2006：5-6.

在乡村学校的共同教育体系中,韩国则通过对乡村居民进行忠孝伦理、公德、法制内容的教育,更新了农民的落后观念,帮助其培养积极、健康、向上、进取的精神风貌。农协作为民间组织,对乡村精神价值的培育十分重视,如组织开展儿童画展、表彰新型农民、举办农村民俗节等,在传扬农耕文化的过程中弘扬优秀的乡村文化传统与价值。这就启示我们,新时代中国共产党的乡村文化建设,在乡村主流价值建设上,要强调社会主义精神文明与先进文化建设,以核心价值体系与核心价值观为抓手,强化主流价值对乡村文化发展的引导力;在乡村文化阵地建设上,借助文化下乡、扫黄打非、文明村镇建设等途径,来营造风清气正的文化环境,确保社会主义先进文化的在场性;在农民道德建设上,重视合乎社会规范行为方式的养成,实现社会公德、职业道德、家庭美德、个人品德的融合发展。近年来开展的好儿女、好媳妇、好公婆评选及寻找最美乡村医生、教师等活动就发挥了很好的示范效应。由于精神文化建设具有重要性、长期性与持久性,这就注定了新时代乡村文化建设中乡村精神价值的培育居于首要地位。

(四)重视乡村生活风貌的提升

提升乡村生活风貌思想的核心理念是以有序的规划方式改造乡村整体的人居环境,从而实现乡村文化建设目标,这一思想主要体现在德国的乡村更新规划中。乡村更新规划指在法律制度框架下整体性地规划乡村发展走向、更新乡村生活环境。德国农情与中国相似,是一个农业占重要地位的国家,国土面积中超过半数为乡村地区。如今德国的城乡不仅几无差别,与城市相比,德国村庄以其得天独厚的自然生态环境反而独具魅力,德国乡村的生活风貌透露着自然与人的和谐之美,其村风清新自然,民风淳朴,德国农民过着与城市市民同等品质的生活,这主要得益于德国从 20 世纪50 年代开始对乡村进行的整合性更新。

德国属于较早开始城市化进程的国家,在 19 世纪 50 年代就已步入快速城市化时期,20 世纪五六十年代就已达到 70% 以上的城市化率,步入后城市化阶段。现如今,60% 以上的德国人口聚集在小城市与镇上,乡村人口不到 10%。同其他发达国家一样,德国在整个城市化进程中也面临着乡村发展的困惑。以 20 世纪 60 年代为分水岭,在这以前德国城市化进程除了造成乡村人力资源与土地资源的流失与浪费，乡村景观与自然环境也受到不同程度的损坏。在这之后至21世纪初的这段时间内，由于无计划"返乡运动"，德国乡村又面临着土地过度开发，城市思维的破坏性规划与建设新的难题。21世纪以来，德国乡村又面临着人口衰老、公共设施需要再更新的问题[①]。针对城市化进程中乡村发展呈现的具体问题，德国联邦政府从建设乡村基础设施入手，逐步形成整合性乡村更新理念与规划。"乡村更新"概念最早于1954年德国《联邦土地整理法》中被提出，此时乡村更新的目标任务是合理调整乡村土地使用结构，通过农业、林业的发展缩小城乡发展差距。同时，乡村更新也对农民生活风貌提升起到重要作用。

德国乡村更新规划大体经历四个演进阶段[②]。一是20世纪60年代到70年代初，乡村重点整治土地和设施建设，遵循城市设计思路更新乡村建筑和设施，总体上造成对乡村历史文化的破坏。二是伴随着20世纪70年代整个欧洲的文化遗产保护运动，德国开始注重将乡村建设与社会文化保护工作结合起来，各联邦州相继制定了保护本地区乡村特色风貌的工作计划。1977年，德国修订了《土地整治法》要求保护乡村原始风貌，并开展了以"农业—结构更新"为重点的村庄更新计划，塑造美丽宜居新乡村。三是20世纪80年代开始，德国乡村更新规划开始从整体性视角规划乡村地区的发展。四是20世纪90年代以后，德国加入欧盟，结合欧盟的乡村发展政策"LEADER"项目，德国乡村更新规划强调重新构建乡村在整个城市化进程中的新角色与新地位，强化本地群众的参与性。从2004年开始，德国的乡村更新计划正式向整合性乡村更新规划方向发展。德国乡村更新规划主要从内向发展型基础设施建设与农民参与驱动型生产生活建设两个方面展开，以村落风貌为立足点整合土地利用方式，对不同区域的土地、本区域内的建设用地及田地进行重新规划，同时在整体上协调与改善乡村地区的住房、教育、休闲、通信等人居生活条件，进而改变乡村生活风貌。在德国几十年的乡村更新规划进程中，乡村更新日渐注重保持乡村特色与活力，将顺应和保护生态环境的可持续发展理念作为乡村更新的基本原则，

---

① 叶兴庆，程郁，于晓华. 德国如何振兴乡村 [J]. 工程技术，2019（21）：49-52.

② 易鑫，克里斯蒂安·施耐德. 德国的整合性乡村更新规划与地方文化认同构建 [J]. 现代城市研究，2013（06）：53-54.

"乡村空间格局与自然生态融为一体"成为乡村更新规划的主题。在 20 世纪 70 年代后，整个乡村更新规划开始注重村庄结构、文化历史、村庄特性保留、发展建设等内容，如德国地方政府对乡村民居景观进行了改造，通过各色的建筑风格塑造传统建筑的精神性格，传承与保护德国的文化历史，彰显村民的文化自信，反映德国传统文化精神。

同时，德国乡村更新规划十分注重自上而下的政府引导，以保证乡村更新方向的正确性与规划的有序合理。在明确问题阶段，德国各地区会针对区域内条件与优势，编织区域级别的规划，成立由专业规划师与公众、利益相关者主导的乡村规划编织团队，讨论制定乡村建设的决策。在工作实施中，会有居民会议或村镇议会会议通过发放信息手册、发布调查问卷等形式向村内居民明确村庄建设规划的一系列问题。在分析问题阶段，基于此前形成的专业人士调查报告，由村内居民参与讨论，分析问题。在规划编制阶段，在参照村镇议会会议的民意信息基础上成立地方工作组，草拟规划编制，再经由社会公开程序征求公众意见环节选定乡村建设规划方案，提交相关部门审批。审批通过后，进入最后的乡村规划实施环节。在实施过程中要求预估成本，明确实施机构和期限，全程跟踪实施过程并进行质量评估，及时调整规划中不足的部分①。

另外，德国乡村更新规划的制定与实施是在法律制度保障、政策支持、农民广泛参与三方框架中完成的。德国提升乡村生活风貌的工作之所以取得成功，其中很重要的一个原因是赋予农民完全参与乡村更新规划的互动权利，如始于 20 世纪 60 年代初的德国乡村竞赛，先后使用了"我们的乡村应更美丽"与"我们的乡村有未来"②两个主题，德国的乡村竞赛活动极大地调动了农民参与乡村更新规划的积极性，增强农民对乡村文化的认同，使德国建设生态宜居新乡村、提升乡村生活风貌，事半功倍。

（五）注重乡村民众文化需求

文化是人区别于动物的一个显著标志，是为满足人的精神需要而存在

① 谢辉，余天虹，李亨，等. 农村建设理论与实践——以德国为例[J]. 城市发展研究，2015（04）：40.

② 陈俊峰，冯鑫，戴永务. 德国乡村竞赛计划对我国乡村振兴的启示 [J]. 台湾农业探索，2018（05）：67.

的。德国泰乌罗镇会定期举办各类文化活动来丰富当地的文化生活,印制具有乡村风格的明信片、写镇史村史、办镇刊与网站、进行读书交流等都可成为主题内容,让每位农民参与文化活动、共享和谐文化生活是其主要目标。据统计,这样的文化活动在当地每年有 50 多次,还不包括农民业余生活的家庭聚会。在日本乡村,农业协同组织会举办各种文化活动丰富村民的精神生活,青少年教育与老年人养老也是他们的一项重要工作。为了建立乡村舒适的生活环境,这一组织还出版《地上》《家之光》等杂志对农民进行指导。

此外,各国政府对现代农民职业教育也极为重视,如韩国设立农民教育研究所专门对农民进行农业技术与信息技术等综合性培训来提高农民的基本技能。法国政府规定,农民只有获得了职业合格证后,才能具有经营农业的资格,并享受国家优惠政策。同时,由国家与企业及地方政府合作建立的农业技术中学,对农民实用技术培训尤为重视。美国则在乡村建立培训班对农民进行系统培训,特别是农民俱乐部对青年农民农业经营能力与农业技能培训,效果十分明显。有些州在乡村学校教育发展上,并未盲目地追求学校合并,而是根据当地经济社会文化发展水平与乡村民众的现实需求,选择小学校发展模式,助推当地人口素养的提升。

在农民科学文化素质提升上,乡村教育发挥着重要作用。农民的受教育程度与其科学文化水平呈现正相关性,这就决定了乡村教育在村民文化素养提升上具有基础性作用。因此,新时代乡村文化建设,大力发展乡村教育对于满足乡村社会文化需求十分关键。具体来看,乡村基础教育的发展,既为乡村少年输入科学文化知识,培养其适应现代社会发展的各种素质,又为乡村文化传承培育所需的人才群体,构筑乡村文化建设的基础。就乡村社会教育而言,职业教育、技术教育等教育体系的构建,有利于广大乡村民众现代科学技术品格的塑造。

(六)强调乡村特色文化保护

只有立足乡村实际、摒弃城市视角,才能真正实现乡村文化为乡村民众服务的目标。日本在乡村文化建设时,十分重视传统文化价值的挖掘,如把乡村中有一定工艺技术的人认定为"人间国宝"后,国家设立专项资金,对其艺术作品进行录制、保存，并资助进行技艺传习。在乡村文化专业协会的推动下，年节庆典祭祀时的艺术表演基本上覆盖全国所有乡村，凝聚一大批乡村文化艺术人才，使乡村乐舞、戏剧、曲艺、音乐等艺术从濒危走向新生。在"一村一品"运动中，日本大分县借助当地资源发展的汤布院町，成功打造享誉世界的温泉观光地与民宿产业。日本新世纪后的乡村文化艺术振兴，将文化风景作为振兴的主题，更加注重原风景建设，旨在留存更多乡村特色来调适农民在经济与文化发展中存在的矛盾。

美国在乡村学校课程上十分注重民族文化的设置，相应地延长了关于各民族历史、习惯与传统内容的教学时间。同时带领学生参观当地的乡村博物馆，并参与各种民族、民俗节日，让乡村少年了解、感受丰富多彩的民族文化与乡村文化。印度喀拉拉邦推行的乡村社区建设项目，为了保存乡村特色，鼓励社区全员参与，强调村落文化的地域性与多样性。乡村是自然、建筑与个人的特殊结合体，除物质层面的建设之外，社会层面与精神层面的建设对乡村文化与乡村社会的振兴也起着不可替代的作用。

（七）关注乡村文化建设与乡村社会发展相融合

乡村文化是乡村社会发展的多元折射，在实践推进中能否实现文化建设与乡村社会发展的结合，是文化发展的根本。在国外乡村文化建设中，各国在全球化背景下都十分重视乡村社会的信息化发展，希冀借助信息网络技术提升乡村发展层次。

美国在乡村文化建设中，借助计算机技术来进行农业生产流程控制；英国由于拥有丰富而浓郁的乡村音乐，乡村特色旅游比较发达，各种乡村主题酒店的巨大发展，既增加了民众的收入，也极好地传播了乡村文化；德国着力构建农业信息网络，以各种渠道向农民提供最新信息与先进技术；韩国在政府主导下建立农村信息主干网，为农民提供所需信息与技术。同时，其在"一区一社""一村一品"运动中，将乡村产品进行文化包装，来提高农业附加值。

乡村文化建设与乡村自然环境、社会环境、人文环境密不可分，只有立足乡村社会实际，强化乡村经济建设、政治建设、社会建设、生态建设与党的建设相统一，方能保证乡村文化建设的有效性与价值性。当下，乡村振兴是乡村社会的重要途径，乡村文化建设需要与乡村振兴战略的实施相协调，只有在两者间建立有机的联系，才能从根本上实现乡村文化的发展与繁荣，进而实现包括文化小康在内的乡村全面小康社会建设。

二、国内乡村文化建设的经验借鉴

（一）传统中国乡村文化建设的经验借鉴

传统中国是一个以儒家文化为核心的乡土社会，乡村基本上是一个自治共同体，但乡村的重要性却使得乡村治理一直是封建王权统治的重要任务，而中央权力对地方的介入有限，乡村社会主要依靠文化为内核的软治理来维持运行。也就是通过以儒家伦理道德为内核、以儒家伦理教化为手段的乡村文化建设，来塑造乡村民众温良恭俭让、仁义礼智信的价值规范，从而保证地方社会秩序的建构与运转。当下，尽管乡村社会已经发生巨大变化，但乡村社会的乡村性仍然得以留存，传统中国乡村文化建设所累积的一些成功经验，依然为我们乡村实践具有重要的借鉴意义。

1. 弘扬乡村家政文化的时代性

家庭是社会构成的细胞，也是社会稳定、发展与健康的基础。从这个意义上而言，不论时代如何变化，我们都要注重家庭、家教与家风的培育。家政文化是古代社会中家庭与家族管理相关的文化集合，在硬件层面包括家规、家法、家戒等，在软件层面包括家学、家德、家风等，在硬件与软件两个共有层面则包括家训、家范、家书、家谱等。家政文化具有丰富的内涵，如《了凡四训》强调："上思报国之恩，下思造家之福"；《钱氏家训》规定："官肯着意一分，民受十分之惠"；《郑氏规范》表示："子孙器识可以出仕者，颇资勉之，既仕，须奉公勤政"。这些家风在传统中国基层社会自治过程中，对村民个体的行为进行了规训，有效地培养了他们齐家爱国、勤俭持家、品行端正、苦学成才的优秀品格与价值追求。

尽管传统乡村与新时代的乡村有着不同的社会环境，家政文化也有了明显区别，但其核心元素的稳定性依然存在，这就明晰了弘扬家政文化的价值性与合理性。当下，乡村核心价值观的培育，我们可以从传统乡村家政文化建设汲取文化资源，来构建孝敬父母、尊老爱幼、夫妻和睦及勤俭节约的乡村家庭伦理体系。陕西渭南以良好家风带政风、正社风、促民风，将其与推进核心价值观的落实相结合，让不少乡村民众在感受浓郁传统家政文化的同时，自觉践行社会主义核心价值观。岳阳市君山区，结合当地乡村流传的家规家训制成了800多条家规家训牌匾，送发给广大村民，这些家规在自我约束、相互监督及培育文明乡风方面发挥了重要作用。

此外，家政文化作为一种历时性的文化形态，具有历史与现实的同一性。也就是说，随着家政文化存在的外在条件、社会背景的变化，家政文化的内涵、标准需要与时代发展相适应。因此，对一些过时的、落后的家政文化，我们要坚决予以涤除。有些乡村在进行"孝"文化建设时，建起"二十四孝图"文化墙，这显然与当代乡村的先进文化建设极为不符，严重忽视了优秀传统文化抽象继承与具体继承辩证统一的关系。

2. 推进乡村自办文化的乡土性

传统文化是城乡一体化文化，乡土性是其最基本的特质。其中，乡村文化作为一种乡村内部的自治、自办活动，以喜闻乐见的方式广受老百姓喜爱，譬如演戏、祭祖、节庆习俗等，更是与当地乡村社区间形成有机的勾连，极富乡村地方特色与乡土本位。

以皮影戏为例，起初采用蜡烛或桐油灯为光源，将兽皮或纸板剪制的形象投射于白色幕布上来表演各种故事。在表演的同时，表演艺人为其配音，配以打击乐器与弦乐，具有浓厚的乡土气息。而乡村的民俗活动，更是融入当地的乡土元素，在乡民与乡村进行深度共生与互涉中，为传统中国乡村社会中的民众提供了重要的精神文化滋养。

新时代中国共产党乡村文化建设，一方面，我们一定要挖掘当地优秀的民俗文化资源，因为民俗文化的乡土性特征，与乡村民众间具有天然的亲和力，能够更好地塑造好其优秀的文化品格；另一方面，我们要鼓励乡村民众自办一定的文化活动，在减轻政府乡村文化建设压力的同时，既能够丰富乡村文化活动的形式与类型，又能够增强乡村民众文化建设的主体性，从而有利于乡村文化的整体发展。据统计，2017年，我国乡镇文化站共举办了24 900个群众性业余文艺团体，与2010年的155 806个相比，增幅达到了 59.81①。这种群众性文化团体的成立，推动了乡村民众自办文化的发展，有利于为当地群众提供更加贴近乡土生活的文化服务。

3. 注重乡村学校教育的现实性

我国古代的正规学校设置只到了县这一层级，县以下的广大乡村地区的学校教育，主要是在士绅阶层的主导下，以《百家姓》《三字经》《千家诗》《千字文》为主要内容，以私塾、村校、社学为主要形式，对乡村少年进行系统的识字教育，教会其读书的基本技能。同时，乡村学校还进行社会道德伦理、生活常识、乡土历史文化教育，来弘扬儒学、教化乡民、化民成俗，从小增强乡村少年对儒家标准与主流价值的认同，来完整建构道德系统与伦理秩序。

可见，乡村学校既是社会教育的中心，又是乡村文化传承的中心。当下的乡村社会，由于人口向城市的流动及对乡村文化的解构，造成乡村文化的空心化，乡村学校成了乡村文化供给的一个重要主体。因此，我们需要吸收传统中国乡村学校教育丰富的成功经验，促使新时代乡村学校培养乡村少年现代文化素养的同时，着力增强他们乡土情怀的塑造，从而为乡村文化及乡村社会的持续发展提供重要的人才支撑。

此外，现代教育是班级制授课，在城镇等人口集中地区组织起来较为方便，但对一些偏僻的乡村来说，要实现规范学制，在学生数量上难以达到，必然促使分散居住的乡村少年向城镇集中，对有些孩子而言就只能辍学，这就恶化了乡村社会的文化生态。传统中国的乡村学校教育是一种"复式教学"，让不同年龄段的孩子学习于同一个课堂，在一定程度上解决了乡村少年就近入学问题，这可以为构建当下适合乡村社会的教育制度与促进乡村文化发展与传承提供一些有益的思考。

4. 发挥乡规民约的规范性

乡规民约指的是一定地域内的村民为了实现对社区的有效管理，根据实际需要、普遍观念、传统习惯而共同制定的一套自发性的行为规范，具有较强的道德引导性，如"人人皆宜孝尔父母""德业相劝，过失相规""和睦乡里，教训子孙"等乡规民约，就有效地实现了对村民价值观念与行为

---

① 国家统计局. 中国统计年鉴 2018[M]. 北京：中国统计出版社，2018.

规范的塑造。

我国最早成文的村规民约是北宋年间的《吕氏乡约》，"德业相劝、过失相规、礼俗相交、患难相恤"是其主体内容，在乡村民众日常行为规范方面发挥了重要的文化引导之力。明末清初，在朝廷的支持下，乡规民约运动盛极一时。乡规民约这种基于乡村地方文化传统而形成的非正式制度，目的在于引导乡村民众向善、为善，从而维护乡村秩序的公平正义与良性运转。

当前，中国特色社会主义进入了新时代，而传统文化对普通大众仍然具有深远的影响力，村规民约作为一种地方性知识与民间约束力依然对个体具有一定的作用。因此，中国共产党乡村文化建设可以结合地方传统来构建新时代的乡规民约，充分发挥其自发性强、群众性广的特点和惩恶扬善、彰显正义及教化社会的功用，来推进对人们思想与行为的柔性规范，更好地帮助广大乡村民众形成正确的价值取向与合理的行为选择。

（二）近代中国乡村文化建设的经验借鉴

为了中国的独立、繁荣与富强，1840 年以来的中国人进行了长期奋斗，乡村建设助推国家与民族振兴就是在这一背景下的具体实践。1904 年，河北定县翟城村米鉴三、米迪刚父子通过乡村教育来推动乡村文化建设。他们创设了国民初级小学校与女子学塾，举办了农村识字班，仿效《吕氏乡约》制定看守禾稼、保护森林、禁止赌博的规约。到了 20 世纪二三十年代，为了实现创造乡村新文化的目标，乡村建设逐渐走向高潮，以梁漱溟、晏阳初、陶行知、黄炎培、卢作孚在山东、河北、江苏、四川等地的实践最具影响。整体来看，虽然时代已经发生了巨大的变化，但近代中国乡村文化建设的实践在今天依然具有重要的启示作用。

1. 乡村教育是乡村文化发展的重要手段

近代新式教育制度的确立，为中国乡村注入了现代的基因。当时的乡村建设，尽管不同团体具有各自的主张与倾向，将乡村教育作为乡村文化发展的重要手段却是大家较为一致的观点。乡村学校是乡村建设与乡村文化改造的中心，梁漱溟认为，乡村中"教育居于最高领导地位"[①]，"中国

---

① 梁漱溟. 梁漱溟全集 [M]. 济南：山东人民出版社，1992：582.

现在已破坏到体无完肤，不堪收拾，非从头建设起不可！这一点从头建设的工作，全是教育工作。我们一点一滴的教育，就是一点一滴的建设；一点一滴的建设，无非是一点一滴的教育"[①]。在乡村文化教育思想指导下，1930年1月，彭禹廷在河南创办乡村治理学院，梁漱溟为主任教授，着力发展教育、改良风俗的文化建设。同时，在他的引导下，山东邹平村民自发组建了道德协会，目的在于涤除乡村社会存在的落后而有害的拜佛、求神、缠足、早婚、吸毒等陋习。

早在1926年12月，陶行知在为中华教育改进社起草的《改造全国乡村教育宣言书》中郑重发出"根本改造中国乡村教育"的号召，提出"筹集一百万元基金，征集一百万位同志，提倡一百万所学校，改造一百万个乡村"[②]，谋求通过乡村教育发展，提高农民科技文化水平与文明素质，达到振兴乡村进而拯救中国之目的，建立起真正的共和国。

尽管时代已经发生了巨大变化，但乡村教育的基础性与文化性，决定了乡村教育仍然是新时代中国共产党乡村文化建设的一个十分重要的手段，它既能够为乡村文化建设营造好和谐有序的社会环境，又可以为乡村文化建设提供源源不断的精神动力。

2. 乡村精神塑造是乡村文化建设的核心要义

为了提升乡村精神，梁漱溟在进行乡村文化建设时，教小学部学唱《植树歌》《农夫歌》《放足歌》《戒烟歌》《吃饭歌》《朝操歌》等歌谣，以提振村民士气；精神讲话内容方面，主要讲解中国历史，促使村民追往知今。在升学预备部，除学习一般课程外，他还提倡要学习新闻消息、乡村建设理论、精神陶炼等课程。

晏阳初十分注重公民教育来培养农民的公共意识，从根本上训练农民的团结力。为了增强农民的公民意识，他创立了一套符合乡村实际的教育方法，如将人们熟知的历史故事汇编成册发给村民，在读故事中自觉培养农民的民族意识。其中，《历史图说》按时代顺序收录47位古今人物，来培养乡村民众的国族精神。

在家庭式教育中，晏阳初还采取了将各个家庭中同一群体组织起来进

---

① 梁漱溟. 梁漱溟教育论著选 [M]. 北京：人民教育出版社，1994：186.

② 陶行知. 陶行知全集（第一卷）[M]. 长沙：湖南教育出版社，1984：202.

行教育的方式，如分别组织家主、主妇、少年、闺女、幼童，通过家庭成员的横向联系，建立不同的团体进行家庭实际问题的探讨，来改良家庭日常生活习惯、推行家庭道德教育，造成"妇女解放的敏速"与"新习惯的容易"，营造"除文盲做新民"的社会环境。

乡村精神是一种综合品质的呈现，既与国家的意志紧密勾连在一起，也与乡民的生产生活、相互交往联系在一起。乡村精神的塑造，是乡村文化建设的灵魂，这是任何时期、任何国家、任何组织都不能丢弃的，如果忽视历史的这一遗产，必会使乡村文化建设迷失前进的正确方向。

3. 村民素养提升是乡村文化建设的主要内容

梁漱溟在村学教育中，设立了男子部与妇女部。男子部面向成年农民开办夜间班和冬季班，学习内容有识字、唱歌、精神讲话等；妇女部为青年妇女传授手工艺等有用技术。夜晚上课的是成人部和妇女部，因安排在冬季农闲晚上开课，又称"冬学"。

关于当时乡村民众存在问题的症结，晏阳初认为可以归结为"愚、贫、弱、私"四个方面。为了解决这一问题，他主张通过教育手段来改造乡村社会，即以文艺教育治愚、以生计教育治贫、以卫生教育治弱、以公民教育治私。为提高农民农业技术水平，他认为必须使"农民科学化""科学简单化"，向农民推广作物良种、病虫害防治知识十分必要。在初级平民学校，以《农民千字课》为教材，在闲暇时间教授农民识字；在生计巡回学校，根据节令时间对农民进行农业生产与农业技艺专门训练。除科学知识传播之外，晏阳初在故事、谚语、绘画、歌谣等方面挖掘民间文艺资源，在乡村创办农村剧社来陶冶农民精神。

同时，晏阳初还提出了学校、社会与家庭等教育三大方式，即"学校式的实施以文字教育为主，注重于知识之传授与基本的训练，注重于个人的教学。社会式的实施以讲解表演及其他直观与直感教育的方法为主，注重团体的共同教学。家庭式的教育或为中国特殊的而又是必需的一种方式。家庭在中国社会结构上，占有特殊的地位，欲改善中国的生活方式，必须从家庭做起"[①]。乡村文化建设需要多种方式的协调配合。

① 宋恩莱. 晏阳初文集 [M]. 北京：教育科学出版社，1989：90.

1917 年，黄炎培在上海创建中华职业教育社，通过基层教育与培训基地对农民进行实用技术培训。1931 年，他在实验区制定了《普及民众教育办法大纲》，旨在提高 30 岁以下男女村民识字水平。设立的民众学校，在农闲季节开学，教授青年农民《千字课本》，以及珠算、书法、常识和乡村信条等，以农民基本文化素养的提升为核心。

乡村民众是乡村社会的主体，也是乡村文化建设的受益者与评判者。因此，新时代乡村文化建设，需要以广大村民文化素养的提升为中心来展开，方能增强人们的思想政治素质与科学文化素养，这是历史赋予我们的一个重要启迪。

4. 注重乡村视角是乡村文化建设的基本立场

梁漱溟认为，中国以伦理组织社会，中国所面临的是一个复兴乡村文化的问题，即"中国的问题就是文化失调，而且是极严重的文化失调，最终导致的就是社会构造的崩溃"[①]。为了解决这一问题，需要"创造新文化要以乡村为根，要以中国的老理为根"[②]，复兴中国文化理应始于乡村，只有以儒家伦理为核心才能拯救乡村文化日益破败的状况。

晏阳初创建了中国本土平民教育理论，主张教育必须"到乡间求知道"，"欲'化农民'，须先'农民化'"。所谓"化农民"，就是通过教育、引导农民，提高农民文化知识储备与文明程度；"农民化"，则是要求知识分子转变思想观念，深入乡村进行调查研究，"抛下东洋眼镜、西洋眼镜、都市眼镜，换上一副农夫眼镜"，立足乡村实际分析问题、解决问题。

陶行知则对当时乡村教育中存在的城市取向进行了批判，即"教人离开乡村向城里跑，教人吃饭不种稻，穿衣不种棉，盖房子不造林；教人羡慕奢华，看不起务农"。结果"农人子弟教成了书呆子；富的变穷，穷的变得格外穷；教强的变弱，弱的变得格外弱"[③]。关于乡村教师培养存在的问题，他强调："中国的师范教育多半设在城市里，城里的师范生平日娇养惯了，不能适应乡村生活，更不了解乡村儿童的需要，往往不愿到乡村去工作。即使从乡村招来的师范生，在城市生活几年之后也很少再愿意回

① 梁漱溟. 乡村建设理论 [M]. 上海：上海人民出版社，2006：164.

② 梁漱溟. 梁漱溟全集 [M]. 济南：山东人民出版社，1992：225.

③ 陶行知. 陶行知全集（第一卷）[M]. 长沙：湖南教育出版社，1984：205.

到乡村服务。"[①]1932 年，在《怎样办乡村教育》一文中，他极力反对把乡村教育完全局限于乡村一隅，明确乡村教育的使命在农业文明上建筑工业文明，乡村教育不仅要为农业、乡村、农民服务，还要为工业化、现代化服务。

教育是乡村文化振兴的重要渠道，是因为通过教育能够塑造乡风文明，深刻影响成人与孩子的精神面貌。检视当下的乡村教育与文化建设，城市化模式受到了普遍推行，却与乡村实际生活和乡村迫切需要渐行渐远，这就启示我们乡村文化建设与乡村教育发展，需要从乡村视角出发，而不是以城市为中心来对乡村文化进行改造。

总之，近代中国的乡村建设，是一项以乡村为本位、以文化为核心的民生建设运动，旨在实现中国的现代化与中华民族的伟大复兴。历史地看，近代中国乡村文化建设并没有达到自己原初的目标理想，这与当时我国的基本国情及建设者的阶级先进性不无关系。梁漱溟认为："文化建造成功，亦即民族复兴。"[②] 为了乡村文化秩序的重建与乡村民众国家主义意识的培养，他进行了诸多探索与努力。但他的乡村文化建设与中国社会实际间存在着一定差距，高估了人性之善与乡村干部道德之力。在社会生产力尚不发达、人们基本生活需求未能满足的条件下，提升贫穷地区民众的儒家理想人格之境界，只能是曲高和寡、呼而不应，无法获得持久的动力。

此外，他们的实践还脱离了中国乡村最大的现实困境，单纯从深层文化领域解决乡村建设问题，未能真正切中时弊。晏阳初的乡村教育实践，体现了一个知识分子改造乡村、振兴国家的壮志豪情。他认识到影响中华民族前途与命运的"愚、贫、弱、私"等问题，却忽视了中国半殖民地半封建社会的现实，没有认识到帝国主义侵略与封建剥削才是造成一系列问题的根源，平民教育不能从根本上解决乡村所存在的问题。

---

① 陶行知. 陶行知全集（第一卷）[M]. 长沙：湖南教育出版社，1984：87.

② 梁漱溟. 乡村建设理论 [M]. 上海：上海人民出版社，2006：202.

第七章　乡村振兴中乡村文化
自信重建的实践案例

2018 年中央一号文件关于乡村振兴战略二十字指导思想为："产业兴旺、生态宜居、乡风文明、治理有效、生活富裕"，可见"乡风文明"成为乡村振兴战略的重要战略任务。若乡村的"活力"来自"产业兴旺"，那么乡村的"生命"则来自"乡村文化"。因为乡村振兴的成熟与否取决于乡村的内生文化活力，需要村民与实践者一同探索。对内，要激发乡村的内生动力，也就是要做到对乡村文化、民风、民俗的保护、利用和再利用，或是转化为其他形式的力量；对外，要引导和推动更多的技术、资本、人才等现代生产要素或是引入优质的文化艺术服务组织和个人。乡村振兴战略的实施，在保证"人、地、财"三个要素的同时，勇于创新与突破，尤其在国家重点扶贫地区，合理利用专项扶持经费，因地制宜，提高村民的经济收入，激发村民的文化自信，引导村民进行自主建设，加快我国乡村文化的创新力和竞争力。

本章选取河北省保定市大激店村文化挖掘开发和涿州邵村花田文化挖掘开发、浙江省义乌市的何斯路村文化振兴的实践探索，以及贵州省黔西南布依族苗族自治州册亨县岜院村"立村共生"活动壁画项目为实践案例，探讨乡村振兴中乡村文化自信的重建。

一、乡村文化振兴中的实践案例

自乡村振兴战略实施以来，我国广大乡村在国家政策的支持下，从本村的实际情况出发，积极探索适合本村的乡村振兴之路。

河北的乡村蕴含着深厚的文化，文化多样性强、文化基因杂糅、文化活力充分，是河北在现代化进程和新型城镇化建设中彰显地域特色和乡土文明的载体。充分振兴乡村文化，将极大地促进河北省美丽乡村建设的可持续发展。建设美丽乡村，是亿万农民的中国梦。京津冀区域的乡村建设"共同体化"，是京津冀协同发展战略的重要组成部分。2017 年全国两会的召开，以河北省保定市为腹地的雄安新区的设立，更是为河北省美丽乡村建设带来了新的发展机遇。2015 年 10 月 15—16 日，河北省召开全省连片美丽乡村建设观摩会，提出力争在"十三五"末，将具备条件的农村基本建成美丽乡村，大力推进"四化四美"，即推进城乡等值化，做到环境美；推进农业现代化，做到产业美；推进社会治理和谐化，做到精神美；推进生产生活绿色化，做到生态美。2016 年 1 月，河北省委、省政府印发了《关于加快推进美丽乡村建设的意见》（以下简称《意见》）。《意见》中提出决定大力加快本省地区美丽乡村的建设步伐，计划用 5 年的时间基本实现全省美丽乡村建设的全覆盖。确立"协调、创新、开放、绿色、共享"为美丽乡村建设的发展理念，在该发展理念的指导下，以实施"美丽乡村·四美五改"为美丽乡村建设的行动载体，坚持示范引领发挥指导作用，以提高美丽乡村建设的标准"。① 在《意见》的指导下，河北省美丽乡村建设领导小组随即提出了较为全面的、科学的《2016 年河北省美丽乡村建设实施方案》（以下简称《方案》）。《意见》和《方案》的发布进一步指导着河北省美丽乡村的建设工作。

何斯路村位于浙江省中部义乌市的城西，总面积 3.7 平方千米。何斯路村非常重视乡村文化对乡村发展的作用，并从乡贤人士参与乡村公共文化建设、功德银行、文化产业、老年大学等方面探索乡村文化振兴之路。乡贤人士参与乡村公共文化建设，是何斯路村文化振兴之路成功的关键所在。从何斯路村的乡村文化组织来看，乡贤作为参与者和管理者，以身示范，以榜样的力量，潜移默化地影响并推动着农民，使其参与乡村文化建设。何斯路村的功德银行也是在乡贤人士的参与下发展起来的，自功德银行建立以来，何斯路村的村容村貌及村民的精神风貌都得到明显的改善。何斯

---

① 关于加快推进美丽乡村建设的意见 [N]. 河北日报，2016-01-13.

路村在充分挖掘乡村文化资源的基础上，将薰衣草文化与旅游产业相结合，发展薰衣草文化旅游产业。该村还发挥当地精湛酿酒技术的优势，举办酒文化节。酒文化节的举办不仅可以使酿酒技术得到充分利用，还可以增加村民的经济收入。何斯路村的老年大学是面向村内的留守老人群体，通过开设课程、举办活动等方式，丰富留守老人的精神文化生活。由此看来，何斯路村在乡村文化振兴方面进行了具体的实践探索，并取得一定成效。

（一）保定市大激店村文化挖掘开发实例

保定市大激店村隶属河北省保定市竞秀区江城乡，京广铁路从村南穿过，西侧紧邻保定市西三环，南抵南二环，东至西二环，村庄周边交通便捷。该村地处平原，土壤肥沃，四季分明。三面环水，南有百草沟河，北有两条季节性河流，水面积4.9万平方米，每逢雨季水量丰沛，水资源丰富，故有"大激店"之名。据考证，古镇大激店之"激"字，原取自水流相激之意。后来，因百草沟水流丰沛，村民自河中取水垂手可汲，才渐渐又有了现在的"大汲店"之称谓。现在的政府相关部门和媒体宣传更多地使用"大激店"这一名称。

大激店村历史悠久，耕作历史可追溯到商周，明清时期已是南北交通的重要驿站。目前村内的戏楼、观音堂等明清建筑保留完好，成为大激店村明清建筑的典型代表。该村先后被评为"全国文明村"、河北省"精神文明示范村"、河北省"文明生态示范村"等多项荣誉。由此可见，大激店村有着发展自然环境和传统村落文化相结合的旅游业和文化产业的良好条件。

在美丽乡村建设中，我们可以把旅游景点的设置和文化传播的视角赋予更多的历史文化色彩，强化地域特色，以便更好地打造旅游品牌和文创品牌，扩大知名度，吸引更多的游客、消费者和企业与人才的关注。根据大激店村的历史文化积淀的特点，可供开展的文化挖掘开发方向可以是生态旅游、农耕文化、水文化、建筑文化、曲艺文化、驿站文化、直隶文化、民俗文化和饮食文化等。

1. 生态旅游

村庄东侧紧邻保定市农业生态园，将大激店村的旅游与保定市生态园旅游相结合，大力发展生态旅游和生态经济。在生态旅游基础上更加突出北方水乡传统古村落文化旅游，形成优势互补、良性发展。（见图7-1、7-2）

图7-1 保定市生态园　　　　　　　　图7-2 保定市生态园

2. 农耕文化

大激店村是农业种植与交通枢纽相结合而发展的村庄，因此，作为农耕文化的重要体验地，可以在村庄内设置二十四节气广场，在乡村文化墙系列展示农业生产工具、方式和经验等，充分体现传统的北方农耕文化。

3. 水文化

作为传统的水路行运枢纽，百草沟水系在大激店村的历史发展中产生着重要的影响。在村庄西门外真武庙东西两侧各有石桥一座，谓之"会水河双石桥"。连同庙南侧的砖拱桥，称之为"百步三桥"，即百步之内有三桥。小桥流水、古道绿树演绎着北方江南的水乡情调。夕阳西斜，渔舟唱晚，漫步古镇村街，昔日饱食香火的庙宇，已化作了一方土丘。遗址之上及街道两旁，建起了寿园、耕园等百姓休闲活动之所。浍水河、兴国湖、明月塘周边、真武台多处园林，三季花艳、四季常青，碧水浮轻舟，园蕴灵秀气，实乃览胜怀古之绝景。因此，在规划中应充分挖掘北方的传统水乡文化，结合古典建筑设置多处滨水景观点。（见图 7-3、7-4）

图7-3 大激店村古桥　　　　　　图7-4 大激店村水系

4. 建筑文化

以明清古民居、桥梁的建筑艺术和为塑历史而修建不同历史时期建筑形式的景点建筑艺术，展现古村落的古建筑文化。真武庙前的"双石桥"，桥墩由一排排上下对接的大石磙组成，年代久远，特色鲜明。庙西的石桥重建于1954年，取材于古桥石料。庙南砖拱桥为"百步三桥"之中桥。中桥原为木桥，是由当地驻军于1953年改建的，1963年被洪水冲毁，1973年建成现在的砖拱桥，虽是古今结合，但古风依然。

5. 曲艺文化

"古今通鉴，风雅遗音"，大激店的戏楼在当地有很大的名气。古戏楼从清光绪十六年（1890年）建成起，两廊柱子上的这8个大字就成了戏楼的一个象征。为保护、挖掘大激店的历史文化遗产，2014年，村里筹资修缮了古戏楼。因此，应结合村庄传统古戏楼，发展曲艺文化，举办丰富多彩的文化活动。（见图7-5、7-6）

图7-5 大激店村古戏楼　　　　图7-6 大激店村古石碑

6. 驿站文化

在国道和铁路未开通之前，保定西路古车马大道作为九省通衢车马大道，经商做买卖的都在此路经过，由此，造就了村庄的昔日繁华。在唐代大激店村为驿站，清朝则是水路两用的码头。因此，恢复大激店村的马号驿站，沿河设置码头，体现大激店村的驿站文化。

7. 直隶文化

在保定直隶文化的影响下，在京保文化共同繁荣的新时代下，作为北方传统古村落，大激店村的直隶文化体现尤为重要。在规划中将直隶文化中的风土人情、传统习俗、生活方式、文学艺术等方面挖掘体现，构建直

隶文化非遗一条街。（见图7-7、7-8）

图7-7 大激店村迎春灯会

图7-8 大激店村春节广场舞文艺会演活动

8. 民俗文化

可在"祠堂"及广场举办各种民俗活动，如婚庆、庙会、祈福、踩接和桥灯表演等。

9. 饮食文化

开发直隶小吃一条街，开辟各类小吃场所。可以为大激店村饮食创建小吃节、美食节等。

通过对大激店村的文化进行挖掘、梳理，落实到旅游活动内容的开发将当地自然环境和传统文化有机结合起来，在旅游活动设置上必须动、静结合，适应不同年龄段、不同性别和不同层次游客的要求，满足广大游客求知、求新、求乐的追求。

（二）涿州邵村花田文化挖掘开发方案

1. 涿州邵村花田历史文化悠久

涿州历史悠久，文化源远流长，博大精深，孕育了三国文化、易学文化、禅宗文化等多元文化。名贤故里与历代人文景观构筑了涿州历史文化古城的特色与风采，形成底蕴深厚的文化资源。当地孕育了"涿州八景"，邵村花田是"涿州八景"之一，指百尺竿乡大、小邵村一带农田景色。

2. 邵村花田现状解读

（1）地理条件优越，景色幽美

邵村花田地处胡良河流域，土地肥沃，水源充沛，小桥流水，沟渠纵横，有"小江南"之美誉，呈现"山光泼翠水托蓝，获稻分秧事事谙，十顷荷花万株柳,卜居须住小江南"的诗意风貌。

（2）文化性开发不足

经笔者调查研究发现,当前大、小邵村对邵村花田的开发力度仍然较低,农业性、娱乐性开发过强,当前邵村稻米的开发并没有形成与其历史价值和生长价值相符合的市场品牌地位,自身稻米品牌形象未能形成,花田整体形象打造不足,且当地政府部门和居民对邵村花田的环境保护意识较弱,对花田的文化价值、历史价值方面的认识程度较低。（见图7-9、7-10）

图7-9 邵村花田实景

图7-10 邵村花田历史景观

3. 邵村花田文化资源开发规划

通过对邵村花田的文化资源进行挖掘,总结出当地集冀中生态休闲文化、稻作文化、御米文化、邵雍易学文化等多种历史文化相融合,可建设集共享农业、休闲旅游、田园民宿于一体的特色小镇和乡村综合发展模式,是涿州市农业产业升级和美丽乡村建设进程的重要一步。

（1）打造冀中生态休闲文化。邵村花田曾被赞誉为"北方小江南",可依托于现有的农作物的种植基础和资源优势,还原邵村花田的历史景观,可开展农事体验,发展乡村休闲农业经济。将邵村花田逐渐由一个以种植生产为主的种植区逐渐转变为一个以休闲观光为主的旅游区。见图7-11、7-12）

图 7-11 邵村花田夏季景观　　　图 7-12 邵村花田秋季景观

（2）打造稻作文化。稻作文化是指包括由于稻作生产而产生出来的社会生活的一切方面，它不仅是指有关谷物主体的产生、发展及其生产的一系列问题，而且包括由于稻作生产而影响所及的民间生活方式和生产中的种种习俗与仪轨，以及稻作民族的特有性格、爱好与文化心态等。可以建设"稻作"主题文化馆，展现邵村花田的历史文化，让游客在游玩的同时能够在其中接触了解到有关稻作文化而衍生出来的一系列风俗文化。

（3）打造涿州御米文化。贡米是中国古代封建社会时期由盛产稻米的地方经过对本地优质稻米精心挑选而敬奉给当时给皇帝享用的大米，也称作"御米"，是对当地稻米的最高褒奖。贡米文化是清朝皇家文化的一部分，而邵村花田正是清朝皇家贡米产地。早在乾隆年间涿州贡米便以其优良的品质名扬天下。据史料记载,乾隆年间宫廷选用涿州"稻地八村"大米为膳米，故有"贡米"之称。

（4）打造易学文化。北宋著名理学家、数学家、诗人邵雍，生于河北涿州大邵村，是"北宋五子"之一。借助著名理学家邵雍故里的优势，形成并发散以易学、理学研究等为核心的资源文化点，这对现代休闲养生、文化研究及发展文化旅游有着极为重要的价值和作用。具体开发方案可以设置邵雍太极书院，组建易学文化馆，通过举办易学、理学文化交流活动，配合在邵村花田对整体规划、主视觉形象设计方面凸显文化特征。（见图7-13、7-14）

图 7-13 邵雍

图 7-14 邵村牌楼

同时，通过对大、小邵村文化资源的挖掘、梳理，充分运用邵村花田特有的历史文化资源，形成系列化、主题性的文化园区是提高知名度的重要方式和目标，如打造花田道养生主题文化区、邵村花田主题文化街区、邵雍书院、茶道养生馆、邵雍易学文化博物馆、花田"稻"文化博物馆等，形成当地特色和文化产业集群化，打造具有高辨识度的文化名片，不仅丰富了河北文化内涵，同时增强河北文化在中国的文化影响力。

4. 产品部分包装设计

在学校老师团队的指导下，将邵村花田对稻米产品赋予当地文化，并融入创意元素，将文化和创意相融合，提出部分产品包装设计方案以供参考。（1）新中式风格（见图 7-15），提升产品档次。产品包装形式为上下翻盖式礼盒，附有"邵村花田"的相关介绍，可以通过主题、系列篇，讲好"邵村花田"故事。（2）中式复古风格（见图 7-16、7-17），将"邵雍故里邵村花田"作为特有名称，通过将产品外包装盒的形状设计为"八卦图"，充分体现当地的"易学文化"。

  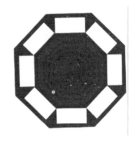

图7-15 新中式风格　　图7-16 中式复古风格　　图7-17 中式复古风格

（三）何斯路村文化振兴的实践探索

1. 乡贤人士助力乡村公共文化建设

乡村公共文化建设需要一批懂乡村、爱乡村、愿意为乡村奉献的人，乡贤便是这样一类人。一方面，乡贤具有组织、协调、沟通的能力，在本村的农民群众中有威望和号召力，能够得到农民的支持与认可；另一方面，乡贤是基于一种乡土情怀，能够以各种方式奉献自己的一份力量，这体现的是自己对故乡的热爱。新时代下的乡贤居多是社会精英人士，注重传统文化的继承，深受现代文化的影响，能够将现代文化理念与传统文化对接[①]，因此具备一定的能力参与乡村公共文化建设；并且乡贤对于国家方针政策比较熟悉，在参与乡村公共文化建设的过程中能更好地将国家政策与农民群众的需要结合在一起。

何斯路村的乡村文化振兴之路之所以比较成功，这和何斯路村的乡贤有着密切的关系。在众多乡村文化活动中，绝大部分的负责人都是乡贤。乡贤助力乡村文化振兴是何斯路村的一大特色。据负责管理何氏祠堂的乡贤表示，关于何斯路村传承宗族文化的活动有很多，如年三十的祭祖活动、年初一的分糖饼活动、新生儿入谱、成年礼等。何斯路村的祠堂在过年的时候是最热闹的，大年三十举办祭祖活动，来祭祖的人除了本村的人还包括其他姓氏的外地人。年初一的分糖饼活动是这个村的传统，一代代传承下来的。每到大年初一村里的每个人都可以到祠堂领一对糖饼，领完糖饼还要在何氏祖宗面前祭拜。还有一项非常重要的活动新生儿入谱，在当年出生的新生儿都要在族谱上记录下来。除此之外，还有成年礼。成年礼是后来增加的一项活动，体现了传统的宗族文化和时代文化的融合。

在何斯路的乡贤群体里，还有几位退休教师，他们作为文化乡贤对何斯路村的文化振兴做出了巨大的贡献，主要体现在乡村公共文化组织的管理及公共文化活动的组织、协调方面。何斯路村的退休教师作为老年乡贤积极参与乡村文化振兴，真正做到了老有所为，在他们的带领下，何斯路村老年人的生活变得丰富多彩。乡贤是乡村振兴中的一股暖流，为乡村振兴注入了一股强大的力量，是乡村文化振兴的推动力。

---

① 李金哲. 困境与路径：以新乡贤推进当代乡村治理 [J]. 求实，2017（06）：87-96.

2. 功德银行焕发乡风文明新气象

何斯路村的功德银行在培育文明乡风，完善村民思想道德行为规范等方面发挥着重要的作用。关于功德银行的由来，据村民介绍，在管理乡村的过程中，村庄曾经发生两件事令他印象非常深刻，由此村领导产生了建立功德银行的想法。

第一件事是之前何斯路村的路很窄不好走，有一个外村人来到这里后，车陷进了溪里，看到这个场景的村民不仅没有去帮忙，甚至还嘲笑。第二件事是发生在汶川地震的时候，村里想搞几场募捐活动，但大家都说没钱，他便把自己的钱分出去，让村民捐款，当钱收起来后却发现和之前分出去的数目不一致。

通过这两件事，村领导意识到乡村要想发展、振兴就必须要改变乡村落后的精神风貌，提高农民的个人修养，增强农民的诚信道德意识，从而营造良好的乡村风气。

因此，村领导便想通过建立功德银行来改变乡村风貌。功德银行采用"功"而不是"公"，其寓意在于希望村民做的每一件善事都是发自内心的，而不是受公共权力的约束和道德上的绑架。功德银行有一个功德账簿，在这个账簿上记载着村民做的好人好事，不管事情的大小，只要是好事都可以被记录，小到路上捡垃圾大到捐款百万，定期公示一次，并从中评选做出杰出贡献的人。

乡土社会是建立在地缘关系基础上的熟人社会，在乡村社会里人与人之间是相互了解，彼此熟悉的。有句俗语是"抬头不见低头见"，在这样的环境下无论发生的是好事还是坏事，都会被很快传开的。因此，功德银行通过记录村民做的善事来加强村民的思想道德建设，构建文明的乡村社会。

何斯路村通过功德银行的做法，使村庄的精神风貌、村风民风发生了很大的改变。由此可以看出一个村的乡风氛围对于农民思想道德水平的提高、乡村文化认同感的增强有着重大的影响。培育文明乡风有利于改善整个乡村的精神风貌、提高整个乡村的文明程度、彰显乡村文化振兴的力量，从而带动乡村政治、经济、生态等各方面的协调发展。因此，乡村振兴必须要重视乡村文化的作用，通过文化振兴推动乡村振兴。

3. 文化产业挖掘乡村特色文化资源

近年来，乡村文化产业日益蓬勃发展，乡村文化在乡村产业中的地位愈发重要。乡村文化资源内容丰富，形式多种多样，挖掘乡村文化资源的价值，使乡村文化的价值充分得到体现。何斯路村根据本村的实际情况，利用本村的特色酿酒技艺发展了酒文化产业。何斯路村村民的酿酒技术是非常不错的，家家户户几乎都会酿酒，酿酒成为村民的日常活动，酿酒的原材料是出自自家种植的粮食。为了更好地发展酒文化产业，何斯路村以独特的家酿酒举办了酒文化节，使村外的人走进何斯路村体验酒文化，家酿酒以商品的方式为游客所购买。酒文化节的举办使家酿酒走出了何斯路村，并提高其知名度，从而增加了村民的收入。

在乡村振兴战略背景下，乡村文化旅游产业已经成为一种流行模式，成为乡村文化资源被开发利用的一种新形式。何斯路村还依托薰衣草文化建设了薰衣草庄园，以薰衣草文化发展乡村旅游产业，吸引游客来旅游，每年薰衣草盛开的时候，很多村外的游客来何斯路村旅游。"乡村文化＋旅游产业"的模式，把乡村文化与旅游产业相结合，这种模式既能利用独特的文化突出旅游产业的特色，又能通过旅游产业的发展挖掘乡村文化的价值，还能带来经济收益。除此之外，何斯路村在新疆还有薰衣草种植基地，为薰衣草产品提供原材料。游客来旅游的同时可以购买到薰衣草产品。乡村文化产业虽是以商品的方式物化了文化，但是既能体现助推乡村经济转型升级的经济价值，又能体现推动乡村文化繁荣发展的文化价值。① 因此，充分利用乡村文化特色资源，使乡村文化价值在文化产业中得到彰显。

4. 老年大学丰富留守老人的精神文化生活

当前，乡村留守老人数量居多，是居住在乡村的主要群体。很多乡村在文化建设中忽略了老年人的精神需要与求知需求，关于老年人的文化活动比较少，导致居住在乡村的老年人教育滞后、精神生活匮乏，并且思想观念跟不上时代的发展进步。乡村文化振兴是为农民营造良好的文化氛围，满足农民的精神文化需要，而老年人是主要的群体，乡村文化振兴应重视老年人群体，围绕着老年人的需求，组织适合老年人的教育文化活动。近

---

① 詹绍文，李恺. 乡村文化产业发展: 价值追求、现实困境与推进路径 [J]. 中州学刊，2019（03）: 66-70.

年来，随着乡村文化建设的加强，很多乡村地区以创立老年大学的方式解决老年人的教育问题。老年大学作为服务于乡村老年人群体的文化组织，是为了更好地发展老年教育，满足老年人精神文化需求。老年大学的基本形式是以上课的方式传授老年人所需要的文化知识，除此之外还组织各种文化活动丰富老年人的精神生活。

何斯路村的老年大学经过这些年的试验与调整，已经有了相对完善的教学体系。何斯路村老年大学的主体是村里的留守老人，老年大学作为一个文化组织有一套规范的制度体系，每个学期都有具体的工作计划、活动记录、点名册等。点名册的作用在于上课的规范化，并在学期末的时候，根据点名册的听课次数，颁发优秀奖、学习积极分子奖、鼓励奖等以激发老年人学习的积极性。老年大学每学期都有专门的课本作为学习的教材，内容主要偏向于党的方针政策、农村事务、国学文化、养老保健等老年人易于接受感兴趣的内容。老年大学每年还会举办各种各样的活动，如唱歌比赛、书法比赛等。老年大学是面向乡村留守老人，组织教育活动，发展老年教育，满足留守老人求知、求乐、求健康等多种需求。老年大学与乡村振兴战略规划中所提到的建立健全农村留守老年人关爱服务体系是相契合的。老年大学作为乡村社会的重要文化组织，具有传播乡村文化，丰富留守老人精神文化生活的功能。因此，老年大学成为何斯路村留守老人精神文化生活的重要依托。

二、乡村文化价值重构中的实践案例

中国近十年来，有不少艺术家深入乡村、社区等地，融入村民的文化生活，在与当地村民的共同壁画创作中，提升着当地村民对乡村文化、民风民俗、历史和自然环境的重视和关怀。壁画的功能不断被扩充，除艺术家用来表达对个人情绪、社会环境、政治等议题的思辨之外。近年来，壁画作为乡村公共艺术最常见的表现形式之一，更变为地方政府认为可以彰显地区特色和提升经济价值的工具之一。

笔者以贵州省黔西南布依族苗族自治州册亨县岜院村"立村共生"活动壁画项目为实践案例，提炼出"文化重构"的方法与路径，概括出中国乡村艺术建设的新观念和新模式——倡导乡村文化价值引领的重要意义，重构以村民为主体的乡村艺术建设，将艺术转化为技术授以村民，打破传统的艺术家创作模式，引导村民在文化自信的前提下自觉、自发地进行艺术乡村建设，以达到激发乡村文化的内生活力，完成乡村振兴战略的伟大目标。

（一）岜院村"立村共生"活动缘起

从当代乡村建设的现实需求来讲，面对中国乡村转型及乡村振兴战略和脱贫攻坚等相关政策提出，中国乡村面临各种机遇与挑战。在众多的学科领域介入乡村建设研究中，艺术在某种程度上可以为乡村文化重构提供一种新的可能性，无论是从思考方式或救助、重构手段上。壁画作为公共艺术的一种呈现形式，众多乡村政府、村民认为它更加快捷、简单、直观、低投入、低成本，并且从其他案例中可以得出大部分乡村艺术建设可以拉动地方旅游、经济、创意产业甚至文化重构。这种效益不是短期内得出的，而是在近十年来，中国提出美丽乡村建设等口号之后，网红乡村、旅游热门景点等，壁画无处不见，似乎可以将这一经济、政策目标投射和寄托在乡村壁画墙上。

2018 年 10 月，贵州省黔西南布依族苗族自治州册亨县政府与王元成（设计师）、熊泽伟（艺术工作者）、桑茂（艺术工作者、学者）作为委托方和被委托方的共同策划下，根据政府脱贫攻坚及乡村振兴攻略下的需求，计划开展名为"立村共生"的智造活动。面向全中国乃至世界青年，通过互联网、各大公众号平台，公开招募有情怀、有志青年前往冗渡镇岜院村。经过层层面试、专业匹配等环节，筛选出包括志愿者和"新村民"在内的45 位优秀青年。

2019 年 1 月，岜院村迎来了 45 位"新村民"。他们是来自全国 35 个城市 26 所高校及澳大利亚、美国、韩国、法国相关教育背景的优秀青年。旨在"借一点光，把村落照亮"，有别于其他通过组织国际艺术节等活动来增强许村的影响力，让艺术家与村民互动交流，同时吸引各地游客参观的形式。"立村共生"活动更愿意让青年且不带有"艺术家"头衔的各领域的年轻人参与进来。他们属于创意阶层，没有太多艺术家和学者的光环，可以随时进行头脑风暴、独立思考和团队协作，带着自己在实践和高校学习中的知识、认识和情怀，就像最初设想"新村民"的身份投入岜院村中。

（二）岜院村现状

1. 自然概况

贵州省黔西南布依族苗族自治州册亨县位于贵州省西南部下辖 9 镇 5 乡，境内有大田河大峡谷、板其温泉等景点。岜院村位于贵州省黔西南布依族苗族自治州册亨县冗渡镇西北部，总面积 14.9 476 平方千米，耕地面积约为 24.2 万平方米。北临岜燕村，南接赵家湾，再往南是省道 313，四面环山，自然地貌资源丰富，如溶洞、喀斯特地貌等。

岜院村主要聚居布依族、苗族、汉族等民族，其中汉族人口 878 人，占 52.6 %；少数民族人口 791 人，占 47.4 %。1991 年 12 月，由冗贝乡划拨岜院村归威旁乡合并，成立威旁乡。全镇共辖威旁、团坡、龙井、岜院、江见、大寨、云坪 7 个行政村，7 个村民居委会，58 个村民组。目前，岜院村区域由上坝组、长洞组、冗忙组、下寨组、中寨组、长冲组、小寨组、赵家湾组、大坡头组构成。村里有王、潘、韦、邓、郑五个大姓；在语言方面布依族主要说布依语、汉族以贵州方言为主，村民之间沟通无障碍。

岜院村留守人员跟中国其他偏远贫困山区现状一致，多为学龄前儿童及老人和一些未婚青壮年，依旧延续布依族生活生产方式，稍有加入汉族习俗，放牛、羊，种植水稻和特色对口宁波市扶贫农产品木耳。

2. 岜院村文化录

在民族地区，风景有形、文物有迹、文化风俗多彩。所以地方文脉是能够促进民族地区乡村振兴的灵魂所在，岜院村独特的自然地理环境、历史文化传统和民族文化心理积淀等构成了岜院村这一地区的地方文化传统民风、民俗。形成鲜明的民族性和地方特色性，这使少数民族地区不论是周边产业开发还是乡村各类艺术行为，对乡村振兴和可持续发展具有更大的理论意义和现实意义。

而在当前乡村振兴中，地方文脉往往被忽视或对处于次要的因素进行分析。缺乏对地方优秀文脉的挖掘，也导致相关乡村振兴产业开发得不够完全和不成功。地方文脉是指旅游地所在地域的地理背景，包括地质、地貌、气候、土壤、水文等自然环境特征，也包括当地历史、社会、经济、文化等人文地理特征，因而是一种综合性的、地域性的自然地理基础，历史文化传统和社会心理积淀的四维时空组合。

"立村共生"活动开展初期，便将"新村民"划分为3大组，分别在岜院村中进行岜院村文脉梳理田野调查，每家每户摸底走访。聚焦村落文化挖掘及村民文化自信的建立，挖掘并整理跟村寨有关的历史、民俗、信仰、建筑、手艺等方面内容，让村民，尤其是孩子，系统了解本村寨相关的文化，重建文化自信。在经过20余天的深入调研与写作后，岜院文化录最终完成。除去部分引用文字外，3万余字的文稿均由项目组成员独立撰写，书中配图也为项目组成员调研中实地拍摄。最终《岜院村志》以杂志的形式呈现在岜院村村民的眼前。（见图7-18）

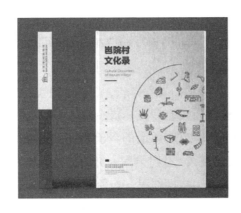

图7-18 岜院村文化录

《岜院村文化录》共分为民间文艺、古迹、日常生活、节日习俗、婚丧喜庆习俗、语言、民谣、民间信仰、宗族观念、传统工艺、手艺人、传承人。

民间文艺包括：民歌小调——对山歌；民间歌舞——转场舞；曲艺——八音坐唱；高台舞狮和团体演艺——音画布依。

古迹包括天坑、人骨头洞、神树、溶洞、古石柱和高石桩。

日常生活包括岜院村布依族服饰、饮食宴客、岜院老建筑、农事和集市。

节日习俗包括正月三十、大年初三、正月十五、三月三、四月八开秧节、六月六、七月半和腊月二十三灶王节。

传统工艺包括糠包、嘞浪、吹牛角、蓝靛染布和织布、生活用品竹制品。

手艺人及传承人包括服饰——黄廷丽、嘞浪——毛显强、牛角——毛显强。

婚丧喜庆习俗包括婚嫁、丧葬、乔迁、生育、祝寿，以及岜院村语言、民谣、民间信仰、宗族观念。

关于岜院村文化的所有文字记录均来自岜院村村民口述、村民家谱及文献记载，在此基础上，文化录试图以客观的视角去阐释关于岜院村的文化，并且剥离掉一种外来者的审视目光，所以本书的很多记录都取材于村民的视角，尽力去还原一幅真实的、较为完整的关于岜院村的文化图景。整个村落的村民是非常热情和质朴的，整个村落的民族割裂感也并没有在这里被放大；各民族在村落里相处非常融洽，这也是基于在以前整个村落的人口和田地是聚集在一起的，后来因为先祖搬迁，才导致现在各个组的地理位置的分散。

（三）岜院村壁画项目的多方期待及存在问题

1. 政府作为活动推动者

关于"立村共生"活动的发起方式，是基于岜院村棚户区改造项目下，通过政府邀请，发起者与政府双方达成一致的目标与方向，同时在大多数村民的支持中开始进行。政府邀请的乡建活动，得到的财力和政府支持相对更多，因受到政府的邀请，有财力和人力的支持，方便加速开展建设工作。"立村共生"活动在前期初探之时，岜院村上级政府冗渡镇政府和册亨县政府给到了绝对的支持和资金鼓励，村民积极配合，一派和睦，才得以顺利开展。

2. 村民作为主人翁与享有者

由于当地处于贵州省国家级重点贫困地区，经济不景气，青壮年外出打工，儿童老人留守村落，剩下的部分留守人员会使用互联网，跟其他城市或乡村一样，他们会通过互联网认知社会，深切地认识到旅游业能够带动经济，所以他们的诉求就是发展当地旅游。

在活动前期进行时，通过志愿者向他们采集村落文化脉络，他们逐渐意识到当地文化的重要性，他们积极配合并通过各种方式向志愿者讲述村落古老文化、习俗，甚至带领志愿者翻山越岭介绍当地自然景观和古遗古迹，如人骨头洞、高石桩、天然溶洞等。

在活动过程中，从一开始少数村民的配合到最后所有村民一人出一份力，不论是社区改造还是生活垃圾分类及清理河道垃圾，村民的积极性超乎想象。村中男女老少，每一个人都在跟着"新村民"动起来。"新村民"为村子带来新的生活理念、环保卫生的生活方式，向村民传达文化自信的重要性，让村民了解教育和知识能改变村落现状，让村民看到可能性，村民则是跟"新村民"围坐在火堆旁，讲述着自己对村子美好未来的设想，对自己子孙后代的期待，对"新村民"志愿者的感谢。

3. "新村民"作为服务者

王元泽在"艺术造乡村，还是乡村造艺术——艺术乡建主体性的本质探索"一文中提到："在进入乡村中，艺术家可谓是一位身着长袍，迈着轻盈而矫健的步伐而来的'文人'，改变乡村不是一朝一夕就能完成的，它是一个持久战，需要过程的积淀，短时间内飞速的建成是表面的、空洞的、粗暴的，也是不切实际的，急功近利势必造成不可逆的破坏，相对而言，艺术介入乡村建设是循序渐进的、温文尔雅的。主要是通过艺术的形式介入到乡村建设实践中，并不关乎艺术的审美和本质内容，而是把艺术作为载体，重建人与人、人与自然、人与神的关联，恢复乡村的人文之心和伦理精神，在乡愁中去寻找内心深处的温暖与敬畏，在喧嚣闹市中去找寻那远方的一片净土，在快速发展的快生活中，去寻找慢下来的'桃花源'，这种美好的愿景，是每个走进乡村艺术家的最初心愿。"[①]

艺术乡建应该是通过艺术的价值、手段或模式来"帮助"中国乡村建设、美化、发展或保护，或者说是艺术工作者为村民传授技术，但是很多的艺术家或艺术工作者混淆了这一点，在行动中变了味道，最后很容易变成无意义的粗制滥造的"艺术乡建"。

当艺术家或艺术工作者将自己转换为"新村民"的角色进入岜院村时，将自己的艺术情怀、技巧、专业放在第二位，村民的意愿及如何让村民在有限的时间内懂得艺术的价值并在未来采用此技术建设乡村放在第一位。若能够实现"去艺术家"的终极目标，似乎会让此次活动更加高效地进行，

---

① 王元泽. 艺术造乡村，还是乡村造艺术——艺术乡建主体性的本质探索 [J]. 大众文艺，2019（19）：22.

但是艺术家有他的期待和满腔热血，村民有他们迫切短期看到经济效益的愿景，政府有完成政绩，找到资金投入和项目引进窗口。这个过程中就会出现一系列群体间的考量。

4. "立村共生"活动前期准备

"立村共生"活动前期自主预备工作经历了较为长期的准备工作，三位策划者与政府作为委托方在沟通和走访当地村民的过程中遇到了一些问题，策划者发现政府在同意并接受策划者方案之前，已自行组织村民将墙面粉刷成白墙，原本与四面环山的自然风光完美和谐的古村庄，一夜之间20％的房屋变得与周围格格不入，几乎每家每户的外墙都搭上了竹架，目的是提前为即将到来的全国各地的志愿者做好壁画前期工作。

策划者的初衷并不是为了将村落白墙画满墙绘，而是为了极力说服政府趁此机会，将有限的资金投入更有意义的事情上去，所以为岜院村策划了这场名为"立村共生"的青年活动，旨在"借一点光，把村落照亮"。

（四）"立村共生"活动整体思路及"在地性"思考

1. "立村共生"活动三大板块预设及思路

此活动共分为三大板块：公共教育、社区营造和村落品牌建设。村落立面改造作为村民与政府最初意愿，属于公共教育板块中的子项目。项目为期20天，从前期预备到"新村民"到位共耗时70天左右，前期进行策划者头脑风暴及国内外相关案例分析研究，结合岜院村背景，制订初步计划，但是在"新村民"到来时，将初步计划保密，而是将"新村民"组织起来共同进行头脑风暴，题为："我能为岜院村做些什么？""新村民"集思广益，分组讨论后得出的计划与策划者最初计划相符。

（1）社区营造板块

关注问题：村民之间关系互动的营造。

解决方案：营造或恢复1~2个公共空间（室内或室外），通过场地搭建、公共活动策划、互动形式创新等行动，加强人与人之间的黏度。

调研——村民之间公共活动形式是什么？如对歌、赶集、跳舞、祭祀、三月三、六月六等节日。

思考——为什么有些公共活动保留下来了，有些消失了，找出村民间关系互动减少的根本原因是什么？

智造——基于调研和思考的成果，结合村寨的实际情况，协助村民恢复或策划能增加村寨活力的公共活动，并有效地长期执行下去。

（2）公共教育板块

关注问题：文化挖掘以及文化自信建立。

解决方案：挖掘并整理跟村寨有关的历史、民俗、信仰、建筑、手艺等方面内容，让村民，尤其是孩子，系统了解本村寨有关的文化，重建文化自信。

挖掘——村寨原有的历史、民俗、信仰、建筑、手艺等方面内容。

梳理——基于所挖掘到的内容梳理、分类，探讨传承的最佳形式。

智造——通过新的媒介形式如影像、文字、图像、手绘、手工艺设计等创新方式将村寨文化重新系统地呈现给村民。

（3）村落品牌建设板块

关注问题：村寨基础形象的完善及村寨品牌故事的建立及传播。

解决方案：

对内提升——品牌视觉识别系统设计，如标识、指示牌、手绘地图、导览地图、店招、公共形象牌等。

对外传播——品牌故事的建立（可结合公共教育版块的内容整合提炼），以视频、文字、图片三种形式讲述；开通村寨网络传播平台（如微博、微信、抖音等）进行线上推广；村寨特色手工艺品、农特产及其他产品的开发设计，开拓线下渠道，以展览或销售形式，传播村寨文化及特色，吸引更多新朋友的关注和到来。

以上为"立村共生"三大板块及活动思路，"新村民"给此次活动的口号为："希望借点光，让村落变样。"希望每一位"新村民"或邑院村民都能在此次活动的影响下，了解到自身能为此地带来的是什么，并为此做些什么。（见图7-19）

图7-19 岜院村口活动宣传牌

2. "立村共生"活动的重点项目 —— 壁画

此次活动公共教育板块的子项目之一是乡村立面改造 —— 壁画。

壁画是岜院村活动初期政府部门和村民最直接、最迫切的需求。在相关部门的领导下，村民自主将自家临街墙面粉刷成白墙，几乎占到全村60%的水泥墙面。在此情况下，立村共生将此"必须"完成的环节之一列入"公共教育"板块之中。经志愿者"新村民"与岜院村村民、政府讨论，最终决定以公共教育板块整理编写而出的岜院村文化录里所记录的岜院村民风民俗节日习气等板块为创作内容。

（五）"公共教育"板块 —— 公共壁画的考量

1. 村民的考量

岜院村村民对公共壁画这件"任务"极其上心，志愿者设计者的专注程度也不相上下。但是这两方的在意当然不是完全一致的。村民更多的是期待，换句话说，村民更多的是对这次公共壁画寄予所有的希望。

提到岜院村的产业稀疏，唯有支柱产业是将上级册亨县定为全国重点扶贫县后对口帮扶城市浙江省宁波市与册亨县岜院村有着黑木耳产销帮扶。农作物水稻玉米，只能满足村民日常生活，稍好一些的农户会以养牛羊为生。

除贵州省村寨共有的风景优美，空气环境优异，自然民风保存良好的共同优势之外，岜院村在交通这一方面相比其他较偏远古村寨有着明显优势，也许正因如此，政府愿意将岜院村作为第一个试点村落。当然，不论是政府还是村民，内心的期许必定是想方设法吸引财资、发展经济、增加收入、巩固吸引人才、防止过度流失。因此，以中国大多数乡村振兴案例为准，能够在短时间内迅速成长起来的乡村振兴产业中，乡村旅游业对于岜院村来说是当之无愧最适合的。

村民内心很清楚，他们只需要听从上级的安排，积极配合，这群年轻人就能为他们的村落带来些许变化。但是他们也有自己的考量。他们会去翻阅中国其他网红村落的网红墙，他们会为志愿者提供图片，或是他们以为志愿者全部来到乡村都是为了壁画创作，在一天天过去，志愿者仍然没有动工画画而是挨家挨户串门聊天，四处搜集传统服装、村落老物件等，这时陆续会有年长村民带着疑惑与羞怯来到志愿者营地小声询问志愿者什么时候去他家画画，架子什么的都搭好了。但是他们并不知道，志愿者还在壁画这件事中挣扎，过程中还有各部门的激烈争论。

村民作为村落主人翁，但并不能做这件事的主导者，只能积极配合，可无奈此事已经超纲，可见他们内心的考量疑问与顺从配合和期许的存在，才是村民最真实的状态吧。地方村民基本上都非常欢迎这些项目的推行，但也无法隐藏内心隐忧，担心这些所谓的志愿者和政府部门是否有足够的能力，能够在短时间内让整个村落变样，这令他们感到十分不安。但是无论如何，这样的项目已经开展了，在这一个个实现的过程中，监督的责任正落在住在这里的村民身上。

2. 政府的考量

参考个别乡村振兴案例，政府无疑承担着组织者、推动者、实现者的角色。在"立村共生"活动中同样也担任如此角色，好在政府在对待此次活动的无论态度还是支持方面，有着惊人的专注度和自信。

领导班子在资金不够的情况下，调动各部门给予活动支持，从镇长到县长，与村民打成一片，这让志愿者"新村民"在任务跟进的过程中顺利无误，也让村民在和"新村民"的相处过程中，多了信任和温暖。

但是，由于立场各不一致，所以政府在公共壁画这一项目上也存在一定的偏差，村民的期望大致就是政府的期望，因为志愿者不会向村民传达壁画能够让乡村经济迅速发展起来，或者说，大家把墙刷白，画上壁画发展旅游业，让家家户户都有自己的产业。因为这是政府的期许和初衷。这并无错，中国大多数乡村都是这样互相效仿。

政府希望投入的资金能够用到刀刃上，邀请这些志愿者村民来到岜院村，是新鲜的血液、活力，他们是创意阶层。乡村需要这样的创意阶层，改善乡村现状。可是这样做往往忽略了村民，村民从主角变成配角，在这一苗头出现之际，就已出现了问题。

此次活动政府承受的压力不比任何群体小，相同数目的资金，相同的时间精力投入不论放在任何一个国家级重点扶贫县，都能为他们解决某一方面的燃眉之急，或者政府完全有理由拒绝此次活动的进行。但是政府选择了相信，给予年轻有活力有情怀的青年机会，他们和这群志愿者一样，愿意以新的姿态建设乡村，从根源找到乡村真正的活力。

3. 艺术家的考量

在解决掉活动策划前期与政府对于立面改造方案的不一致意见之后，政府愿意让此次改造转个方向作为第一个试点乡村，以招募青年大学生的形式做线下改造活动，旨在挖掘乡村文化脉络，寻找已经消失的民风民俗、失传的手艺传人等。向村民宣传环保、健康的生活概念，树立村民文化自信，找到最适合自己的创新经营之路。

但是在活动开展过程中，公共壁画作为三大板块争议最大的项目，使得公共教育板块负责人十分苦恼。上文提到"立村共生"的三大板块分别是公共教育、社区营造、村落品牌建设。壁画项目属于公共教育板块的子项目。社区营造板块子项目之一是村落公共活动空间改造。争论的焦点出现在了负责村落公共活动空间改造小组与壁画小组。壁画小组意向墙面选定在待改造的公共活动空间中的一面白墙。（见图7-20）

图7-20 待改造公共活动空间——
独立小房子正面

社区营造小组对此空间进行设计之时并未将白墙设定为有公共壁画参与的墙面，此小组成员具有建筑设计学专业背景，在协调墙面过程中明显表达出对墙绘被放置在公共活动空间中的疑惑，建筑与墙绘的结合需要承担很大程度的风险。这是一种冒险行为，不论是对墙绘组还是社区营造组。

艺术工作者的考量与顾虑都是合理并可以被理解的，人文地产景的结合、社区营造方案的设计，也许是以推崇改善村民的生活闲聚方式而存在，墙绘的创作，则是为了在此公共空间中增添"乐趣"，但风险往往会变成"恶趣"。这也是建筑师的担忧所在。

（六）公共壁画《岜音希望》创作构思及落地

1. 区位与定点综合评估

岜院村已刷白墙较为密集，主要集中在主干村道两旁。岜院村的修建特别之处在于古寨古建与新房白墙交织错落在一起，古砖房与新房紧紧挨在一起，甚至个别村民将新房直接建在古砖房的主架之上。

在选址过程中，志愿者认为应与壁画内容主题相呼应，若是民风民俗主题，则建议选址在此民俗传承人家；若是以展示岜院村自然风光主题的壁画，则应选取四周较为空旷的白墙。村民则是家家户户自告奋勇帮助志愿者搬运脚手架，或是加固白墙外的竹架，目的是越早选中自家墙面越好。而政府在选址意愿上，希望将村口或其他更为突出鲜艳的点位作为第一批落地壁画项目。

政府将村落主干旁最鲜艳的两栋白墙作为意向点位，创作主题希望以迎新和睦团结为主，不过政府也表达出最终方案与点位由村民和志愿者决定，他们绝对积极配合。最终，三方商量确定将点位设置在主干弯道旁的一栋独立单层民房。

图 7-21 最终确定点位

如图7-21所示，此点位可用墙体长9米，高3.8米，总面积约36平方米，主要考虑因素为临主干村道，四周空旷，背靠油菜花田与山丘，视野开阔，既满足政府需求也满足志愿者意愿。

2. 壁画主题的"在地性"体现——八音坐唱

公共艺术介入乡村公共空间要以人为本，公众参与，循序渐进，在乡村地域性基础上融入艺术元素，整体把握乡村主题，艺术创作要与历史文化、场所特征、自然景观相结合，在介入过程中要激活和提升场所精神，塑造乡村公共空间的个性特质与地缘文脉价值，培养乡村村民的归属感和乡土认识。

公共教育板块将村落文脉搜集并整理编撰成《岜院村文化录》，记载的"八音坐唱"（见图7-22）作为布依族非物质文化遗产在册亨县流传至今。村中至今仍有老一辈传承人与新一辈继承人组合而成的"八音坐唱"演出团队。八音坐唱（又叫"布依八音"）流传于贵州省黔西南的册亨等县市南盘江沿岸布依族聚居村寨中，是指在婚礼、祝寿、乔迁等喜庆的场合演绎的一种民族曲艺。至今在册亨县保存较为完整，最为典型。布依八音用牛骨胡、葫芦胡、鼓、箫筒、小马锣、镲、二胡、三弦等乐器共同演奏，并用布依语说唱，所以当地人称其为"布依八音"。布依八音的表演形式可分为坐唱、走唱、演奏等。现在办喜事、过节都会邀请八音坐唱团队去表演，并且有客人来的时候会吹奏《迎宾情》。

图7-22 八音坐唱

"立村共生"活动开展的第一天，村民自发组织于当晚在营地为全国而来的志愿者举行欢迎晚会，表演打糍粑、舞狮、八音坐唱等布依族经典非物质文化遗产。

　　3. 壁画内容"'就地'取材"

　　在图稿创作过程中，志愿者与当地布依族青年共同想表达布依留守孩童作为村落未来的希望，不论在传承民间文艺还是整村发展做出贡献都有着重要的意义。文化自信的体现不仅仅是通过村民向志愿者这样一群又一群的外来人员口述或演绎过程中建立，更重要的是文化的传承过程中村民自觉的、自主的、自导的、自愿的行为和决心才能够促使文化自信、文化崛起、乡村崛起、民族崛起。因此，在志愿者与布依族青年的共同目标下，将主题定为"八音希望"，创作内容以八音坐唱演奏现场为原型，岜院村留守小孩为人物创作主题形象。（见图7-23）

图7-23 岜院村留守小孩的八音坐唱演奏还原

　　壁画主要内容以村中留守小孩作为创作原型，依据布依族八音坐唱的动态进行现场摆拍，以艺术手段对其进行拼接与创作。墙体本体勾勒上色摆拍小孩穿上布依族传统服饰的坐唱动态，但是，仅仅只是表现动态，小孩手中并无具体乐器。（见图7-24）

图7-24 以岜院村布依族小孩为原型的八音坐唱

绘制图案已展现小孩（希望）、不以传统服饰（民族特色）、八音坐唱（文化传承），以上创作元素均体现以积极、正能量、文化传承、文化遗产的内容。此壁画加入动态效果，将八音坐唱的乐器使用动画软件将其定为定点，将八音坐唱演奏音频与视频用技术手段结合起来通过动态投影的方式夜间投放在壁画墙上。（见图7-25）

图7-25 乐器与人物合成效果图

可见，创作者在这里更想要传达的一种态度是：留守非流守。小孩是岜院村的希望，文化也是岜院村的希望。所有内容不论从主题还是主体都取材于岜院村。

4. 村民与志愿者主导下的壁画落地

画稿绘制完成后，志愿者与岜院村青年并没有十足的壁画经验，加上时间紧迫与村民期待，使得上墙压力巨大。上墙过程中困难重重，好在村民与志愿者互相配合。夜间作画时，村民自发为志愿者提供照明。画稿里的小孩原型走到正在绘制的壁画面前也会指着墙面说道："这是我呀。"（见图7-26）

图7-26 壁画上墙

村民参与或主导是乡村公共艺术在地性发展的关键，应尊重村民主体地位。艺术家理想中的乡村与村民的实际生活期盼需要一个平衡点。艺术进入乡村不能忽略村民的实际需要，需要建立在与村民和乡村甚至民族之间的情感之上，站在村民的角度去看待乡村。同时，艺术融入乡村生活并非一味迎合，要取精去糟，发挥艺术陶冶情操的作用，唤醒和培育村民的文化自觉与文明意识。

因此，在进行壁画创作时，并不是一味追寻艺术家的理想标准，而是应遵循客观、现实标准，如最终完稿与手稿出入较大，没有达到理想标准，并不能代表这是一件失败的或不能够足够迎合市场审美的壁画作品。而是村民在此创作过程中起到了参与、主动、认识文化的潜移默化的作用，这样的价值是远大于理想标准的。艺术家或团队在离开村落的那一刻起，村民就应懂得自己去完成未来的标准，艺术家的作用是短暂的，他们只能在中国乡村中作为传播者。

（七）《岜音希望》的创新及突破

1. 《岜音希望》创新——影像＋图像

《岜音希望》壁画与传统乡村壁画的区别在于传统乡村壁画只能在白天供游客观赏，缺乏故事性与互动性。但是《岜音希望》在夜间融入八音乐器、动态乐趣、观赏与互动、故事性与神秘感弥补了传统壁画的不足。在不同的时间点，画面所表达或讲述的故事是不同的，这是趣味所在。

乐器的表现是将其做成 AE 动效，截取布依八音中的经典演奏片段、卡点及动效编程。最终呈现一幅极具观念性的动画＋壁画、影像、音效、图像、听觉、视觉相结合的观念影像壁画作品，旨在突出"岜院夜语"的概念。（"岜院夜语"概念的提出，是村落品牌建设板块为岜院村设置的夜游岜院村之趣味项目。）

文化的挖掘与渗透是潜移默化的过程，所有的表现素材及内容都是取之于此地，用之于此地。这是岜院文化的在地性体现，也是通过这一易懂、大众、公共的表现形式，让人们对传统公共空间中的壁画刷新认识，让大众接触到一种全新的、更有趣的观念性影像壁画。

乡村的变化方式既不是随机的、混乱的，也不是神秘的、集体无意识的，而是极为清楚和理性的。目前，乡村变化背后的逻辑还不够清晰，是因为乡村变化仍在进行当中。乡村振兴的推动力使乡村建设者创造力的提升，创意在我们的乡村经济和乡村文化中扮演着重要的角色，我们对创意的挖掘及探索越来越深入，也越来越重视。《创意阶层的崛起》一书中提到："创造的冲动，这使人类区别于其他物种的重要属性，目前正在以前所未有的规模得到释放。"[1]

创意是多维的，创意是无处不在的，并且是始终发展的。艺术工作者不断修改和完善创意作品、活动并使它们以新的形式发挥作用，如电脑绘图、声光电的结合创作方式等。《岜音希望》虽然在主题内容上的创新力度不够强烈，主要考虑到它的生存环境是在乡村，中国的传统村落在接受创意的过程中切不能急于求成，我们可以在手段与技术上循序渐进。

创意需要一个能够对其存在的多种形式进行培养的社会和经济环境。

---

① 佛罗里达. 创意阶层的崛起 [M]. 司徒爱勒，译. 北京：中信出版社，2010.

我们对各种形式的创意精神的共同追求，推动了创意思潮的发展，在乡村的创意推进，也需要顺应乡村的滋养环境，相辅相成。

2. 邑院村壁画在多方主导下的未完成与不完美

从时间的角度，未完成等于可持续，使得作品持续地处于一种"未完成"状态，从画面效果看，并非十分完美的构图与形象，正是这种未完成和不完美的不确定性才带来了乡村地域特征的鲜明性，这是建立在动态中的完善，而非一味追求的完成度。观念的落地只是这件作品生命的开始，并不是他的终结，因此在乡村的公共壁画创作中，要考虑到作品的生长性及可改变性。壁画作品在乡村的可持续发展是近年来在艺术乡建中一个重要问题。许多乡村壁画作品在项目结束后会成为一堆废墟，甚至还需村民收尾，这实际上没有考虑到它的可持续性。同时要关注公共壁画在乡村的实用性，今天，我们需要的是公共壁画的潜移默化的传播能力，粗制滥造的壁画内容、红色大字的宣传作用跟村民主导完成的壁画意义是无法比较的。

3. "去艺术家"化的邑院村乡村壁画

艺术家在乡村壁画中的创作，艺术价值的衡量有别于艺术家其他意义的创作，乡村作为特殊公共空间具有其特殊的共性，"去艺术家"的观念源于邑院村壁画创作，在村民与"新村民"的共同协作下，有着某种意义上超出艺术家独立创作的价值。村民亦可成为乡村土生土长的艺术家，他们在掌握新的观念与基本技术之后的作品，同样具有特殊意义的艺术价值。

（八）活动后续跟踪与理论反思

1. 活动后续跟踪

《邑音希望》壁画墙，是全村80％占比的白墙中完成的第一面壁画作品，并运用创新观念，打破传统乡村壁画模式，为村民打样。虽然壁画绘制效果未能完全展现出理想效果，但是在构思、取材、落地、收尾等所有过程中，均为村民自主参与。这是中国乡村壁画探索中有着冒险意义的一步，对村落村民的文化教育、文化自信的培养、自主参与文化生活、融入文化环境的习惯养成奠定了良好的开端。

"立村共生"活动所有板块相辅相成，始终将邑院村民放在主人公位置，而艺术作为共享服务的手段，以积极影响和引导村民对村落文化的认知、提高文化自信作为主要任务，而不是在极短的时间内，以完成政绩工程、粗制滥造的宣传等。绝大多数人会认为这场活动的结束与其他乡村活动相同，外来人一窝蜂涌入乡村，又一夜之间消失不见，后续没有任何进展。但是好在"立村共生"活动在结束后，政府便根据社区营造板块为岜院村提出了环保生活的理念，为"先从自家做起"的活动中出现的问题提供解决方案，给出实质性的回复，并且在此过程中，志愿者与村民、政府人员在微信群中始终保持密切联系，那就是政府将划拨专项资金用于为岜院村建设污水排解厂及在每一户农家门口安置集中垃圾箱，安排人员每天定时定点清理垃圾。与此同时，活动结束后，政府将提供专项补助金以支持村民开发农户产业，并且通过岜院村政府引进了北京等地的青少年夏令营与岜院村进行布依文化相关的青少年探索活动。岜院村一年一度的斗牛节照常举行，跟往年不一样的是观众越来越多，村民也越来越积极。

活动结束后的乡村吸引其他社会群体的参与，政府鼓励下乡创新创业与休闲体验。国家从产业融合、艺术下乡、乡村旅游发展等各个角度出台一系列政策及文件，为鼓励社会大众参与挖掘乡村发展的潜力，培养具有乡土情怀、扎根乡村、服务基层未来乡村发展的重要力量。充分利用文化的载体，重建传统节日的精神空间，都应该是持续进行的，而不是中断式的。

艺术进入乡村进行艺术化建设中复兴当地乡村精神、乡村文化、带动乡村村民积极自建才是重要目标，艺术介入乡村的过程是艺术创造社会价值的过程，艺术应该与"在地性"的文化结构相关联，探索和塑造乡村特有的场所精神和文化精神，呈现自内而外的有机文化生态。

"立村共生"在延续以上活动精髓之外，认为任何形式的乡村建设、美丽乡村、艺术服务乡村活动，都应启发村民自主进行乡村建设。但达到此目标的首要条件是在引导村民建立文化自信的过程中启发村民的自主开发能力。

2. 有价值的引导

岜院村壁画看上去与整个"立村共生"活动关系不大，但实质上若没有"立村共生"活动，那么岜院村壁画项目就会承包给册亨县当地的绘画施工团队完成，但是在"立村共生"活动的引导下，以全新的观念，坚持以人与文化、人与人、人与环境共享的方式，将村民作为主体，艺术工作者作为服务者，正确引导村民自发地优化乡村行为，激发文化自信与认同。所以，公共艺术的存在可以在一定程度上使人们找到情感寄托，从而激发人们对当地文化情感的认同，使村民具有主人翁意识，提高对本土文化的自信及感情，从而达到村民自主建设乡村的伟大目标。

乡村创造力的价值可以更多地帮助乡村地区反思及应对社会和经济变化，使村民团结起来，使地方的资源优势得以确定。因此，乡村的创造力往往是地方经济复兴的促进者，而不是再生的目标。

公共艺术的本质属性——公共性与参与性。岜院村村民参与壁画创作的过程，无疑是体现公共艺术本质属性的最好方式，并在此过程中，见证了村民从对此活动的单一期待到最终的全面配合和主动参与。达到这样的效果，志愿者及村民功不可没。从最开始的文化挖掘到壁画主题筛选再到壁画落地，志愿者积极引导村民回顾历史，追溯文化根源，并在此基础上，带领村落青年进行壁画创作。这都是体现公共艺术本质属性的最好方式。

从审美的角度来说，好的壁画作品能够通过审美移情、想象、联想、观照，使观众完成对真善美的追求，塑造更完美的审美观，对乡村文化有更深了解。好的壁画作品能够帮助村民与空间产生共鸣；能够通过图形、色彩、环境对大众产生心理效应，潜移默化地影响村民及外来者。岜院村壁画不止在视觉上对传统壁画进行了创新，更在技术上融入声、光、电对其进行创作，既使岜院村壁画有着当代壁画的"新"意，又不脱离乡村文化，始终在村民可接受的范围内进行试探，并在主题选择上，更注重的是乡村文化的传承（八音坐唱）及乡村未来的希望（村落儿童）。寓意深刻且易懂，壁画朴实且绚烂。

当代公共艺术的发展其实已经突破了"公共空间的艺术"概念，现在是对地域的特点、历史文脉、民风民俗、城市及乡村的文化精神给予更多的关注，更注重公共艺术背后的文化属性，不再冰冷地伫立在草坪或是某一个公共空间中，好的公共艺术不仅仅是美化城市的装饰物，更是有灵魂有温度能与此地的村民产生情感的作品。

中国近年来的乡村公共艺术探索，优劣共存，正是时代需要的探索精神。将公共艺术关怀与服务转向乡村，积极引导村民的自主优化、自主振兴能力，争取做到"去艺术家"化，乡村公共艺术，应该是村民人人都可以具备的能力和兴趣。现在，正有一群有热血的青年正在做这样有意义的探索。

目前，中国乡村艺术建设不论是模式或机制都不够完善，政府部门应该设立相关艺术乡村基金部门或组织。艺术家应将自己的艺术工具教授村民，宣传新的理念，引导村民一步步自觉自主地建设美丽乡村。最后，村民在积极配合政府和艺术家的同时，应建立自身文化自信，了解乡村的文化价值及艺术的重要性。在此过程中完成的乡村壁画才是有灵魂、有价值的，不仅能够将逐渐消逝的村落文化重新找回应有的价值，还能激发村民的文化自觉性，主动参与乡村艺术建设。

第八章 乡村振兴中乡村文化自信
重建的方法与路径

乡村文化是孕育中华文明的母体，是中国人精神的原点，更是乡村社会赖以存在的精神力量。因此，乡村文化自信的重建不论是对提振乡村民众的精神士气，还是为乡村振兴注入持久的精神动力，都具有重要的意义。只有实现乡村文化自信的重建，才会挖掘出乡村社会所孕育的优秀价值共识，为乡村振兴战略的有效实施提供持久的精神力量，使得作为乡村建设主体的广大乡村民众形成自己的内生动力与使命担当，让自己过上充满自信的现代幸福生活。

本章立足乡村振兴中乡村文化自信面临的问题，结合改革开放以来我国乡村文化建设的历史经验与实践探索，充分借鉴国内外乡村文化建设的经验，基于乡村振兴中乡村文化自信的生成逻辑与主要内容，针对性地提出乡村振兴中乡村文化自信重建的方法和路径。

一、乡村振兴中乡村文化自信的生成逻辑与主要内容

（一）乡村振兴中乡村文化自信的生成逻辑

完整清晰地把握中国乡村文化自信的发展脉络，辩证地考察其内在生成逻辑，可以深化人们对乡村文化历史和时代价值的理解，重构人们对乡村文化的认同，进而转化成培育乡村文化自信实践的内在动力。

1. 传统乡村文化的继承是历史发展之实然逻辑

中国传统乡村文化是长期以来在自给自足的农业耕作中积淀的、反映了农民生活方式和思维模式的文化，是维护乡村文化秩序和维系乡土社会

关系稳定的纽带，对村民具有稳定而持久的约束力。传统乡村文化的发展具有"惯性"，它在揭示乡村文化发展历史进程的同时会展现出一个面向未来不断更新变化的动态体系，对优秀传统乡村文化的继承是新时代乡村文化生生不息、源远流长的历史根基。

传统乡村文化与现代乡村文化是纵向历史性传承关系，企图割裂传统乡村文化与现代乡村文化的联系是不可行的。传统乡村文化中儒家的伦理道德、道家的哲学精神、法家的法治原则、墨家的逻辑思维、农家的耕作技术都曾为乡村社会建设的方方面面起到指导作用，能够为身处变革之中的农民带来一丝"宁静"。中国古代乡村社会在天文、水利、农学、历法、医学等方面都颇有建树，其中所蕴含的科技水平在世界长期处于领先地位，对这些优秀传统乡村文化的理性认同不仅能够增强农民对自身身份和所处环境的认同感，而且能够激发农民在全球化过程中的民族自豪感，让人们探寻到新时代实现乡村文化自信的历史依据。传统乡村文化重视个人的伦理道德修养，追求道德上的自我完善，其中儒家文化所倡导的仁爱、和为贵、礼仪教化，在新时代乡村建设中对正确处理人际关系、形成良好的社会道德风气、促进乡村社会关系的和谐具有指导作用；传统乡村文化中重义轻利、舍生取义的义利观对社会主义市场经济所带来的功利化、个人主义的价值取向具有调节作用；传统乡村文化中所倡导的集体利益高于个人利益、全局利益高于局部利益、长远利益高于眼前利益，对转型时期出现的个人主义、拜金主义、享乐主义的现象具有控制作用。

实现传统乡村文化的现代化转型不仅需要纵向的历史性传承，也需要横向的即时性创新发展。新时代乡村社会的农业生产与工业社会、信息社会的方方面面紧密联系，人与自然、人与人、人与社会的关系日益复杂，文化传播渠道呈现出多元化的状态，农民主体参加的文化活动增多、接触的文化形式多样、获取的文化资源冗杂。乡村社会的生产和生活方式都发生了改变，若仅凭情感固守传统则会使得乡村文化难以得到文化主体的认同，令文化的传承与延续出现危机。重构文化主体对乡村文化的认同需要整合优秀传统文化中符合现代化需求的因素，激活传统乡村文化活力，将传统乡村文化中的合理因素纳入现代理性思考的框架中，用科学的方法对乡村传统文化进行改革与创新，以新时代的需求来探寻传统乡村文化，深入挖掘实现"温故而知新"。晋代民间《肘后备急方》一书中曾记载青蒿可治久疟，屠呦呦运用现代科学方法在青蒿中提取出了青蒿素，找到高效、速效、低毒的新结构类型的抗疟药，为医学界做出突出贡献，这是将民间传统文化中的合理成分与现代科学方法相结合，让传统乡村文化价值得以显现的生动例证。让乡村文化在彰显传统文化底色的同时富有时代特征，充分挖掘出传统乡村文化的生产价值、教化价值和生态价值，能够将历史文化遗产转化成现实的文化力量。

文化的发展具有继承性，对优秀传统乡村文化的继承是历史发展之实然逻辑，新时代的人们要实现乡村文化自信需要以传统文化为依托，做到融汇古今、面向未来、融汇中西、走向世界。

2. 乡村革命精神的弘扬是改革发展之必然要求

文化在本质上是实践的，随着人们社会实践的变迁而不断发展。新时代实现乡村文化自信需要不断对自文化进行革新，对乡村社会革命文化精神的弘扬是中国特色社会主义文化改革发展的必然要求。

"小农"不仅是一个生产关系概念，也是一个政治文化概念。在政治文化层面上，小农则意味着一种对不平等农业生产的依附。在半殖民地半封建的中国"谁赢得了农民，谁就会赢得了中国，谁解决土地问题，谁就会赢得农民"[①]。中国共产党领导乡村社会先后开展了多次土地改革，以土地利益为导向的政治动员极大地调动了农民的阶级意识、平等意识和参与意识。新中国国家权力直接触及农民个体，通过对农民的改造促成乡村社会的重组，在集体化时期农民的个体意识逐渐被集体意识强力吸纳，但是频繁且高强度的国家动员在一定程度上限制了农民个体自由的成长。经济基础决定上层建筑，政治是经济的集中体现，文化则是经济与政治在民众心理层次的映射。改革开放后家庭联产承包责任制确立，村民自治作为中国特色社会主义民主政治的重要组成部分从制度上得到了确认，曾经与世无争的乡村社会，成为经济发展、百姓安居乐业、乡村文化繁荣的代名词。

在生产关系层面上，小农是小块土地的所有者，是传统农业生产方式的残余。相对于资本主义农业生产方式，小农之"小"，不仅在于其耕种面积、

---

① 斯诺. 斯诺眼中的中国 [M]. 北京：中国学术出版社，1982：127.

资本数量、生产规模之"小"，更体现在由于缺少市场交换而造成的生产方式之"小"，由于缺乏人际交往而造成的生活世界之"小"，形成自私狭隘、保守散漫的道德意识。随着乡村社会土地经营灵活性和土地流转自由度的突破发展，农民不再执着地视土地为最基本的生存条件，安土重迁、惧怕变革的传统农业保守意识得到了削弱。在商品经济的计量特征面前，农民作为自由经营主体，时间、效率、契约、权利与责任等现代理性思维得到了训练，农民的理性意识开始从狭隘的功利算计向为建立在科学认知和主体意识之上的理性思维方式转型。

唯物主义认识论认为文化发展的前提是现实的人的生产实践，随着城市化、信息化的发展，乡村文化原本自在的生产节奏和生活空间被高度理性化、标准化的时间、空间布局所代替，对于乡村文化的扬弃革新是乡村文化发展的必然要求。社会主义市场经济体制下，对生产成本和所获利益的精确计算精神也逐渐渗透到乡村文化中，农民开始对乡村文化产品和乡村文化活动进行量化管理，以增强乡村文化的服务能力，提高服务质量，扩大服务范围。改革创新的时代精神是推动乡村社会持续发展的不竭动力，对于乡村文化的扬弃革新是乡村文化发展的必然要求。

3. 先进文化的培育是社会环境嬗变之应然结果

社会主义先进文化体现了农民对于自由与责任、权利与义务的认知和判断，彰显农民对国家这个政治共同体积极的情感与态度。新时代在乡村社会进行社会主义文化的培育不仅是民主法制精神发展和社会环境嬗变的应然结果，也是摆脱封建依附思想实现乡村文化自信的应然诉求。

民主自由的社会政治环境是农民践行社会主义先进文化的前提。在中国传统宗法伦理社会中农民的公共活动停留在家族领域，长期以来导致个体意识和公共意识缺失。等级森严的官僚体制使得公共权力异化为等级特权，农民的依附性和保守性较强。中国共产党成立以来通过阶级斗争让农民弄清是"谁养活谁"的问题，让几千年封建压迫下所形成的封建等级观念，在新民主主义革命和社会主义革命过程中逐渐消逝。中华人民共和国成立后，农民由以往被剥削、被压迫、被奴役的社会地位转变成国家的主人，而摒弃等级特权的自由型和参与型社会主义先进文化成为衡量人民群众主体地位的标准之一。党的十七大以来，将基层群众自治制度纳入中国特色政治制度的范畴，其中村民自治制度是以村为单位的小范围民主制度，是国家在政治体制设计和社会结构安排中为农民的政治参与留出的合理空间，使得农民不仅依法享有选举权与被选举权，而且在乡村事务的公开化过程中可以依照自己的意愿依法行使自身的表达权；在具备民主观念、掌握民主技能后能够独立理性地对乡村公共权力行使监督权，让农民切实感受到自己在乡村社会中的主体地位和主体价值。

社会主义市场经济是乡村社会主义先进文化发展的社会经济基础。商品交换过程中所倡导的平等交换、公平竞争原则是乡村社会社会主义先进文化培育的社会经济土壤，市场经济中所蕴含的契约化、理性化精神是促进新时代农民平等意识和主体观念逐渐形成的重要动力，农民的政治参与态度由消极依附向积极主动参与转变。拥有社会主义先进文化的农民能够将个人利益置于国家和社会的整体结构中，将内生、感性的个人伦理道德纳入理性、自觉的法律规范中，让农民意识到作为社会主体的一部分应自觉对自身行为进行规范和约束，在享有权利的同时切实承担起相应的义务，而这些又在一定程度上可以缓和市场经济中因价值规律自发调节而存在的盲目性。因此，对于乡村社会主义先进文化的培育不仅是新时代实现乡村文化自信的必然要求，也是新时代乡村社会在社会主义市场经济环境中良性运作的应然诉求。具有普遍性的农民教育是乡村社会主义先进文化培育的重要保障。思想政治教育知识的普及及一系列思想政治教育活动的举办，使得新时代的农民能够对自己在国家政治生活中所处的地位和扮演的政治角色有深刻的认知，拥有政治参与意识和参与能力的农民能够在社会实践中将内在的社会主义先进文化认知转化为外在理性的实践行为，在直接或间接的处理公共事务过程中对政治信息做出理性的分析和判断，做到积极参与而不盲从，正确认同而又保持理性。农民在制度化的民主实践中学会有效、合法地运用民主技能协调自身利益与他人诉求，在掌握处理公共事务的合理方法后逐步实现由低层次的社会组织参与向高层次的政治参与转化，由消极被动型的政治参与向自主责任型的政治参与转变，真正成为具有独立人格的乡村文化的主体。

新时代社会主义先进文化既包含现代社会所倡导的自由、民主、平等的价值取向，也容纳仁爱、忠诚、奉公等传统美德，能够适应和满足新时代乡村文化发展的多元需求，成为新时代实现乡村文化自信的重要举措。

（二）乡村振兴中乡村文化建设的主要内容

乡村振兴中文化振兴是其关键的组成部分，居于基础性地位。为了推动乡村文化振兴，促进乡村文化的繁荣与发展，进行乡村文化建设十分必要。因此，在乡村文明的目标指引下，乡村振兴中乡村文化建设在内容设计上，要坚持以社会主义核心价值观为引领，以传承发展中华优秀传统文化为核心，以乡村公共文化服务体系建设为载体，培育文明乡风、良好家风、淳朴民风，才能建设好邻里守望、诚信重礼、勤俭节约的文明乡村。

1. 深化乡村思想道德建设

思想道德是社会运转的润滑剂，是最易塑造乡村文化的软性力量。深入地看，只有持续进行乡村精神文明建设，才能提升乡村民众的精神风貌，帮助其形成科学文明的生活方式，不断提高乡村社会整体的文明程度，为乡村社会的发展与乡村振兴的实现提供精神引领。

第一，弘扬先进的社会主义核心价值观。在日常生活中，价值观是人们对事物所持的好坏、善恶、优劣的根本看法，是价值主体对客观存在着的价值关系的自觉反映[①]。任何文化都有属于自己的核心价值，即有什么样的核心价值，就会形成与之相一致的文化选择与文化立场。社会主义核心价值观是社会主义核心价值体系的高度凝练与集中表达，是中国人民在中国共产党的领导下历经长期社会实践承传传统文化精华所提炼出的价值理念，科学回答了我们要建设什么样的国家与社会、培育什么样的公民等重大问题。由于其是一个以国家、社会与公民三个维度所构建起的宏大体系，基本上囊括了不同的群体，具有很强的广泛性与普遍性，因而是包括乡村民众在内的全体中华儿女的最大公约数与共同遵守的价值准则。

改革开放以来，受城市文明的影响，乡村价值在目标上由等级性、理想性转为平等性、现实性，在主体上由群体本位转为个体本位，在取向上由一元价值统括转为主导价值与多元价值并存，在判断上由情理精神转为理性精神。面对这种局面，乡村社会的转型发展过程中为了解决乡村民众价值失范、信仰动摇、理想失落、道德滑坡等问题，就需要主流价值来引导，

---

① 袁祖社. 实践与公正：马克思的哲学价值观研究 [M]. 北京：中国社会科学出版社，2014：1.

弘扬先进的社会主义核心价值观极为必要，进行社会主义核心价值观的乡土化也就成了乡村振兴过程中乡村文化建设的时代性课题。

第二，牢筑乡村健康的思想文化阵地。文化阵地是文化风气传播的重要窗口，也是精神文化供给的重要场域。积极健康的文化阵地能够给人们的身心注入正能量，消极落后的文化阵地给人们带来的是落寞的、腐朽的甚至是有害的思想价值，新时代的乡村思想文化阵地建设，则可以有效抵制乡村中存在的各种非马克思主义、反马克思主义意识形态的渗透。可见，在乡村振兴中牢筑社会主义思想文化阵地，就能够为广大乡村民众提供具有正能量的精神文化。当然，乡村思想文化阵地，不仅包括场地、场所及基本设施，还包括思想引领、政治导向、时代精神、文化传承、组织机制等，是一个全方位、多领域、系统性的立体化空间体系与分众化、多层次、互动式的综合平台。

第三，建构诚信的道德规范体系。道德是人与人维系的基本纽带，也是处理人际关系的重要规制。在人们的日常生活中，道德以一种无形的力量塑造人的行为选择。以社会伦理而论，其价值被当作社会工作的最核心内容之一，是带动服务对象与社会环境改变不可或缺的部分。乡村社会，由于人口流动相对缓慢，道德具有强大的规制力。改革开放以来，随着现代化与城市化的发展，乡村传统道德的文化生存土壤出现了根本改变，再加上乡村道德文化建设的迟滞，市场经济机制下生成的新道德观受到了广大农民的认可，传统道德价值开始遭遇解构，乡村社会道德价值约束体系不断弱化。但诚实守信的优秀道德价值观由于具有极强的价值力与存在的合理性，也就成了乡村社会发展的精神动力与力量之源。没有道德文化振兴的乡村，即使经济再发达、物质再丰富，不过是一具没有灵魂的躯壳。

2. 传承乡村优秀传统文化

首先，保护乡村传统文化。传统文化是一个民族历史发展的承载，只有不忘本来才能开辟未来。乡村传统文化是中国传统文化的主干，积淀着中华民族最深沉的精神追求，潜藏着社会主义核心价值观的文化源泉。一些历史文化名村、传统村落、少数民族特色村寨、特色景观旅游名村等自然历史文化特色资源丰富的村庄，是彰显和传承中华优秀传统文化的重要载体，也是留得住乡愁的文化依凭与物理基础。只有它们尽可能多地保持原有样貌，才能彰显特色，延续历史文脉。以乡村民俗文化为例，由于它依附于农民生活、习惯、情感、信仰而生，对乡村社会的一致性价值培育与社区性共识构建就会产生深刻影响，便会以生活化、日常化的形式涵养乡村民众的思想观念与精神信仰，铸魂与塑形的功能极为强大。

其次，创新乡村现代文化。借助乡村已有的传统文化元素，运用现代的审美观念与科技手段，在乡村建设过程中融入新的文化符号，生成适应乡村发展实际的新型文化业态，为乡村民众营造良好的、健康的文化生态，这是乡村振兴过程中乡村文化建设的内在诉求，也是乡村优秀传统文化进行创新传承的必然选择。当下，乡土文化已经是一种时尚文化，人们把乡土文化作为重要文化资源与文化资本来对待。在这一背景下进行乡村文化的现代重塑，我们一定要从乡村视角出发，立足乡村民众的主体本位与乡村原有的文化特质，理解其独特性、包容其差异性、掌握其规律性，不能陷入运用城市化思维来改造乡村文化的认识误区中，导致对乡村文化的曲解与误读，造成乡村文化治理的"水土不服"。

3. 丰富乡村公共文化生活

乡村民众精神层次的提升与文化素养的培育，是一个渐进的过程，需要在日常化的生活中予以推进，方能形成持久性的文化影响力。因此，丰富乡村公共文化生活，进一步增强乡村公共文化与群众生产生活相契合，为广大民众搭建好优质的服务平台，就成了新时代乡村振兴过程中乡村文化建设的重要内容与基本追求。

一是完善乡村公共文化服务体系。公共文化服务体系的完善，增强了公共文化的供给能力，优化了公共文化的服务效能。改革开放以来，乡村公共文化服务体系已经基本上完成了构建，但还存在着一些薄弱环节，需要进一步加以完善，才能促进乡村公共文化的发展，从而提供满足乡村民众基本需要的文化服务。当下，乡村作为公共文化服务洼地的地位还未发生根本性改变，乡村公共文化服务依然需要政府来主导，确保其公共性与普惠性的真正实现。权利均等与机会公平，是社会主义社会公有制的重要表现，这就要求中国共产党乡村公共文化建设必须秉承公正性原则，将标准化与均等化作为乡村公共文化发展的重要依据，进一步深化"保基本、促公平"的公共性内涵。

二是增强乡村公共文化供给。文化产品与服务，是人们进行文化享受的基本资源，只有丰富的公共文化产品与服务，才可以为人们提供更多可供选择的精神享受。乡村振兴过程中，在乡村公共文化产品与服务供给上，一方面，要建立农民群众文化需求的反馈机制，借助专业化机构提供的信息服务，保证政府输入乡村的文化产品与服务是民众迫切需要的。由于乡村公共文化发展存在内卷化，为了增强供给的针对性，政府需要借助市场配置资源的力量来进行"菜单式""订单式"的乡村文化产品与服务。另一方面，要加大"三农"题材的文艺创作，鼓励文艺工作者推出反映乡村社会的优秀文艺作品，让乡村民众对供给的文化产品与服务具有亲切感，进而增强乡村文化的自信心与价值感。

二、乡村振兴中乡村文化自信重建的方法论

方法是认识事物、改造事物的基本手段，也是主体在实践中能否达致目标的关键质素。对于乡村文化自信生成逻辑与主要内容的探讨最终是为乡村文化自信重建的方法与路径服务的。文化安全是前提，文化认同是基础，文化表达是手段，文化自信与自强是文化发展的最终目的，通过化解乡愁、融合乡缘、重塑乡风等方法，可以化解新时代实现乡村文化自信所面临的困境与问题，赋予新时代乡村文化应有的时代张力。

（一）建构乡村文化安全机制以化解乡愁

文化安全是文化自信的前提，建立乡村文化安全机制，维护乡村文化资源的可持续性发展，完善乡村人力资源的培育机制，可以有效避免外来文化对乡村文化进行破坏与侵蚀，增强农民对于自文化的安全感。

1. 维护乡村文化资源的可持续性发展

一方水土养育一方人，一村一貌的自然风景和民俗风情具有不可替代的乡土性和历史感。乡村社会的自然资源是乡村文化历史记忆的存储器，自然资源的有限性突出乡村生态环境保护的重要性。建构乡村文化安全机制需要赋予乡村社会新的文化发展理念。绿水青山的自然美景是在长期自然演进过程中形成的宝贵资源，它不仅是自然生产力与社会生产力和谐相处的产物，也是自然秩序和精神秩序相互作用的容器，能够吸引优质公共

文化服务，吸纳优质人力资源。只有实现乡村文化资源的可持续发展，才能让乡村文化拥有持久的生产力，为乡村振兴战略的实施提供十足的底气。

2. 完善乡村人力资源的培育机制

数量足、结构强、素质高的人才队伍是新时代乡村社会发展的支撑。随着城乡一体化的发展，乡村社会凭借自然资源的丰富、人力资源成本较低等优势，逐渐承接城市产业转移。抓住当前乡村振兴的契机，需要优化乡村人力资源体系。建构合理的乡村人才队伍，需要实现社会人力资源的再分配，通过提升乡村社会基础设施水平和公共服务水平，优化乡村社会治理环境，形成城乡一体化的发展格局，才能"授人以鱼"，吸引新型职业农民主动参与乡村社会的建设。优化乡村人才结构是乡村振兴战略实施的保障，通过技术指导、学习培训，可以提高本地农民的综合素质，拓宽农业经济的发展视野，有效带动地方劳动力的就业、创业，"授人以渔"是乡村人才振兴的应有之义。

（二）建构乡村文化认同机制以融合乡缘

文化认同既包括情感自发的文化认可，也包括理性反思后的文化接纳。增强人们对传统乡村文化和少数民族乡村文化的认同，能够增进个体对自文化的归属感，乡缘成为凝聚乡村社会成员建设所在地域的精神动力。

1. 增强对传统乡村文化的认同

受地理位置、风俗习惯、气候特征等因素的影响，传统乡村文化间具有明显的差异。延续优秀传统乡村文化是一个辩证的过程，首先，需要秉持科学、客观的态度，在扬弃中传承，在传承中创新，激活传统乡村文化活力，赋予传统乡村文化新的时代内涵。其次，需要依据传承形势、实际需要和发展规律，着力落实传统乡村文化的保护措施，综合濒危性保护措施、生产性保护办法、传承教育等多种手段，推动传统乡村文化的传承与发展。最后，需要创新传统乡村文化的载体，通过创办戏曲节、开展传统工艺比赛等形式，利用新闻传媒、互联网技术等方式，融合政府、市场、个人等多元主体参与传统乡村文化传承与创新的过程，扩大传统乡村文化的影响力。

2. 增强对少数民族地区乡村文化的认同

展开少数民族乡村文化的保护工作，首先，需要保护好少数民族乡村文化的生态环境，"绿水青山就是金山银山"，良好的文化生态是少数民族乡村文化传承的保障。利用非物质文化遗产的保护政策，依照本真性保护、整体性保护、科学性保护等原则，保障少数民族乡村文化的可持续发展。随着各民族间的经济联系愈发密切，各民族间的文化交流也愈发频繁，但是民族文化融合与民族文化同化是两个完全不同的概念，前者是发生在自觉、自愿、和平的前提之下，后者则是被迫、勉强、伴随着暴力行为的文化霸权。各少数民族文化应该在保持自文化独立完整、延绵传承的前提下，不断提升自文化的亲和力与吸引力，逐渐形成博采众长、兼收并蓄，各民族文化多姿多彩、争奇斗艳的中华多元文化生态格局。

（三）建构乡村文化表达机制以重塑乡风

文化表达是乡村文化的重要功能，文化的生产与消费、创新与发展都离不开文化的传播与表达。建构畅通有序的乡村文化表达机制，扩大乡村文化的影响力，是新时代实现乡村文化自信的重要路径。

1. 传播健康有序的乡村文化

乡村文化资源是人们改造物质世界实践活动的产物，乡村文化成果也在反向地影响着人们的生产实践。乡村文化自信不仅表现在风景优美、生态宜居的自然环境中，也表现在生产发展、农业兴旺的现实生活中。创新乡村文化的表达机制，需要拓展乡村文化的传播载体，利用互联网大数据，推动优秀文化"引进来"与优秀乡村文化"走出去"相结合，扩大乡村文化的感召力和影响力。创新乡村文化的发展形式，解决乡村文化"走出去"时所面临的形式单一、水土不服等问题。深入挖掘乡村文化的丰富内涵，着力打造独具乡村特色的文化精品，提升乡村文化潜在的生产能力，让健康有序的乡村文化为乡村振兴战略的实施提供强大的精神动力。

2. 推进乡村文化治理体系现代化

随着社会主义市场经济的深入发展，农民的交往方式由整体向离散转变，乡村社会对自文化管理与规划的话语权减弱，基层政府对乡村文化表达机制统筹规划的必要性凸显。"党的十八大以来，习近平高举改革旗帜，将全面深化改革进行到底，不断改革不适应新时代发展的体制机制。"① 推进乡村文化治理体系的现代化建设，基层政府需要对乡村文化的发展进行科学的顶层设计，充分调动各方参与乡村文化建设的积极性，"建立起以政府为主导、农民为主体、市场为载体、文化组织为纽带的'四位一体'的现代文化治理模式"②，将乡村文化发展的长远目标和阶段性目标相结合，实现乡村文化的健康、可持续发展。

三、乡村振兴中乡村文化自信重建的路径选择

乡村文化自信重建是一个庞大的系统工程，涉及农业生产方式和农民生活方式的完善与进步，关涉物质文明、社会文明、政治文明、精神文明、生态文明等方面的建设。按照系统论的观点：系统由系统内的组成要素构成，各要素相互作用、相互制约，最终影响着系统功能的发挥。这就是说，系统功能的最大化取决于系统内各要素之间的优化整合。因此，乡村文化自信重建作为一个系统，要想达到其效果的最大化，必须寻找乡村社会内部各方面、各要素之间的最优配置和整合，除要在人们的内心深处达到一种深度的认同，并以乡村教育重塑乡村未来的希望即乡村少年的价值观与文化观之外，还需要加强社会各方面力量的优化建构。

（一）以社会主义主流意识形态引领乡村文化自信重建

主流意识形态构成一个社会思想文化的中枢和支柱，构成一个民族精神信仰的基础和载体，是引导人们行动的风标，是支撑社会的稳定器，是具有高度融合力和强大传播力的社会核心文化。在中国，社会主义制度的主流意识形态是以马克思主义为指导的社会主义意识形态，包括社会主义政治观、经济观、文化观、历史观、社会观等多项内容，蕴含社会理想、社会信念、社会价值观念和社会行为准则的基本取向。它们各以特殊的方式，从不同的侧面，反映着社会主义社会经济政治生活的发展变化，反映着社会主义制度的本质要求。乡村文化的价值重建必须坚持马克思主义的方向

---

① 罗志峰. 改革开放以来中国共产党乡村文化建设的基本经验 [J]. 云南行政学院学报，2019，（01）：37.

② 吕宾. 乡村振兴视域下乡村文化重塑的必要性、困境与路径 [J]. 求实，2019（02）：106.

指导，坚持在社会主义主流意识形态的塑造过程中完成。唯其如此，我们才能保证乡村文化未来发展的走向和价值归依，才能保证重建后的乡村文化真正成为新时期乡村发展的精神力量。

由于当下我国乡村社会正处于一个大发展、大变革的时代，主流意识形态"一统"格局的局面被打破，各种非主流甚至与"主流"相左的东西也便逐渐从隐伏走向台面。一方面，由于社会科学界的理论研究与思想解读或者过于深刻，或者过于流俗，抑或只做官话文章与表面文章，从而与大众的真实社会心态存在距离，其结果造成以马克思主义为核心的社会主义主流意识形态在话语体系上缺失了社会认同感。另一方面，在传播社会主义主流意识形态的过程中，仍然延续传统方法进行精神领域的教化功能，却忽视人们已经变化的思想现实，这就使得马克思主义的上层象征与民众的文化实践出现疏离，社会主义主流意识形态在上层建筑领域被悬浮起来。再加之当下中国乡村社会的阶层结构发生重组和分化，原有的利益分配格局和资源占有模式被打破，"农民群体发生急剧的分化与变迁，造成了社会价值观念与行为举止的旧、混、新三者共存的现象"。[①] 尽管社会主义主流意识形态的传播与塑造在当前面临严峻的挑战和严酷的形势，但仍然要坚信社会主义主流意识形态的优势地位，应在乡村文化创新中彰显其文化品格，并保持其在社会主义乡村文化建设中的统领地位。

1. 强化理论引导

马克思列宁主义、毛泽东思想、中国特色社会主义理论是中国共产党的指导思想，也是中国人民的行动指南。在乡村社会培育主流价值观离不开马克思主义的指导与思想政治教育的引领，尤其是党的十八大以来形成的习近平新时代中国特色社会主义思想作为党的最新科学理论成果，立足我国社会主要矛盾的变化，深刻回应了社会现实问题，能更精准地指导实际行动。习近平新时代中国特色社会主义思想关于核心价值观培育、文化建设、乡村发展等一系列问题的阐述，为我们构建乡村主流价值观提供了新的思考视角与行为选择的方向。面对乡村社会文化生活与价值观的混乱、精神家园的失守，亟须正确精神的引导。党的十九大报告提出："社会主

---

① 沙莲香. 中国人素质研究 [M]. 郑州：河南人民出版社，2000：140.

义核心价值观是当代中国精神的集中体现，凝结着全体人民共同的价值追求。要以培养担当民族复兴大任的时代新人为着眼点，强化教育引导、实践养成、制度保障，发挥社会主义核心价值观对国民教育、精神文明创建、精神文化产品创作生产传播的引领作用，把社会主义核心价值观融入社会发展各方面，转化为人们的情感认同和行为习惯。坚持全民行动、干部带头，从家庭做起，从娃娃抓起。"①习近平新时代中国特色社会主义思想为重塑乡村文化价值、构建农村社会主义核心价值观提供了理论资源。所以，只有坚持以习近平新时代中国特色社会主义思想为引导，才能对当下乡村社会中存在的不同价值取向进行批判分析，所构建的乡村主流价值观才会符合民众心声与乡村实际。

2. 加强党的领导核心作用

乡村文化的建设需要从制度层面得到支持。党和政府应切实加强对乡村文化建设的顶层设计，坚持从人民利益出发，使得乡村文化建设走向科学化、规范化的道路。

首先，做好文化发展的顶层设计。党作为一切工作的领导核心，要加强对乡村文化振兴的顶层设计，发挥领头羊的作用，带领一切社会力量，包括社会的人才、社会的资源和文化发展政策向乡村倾斜，集社会力量共同建设乡村文化。顶层设计是指在文化发展理论与社会实践之间做好发展规划，让乡村文化的发展在整体上更具明确性和可操作性。做好乡村文化的顶层设计，一是制定好文化发展的指导方针，着力提高文化发展的全面性、协调性和可持续性，在实践的过程中拓宽新的文化发展模式。二是坚持统筹兼顾、突出重点。立足新时代这个关键时期，充分考虑当前所面临的挑战，要协调好社会发展的各领域和各个环节，最重要的是提高党的辩证思维水平和增强驾驭全局的能力。要抓住和解决当前乡村文化凋敝是牵动全面建成小康社会和实现社会主义现代化建设的紧迫任务，加强党对建设乡村文化的领导核心作用。完善乡村文化发展的顶层设计，使乡村文化振兴在实践过程中能够从全局出发，对各项资源要素集中统筹，让乡村文化建设朝着预期的目标迈进。

① 习近平. 决胜全面建成小康社会 夺取新时代中国特色社会主义伟大胜利——在中国共产党第十九次全国代表大会上的报告 [N]. 人民日报，2017-10-28.

其次，在做文化发展顶层设计时应注意坚持以人民为中心的发展理念。习近平把为人民谋幸福作为中国共产党的初心与使命，一切工作的出发点都是为了满足人民对美好生活的向往。实施乡村文化振兴这一重大举措，是从保障人民的利益出发，旨在提高人民生活水平的基础上做出的重大战略决策，是在积极践行以人民为中心的发展理念。把不忘初心、牢记使命作为加强党的建设的永恒话题。加强党的建设，积极响应农民群众的文化诉求，尊重农民的主体地位，做到民之所望，施政所向。贯彻以人民为中心的发展理念，要把文化政策落实到具体的实施措施上，推出更多的文化惠民政策、农家书屋工程等措施，以满足农民日益增长的文化需要。

3. 有效发挥政府指导作用

在乡村文化建设的过程中，政府既是政策引导者，又是乡村文化建设的条件支持者和实施保障者。为满足人们日益增长的文化需要及帮助人们抵制各种错误思潮需要政府充分发挥文化职能，依法对文化事业进行管理。

首先，政府应该提高对乡村文化的重视程度。一些地区政府对乡村文化的重要性缺乏充分认识，还停留在重经济轻文化旧观念上，将文化仅仅停留在文件上，无法真正落实到文化建设的实际行动中。更有甚者，一些乡镇设置的文化站形同虚设，工作人员甚至不在岗，这些问题严重制约着村民对乡村文化的享用。为解决上述问题，各级乡镇政府要发挥领头羊作用，提高对乡村文化的重视程度，转变淡漠的旧观念，明确发展权责，落实分工到位，力图做到经济文化两手抓，两手并重，让各级乡镇政府及基层工作人员真正把乡村文化建设的责任担在肩上。

其次，做好对乡村文化建设的规划和引导。一是合理规划制定政策。合理规划是开始行动的指南，只有目标方向清晰，才能采取有效措施。政府为解决乡村文化衰微的境遇，要把乡村文化放在社会发展的形势下，明确新时代乡村文化的发展目标，制定合理的策略，保证乡村文化的健康发展。二是引导农民参与文化建设的积极性。乡村文化建设最终目的是满足广大农民群众的文化生活需要，可以通过制定奖励措施来鼓励农民积极参与乡村文化活动，激活农民建设文化的活力，增加农民群众参与乡村文化建设的自觉性。三是加强对乡村文化建设的管理。文化建设工作的开展情况、建设进度及建设效果优劣，都取决于政府对文化建设的管理，这就要求政府要积极转变管理职能，从直接管理转变为间接管理。这样一方面，可以充分发挥农民建设文化的主动性；另一方面，能做到对文化工作的有效指挥，形成政府有效管理和农民热情参与的局面。

最后，增加对文化建设资金和政策扶持。其一，加大文化建设的资金扶持。乡村文化活动的开展离不开公共文化基础设施，建设文化基础设施需要大量的资金支持。这就需要政府加大资金投入，在合理安排财政预算的基础上，加大对乡村公共文化建设的扶持和投资力度。在乡村建立一些文化站、文化馆、文化书屋、文化广场等活动场所，让农民开展文化活动实现有场所、有场地、有氛围。其二，加大文化建设的政策支持。政府制定乡村文化建设和发展的政策，要坚持以城乡统筹协调发展的原则，将资金和文化资源重点向乡村倾斜，力争补齐文化建设的短板。同时，政府对乡村文化政策的制定要灵活运用增添预见性和前瞻性，面对乡村文化建设发展过程中出现的新问题、新情况，更要注重政策的科学规划，进行适当调整。

4. 提升干部队伍素质建设

在党的十九大报告中，习近平总书记对建设高素质专业化干部队伍提出新要求，干部既要政治过硬，也要本领高强。打铁还须自身硬，干部队伍只有具备更高的政治素养和能力水平，才能更好地带领和指导群众，更好地承担乡村文化建设的重任。

首先，增强干部队伍的政治能力。加强干部队伍的政治能力是实现乡村文化建设的迫切要求，必须提高各级领导干部的担当作为，把政治素质建设放在干部工作的首位，为建设乡村文化培养选拔忠诚干净有担当的高素质干部队伍。习近平总书记指出，政治把关和政治素质考察是第一位的。把政治素质作为"立身基石"，一方面，要加强理想信念教育，树立坚定的为人民服务的理想信念，坚定不移地引领广大人民群众为乡村振兴、乡村文化建设做出卓越贡献；另一方面，严明的政治规矩和政治纪律，带头守规矩、讲纪律，将政治规律和纪律放在第一位。干部队伍在开展文化建设工作时要以新时代、新担当作为新时代乡村文化建设的工作导向，团结带领人民建设乡村文化。

其次，加强干部队伍的治理能力。"要把提高治理能力作为新时代干部队伍建设的重大任务，引导广大干部提高运用制度干事创业能力，……"①
新时代干部队伍治理能力关系到农村现代化总体目标的实现。广大干部必须深刻认识到肩负着乡村文化振兴的责任，切实提升自身的治理能力。一方面，加强实践锻炼，投身基层治理实践当中，在基层中探索治理的经验与特点，提高系统治理能力。另一方面，加强思想淬炼。实现思想淬炼要坚定马克思主义的立场、观点和方法，解决好世界观、人生观、价值观这个"总开关"问题。

最后，提高干部队伍的学习能力。领导干部如选择故步自封的话，将不能及时更新知识，最终导致本领恐慌，甚至与时代脱轨，以至于无法适应新时代发展要求及满足人民群众的需求，就不能担当建设乡村文化的重任。因此，提升学习能力显得尤为重要。必须把学习作为发展的内在需要。一方面，通过学习科学文化知识提升自身的能力素质、增强本领，提升为人民服务的修养，才能更好地凝心聚力为乡村文化建设服务；另一方面，加强政治理论学习，通过学习掌握本领，汲取"政治营养"，更好地指导乡村文化建设工作的开展。

（二）在乡风文明建设中重建乡村文化自信的价值载体

1. 培养农民的社会主义道德意识

培养农民的社会主义道德意识，就要培养他们的集体主义精神，做到"心中有他人，心中有集体，心中有国家"。社会主义道德规范应当以集体主义为准则，以爱祖国、爱人民、爱劳动、爱科学、爱社会主义为基本要求。集体主义体现了社会主义社会的本质，是现阶段进行改革开放和发展市场经济的客观要求，是我们必须坚持的正确价值取向。在乡村社会开展集体主义教育，就要使农民学会正确处理个人与集体、个人与社会、个人和他人的关系，学会正确地处理个人利益与集体利益的关系，能够主动关心他人，尊重他人的正当利益；要顾全大局，反对小团体主义、本位主义和个人主义等损公肥私、损人利己的行为，把个人的理想与奋斗融入广大人民的共同理想和奋斗中，自觉为集体、为社会做出贡献，不断提高思想道德素质和科学文化水平，最终达到个人与集体和谐发展的目的。

---

① 习近平. 习近平谈治国理政（第三卷）[M]. 北京：外文出版社，2020：128–129.

培养农民的社会主义道德意识，就要培养他们的爱国主义精神。爱国主义是伟大中华民族精神的核心，是中国人民的政治品质和道德面貌的重要特征及祖国意识、民族意识的灵魂，是中华民族自强不息、繁荣昌盛的永恒的精神支柱。在我国历史上，爱国主义从来就是动员和鼓舞人民团结奋斗的一面旗帜，是各族人民共同的精神支柱，在维护祖国统一和民族团结、抵御外来侵略和推动社会进步中，具有伟大的凝聚力和生命力，发挥了重大作用。对农民进行爱国主义教育，就要把中国在世界关系中的地位和作用讲给农民听，激发他们对祖国的热爱之情。要让广大农民明白，爱祖国就必须努力建设祖国，为中华民族的伟大复兴和祖国的繁荣富强而艰苦奋斗。

培养农民的社会主义道德意识，就要坚定他们的社会主义、共产主义理想信念。我国社会主义制度确立以后，巩固和发展了新民主主义革命的成果，为我国社会生产力的发展和社会进步提供了可靠保证和光明的前景。因此，在对农民进行爱国主义教育的同时要大力开展社会主义教育，使广大农民认识社会主义的优越性和美好前景，坚定社会主义信念，发挥建设社会主义新农村的积极性和创造性。

2. 培养农民的财富道德意识

培养农民获取财富的道德约束。财富的积累是增强综合国力及个人自我发展的需要，求利是推动市场经济发展的动力。但是，在西方拜金主义的不断侵蚀下，农民传统的"重义轻利"的道德观念不断弱化，一些投机取巧的不良手段成为某些农民追求更高经济收入的价值选择。如果在积累财富的过程中，打破了通过辛勤劳动等正当手段获取财富的"取之有道"的常规路径，就会强烈颠覆农民的财富道德观念，导致他们对致富手段的伦理正当性产生怀疑，转而采用原始的、非伦理的方式来攫取物质财富和利益。其结果必然是走向唯利是图、损人利己、为富不仁，败坏社会风气，破坏市场经济以至整个社会运行的正常秩序。所以，我们必须以"义"来引导和规范市场经济的求利趋向，确立和坚持义利并重或义利统一的价值导向，鼓励农民通过合法经营，勤劳致富，获得尽可能多的财富。

培养农民使用财富的道德约束。市场经济条件下利益涌动，人们往往认为"有钱就是幸福"，农民对创造财富表现出浓厚的兴趣。被大大刺激起来的财富欲望使农民陷入对财富的盲目崇拜和追逐中，无论是仁义之财还是不义之财，财富只剩下工具理性的一面，消解了其价值理性的一面。在财富使用上，农民缺少必要的伦理审视，倾向于个人消费与家庭（家族）消费，更多的是物质消费，有时甚至是炫耀性、浪费性消费，对社会公益事业、对投资和发展缺乏强大的内在心灵动力。一方面，在一些农村，婚丧嫁娶大操大办，讲排场、比阔气的现象十分严重，这不仅造成极大的浪费，也败坏了社会风气；另一方面，先富农民还没有意识到对财富的支配和创造所具有的伦理意义，没有学会善待财富。因此，在当代农民中应该继续发扬勤俭节约的美德和艰苦奋斗的优良传统，一是要勤劳，即热爱劳动、勤奋工作、踏实肯干，二是要俭朴，但这并不是说就得过苦行僧般的日子，不能过舒适的现代化的生活，而是说一定要力戒奢华，不可讲排场、求豪华、赶时髦、大手大脚，因为现在的农民，绝大多数的经济实力并不雄厚，办任何事情都应该精打细算，勤俭节约，如果致富不节俭，再多的财富也是积累不起来的。对那些先富起来的农民，我们还要提倡回馈社会的财富道德，帮助他们明确财富的价值，对财富的使用进行正确的价值引导和有效的价值规约。要让他们意识到财富所担负的社会责任，认识到财富的真正拥有者是社会而并非个人，财富的使用应当以回馈社会为归宿，这样才能促进财富的良性循环和人性化运作。

3. 培养农民的生态道德意识

随着社会的发展和进步，环境保护问题越来越受到人们的普遍关注，已经成为衡量一个社会道德水平高低的重要尺度。在一个农业大国里，增强农民的生态道德意识，帮助他们树立正确的生态道德价值观，养成生态环保的生产生活习惯，是"农村、农业、农民"科学发展的必然要求，有利于构造一个以环境资源承载力为基础、以可持续发展为发展理念、以循环发展为模式选择、以生态平等意识为核心价值观的"资源节约型、环境友好型"社会主义新农村。

要在农民之间确立环境正义的理念和制度。环境正义论是乡村社会现代生态伦理的基础和核心。环境正义论主张诸如农民这样的弱势团体有免于遭受环境迫害的自由、权利——社会资源的公平分配，资源的永续利用以提升人民的生活品质，以及每个人、每个社会群体对干净的土地、空气、水和其他自然环境有平等享用权的权利。因此,在乡村社会进行生态伦理建设就要在农民中确立环境正义的理念,使其真正关注基本的环境知情权、生存权和平等权。只有当他们意识到环境是和自己的生存息息相关,并同等地享有关于生态的一切权利的时候,他们就会养成保护环境的自觉,树立起生态伦理的基本意识。

要帮助农民树立正确的发展观。要彻底改变那种只重数量不重质量,只顾眼前不顾未来,只重增长不重结构的粗放式农业发展模式,积极发展生态环保型农业,将生态环境作为潜在物质财富和潜在生产力保护起来。因此,逐步引导农民端正价值观念,增强资源危机意识,落实人与自然和谐相处的理念。要帮助农民摒弃传统的单一的经济发展观,不把经济效益看作唯一目的,努力克服在自然资源开发过程中片面追逐利益最大化的经济理性,同时重视社会效益和环境效益,使乡村和农业经济系统与自然生态系统相和谐,做到资源的可持续开发和利用,坚持积蓄后发优势的可持续发展理念;要引导农民改变传统生产经营方式和落后的生活习惯,倡导健康、科学的生活方式,推动农民的乡村生活真正走上生产发展、生活富裕、生态良好的文明发展道路。

4. 完善乡村社会的生活伦理

首先,发挥乡村人居环境整治伦理价值。乡村人居环境整治要扎实推进"保护乡村自然生态环境,改善农民日常生活环境"这一基础性工作。在生态保护方面,积极开展生态治理工作,保护自然生态环境。从整体性思维出发依据自身条件进行退耕还林、退牧还草、还湖休渔,开展石漠化、农业面源污染综合治理等生态保护工作;通过让农民参与生态工程建设,安排河道管护员、草原看护员、林业护林员等生态公益岗位,开展生态建设工作;发展绿色经济,协调生产与环境的矛盾关系,开展生态保护工作;推广秸秆还田、绿肥种植、测土配方施肥技术,发展生态农业减少农业种养污染;结合自然资源优势发展生态旅游业、建光伏电站等绿色产业来减少乡村工业污染。

在生活方式方面,要全面启动乡村建设行动,实现城乡联动,"推进城乡环境卫生综合整治"[①]，持续开展、优化提升改水、改厕、改厨，生活垃圾与污水处理，河道清理、危房改造、街道绿化等人居卫生环境的整治工作，为农民创造一个现代化干净整洁的生活居住条件与环境。另外，提升乡村人居环境整治水平需要不断加强乡村建设的规划性，实现自然规律与美的规律相统一。针对数量众多的集聚提升类村庄，要在原有的规模基础上，发展产业，美化环境，保持原有村庄风貌，建设宜居宜业宜游的村庄。

其次，盘活乡村内生治理机制自治功能。一是，发挥村规民约的自治作用。村规民约作为乡村社会治理机制中依靠地方性共识发挥作用的内生公共性规范，源于乡村集体生活实际需要，主要由村民自主订立，并以组织化与制度化方式执行，在规劝村民惩恶扬善，传承民间礼俗、淳朴民风等方面扮演重要角色。在乡村文化建设中发挥村规民约的自治作用，要使村规民约的形成与地方风俗、民间习惯等相适应，农民在不违背国家法律政策前提条件下以协商形式处理村内公共事务，共同遵守村规民约。同时，要使村规民约的发展着眼于村规民俗建设，以民主、法治为基础把婚丧从简、禁止赌博、禁止非法从事宗教迷信活动等内容纳入村规民约中进行约束，并明确规定相应处罚办法，有效遏制红白喜事中相互攀比铺张浪费的陋习，纠正被金钱所染指的不良习气，使固有的人情关系回归淳朴自然的形式与意义。二是，发挥乡贤群体的示范引领作用。乡贤文化是我国传统文化在乡村社会中的一种表现。传统社会中，乡贤在推动伦理维系、民风淳化、乡土认同等方面发挥无可替代的作用，尤其是乡贤作为一个精英群体，对于乡村社会不仅是秩序的维护者，更是文化的引领者，体现了谋利桑梓、建设乡村的群体追求与故土情怀，曾为中华文明的传承起了重要作用。当下的乡村社会受到现代化与市场经济、物质主义的影响，与传统社会相比已经发生了巨大变化。但是，新乡贤群体的存在为乡村文化自信的重建起了良好的引领作用。当下新乡贤群体主要由以下人群组成：从乡村走出去、现已退休的党政干部与教师，在城市中创业成功后看到乡村发展机会而回乡创业的人，为人正直公道并有公共服务精神的村民，不在当地却关心家乡发展的人。新乡贤群体是各行各业的成功者，从小受到乡村文化的浸染，

[①] 中国政府网. 国务院关于深入开展爱国卫生运动的意见[EB/OL]. http：//www. gov. cn/zhengce/content/2020-11/27/content_5565387. htm.

尽管他们的成长成功受到各种因素的影响，但乡村文化中蕴含的勤劳、朴实、真诚、节俭等特质与现代社会对成功者基本素养的要求高度契合，无形中为他们后来的成长提供了深厚的文化底蕴。新乡贤的这种示范引领，尤其是其对乡村的热爱，必会正向激励乡村民众，特别是乡村青少年对乡村文化及乡村社会的自信。

再次，发挥宗族自治作用。中国村落最早起源于家族的聚居，宗亲关系作为先赋性血缘关系是村落共同体形成的纽带与乡村内在的治理规则和逻辑，由家族扩大聚集而成的宗族是乡村合法性自治权威。因此，作为传统乡村治理模式基本组织的宗族在现代乡村社会发展中依然存在，并扮演着非正式治理主体角色。在乡村文化建设中发挥宗族的自治作用，要引导宗族实现传统的现代转换，使传统宗族文化在现代法治理念引领下摒弃不合理的封建愚昧内容，成为维护乡村内生秩序的积极力量。

最后，发挥新型乡村合作社的自治作用。新型乡村合作社指改革开放后由农民主动协商成立具有互助性的内生型合作经济组织形式，属于自下而上成立的非正式自治制度。自愿加入、自我治理、民主管理、互惠互利是新型乡村合作社建立发展的基本原则。新型乡村合作社不仅能为农民集体提供公共服务、发展乡村集体经济，更对新型农民培育与新型乡村文化发展具有重要价值。在乡村文化建设中发挥新型乡村合作社的自治作用，要积极协调好乡村集体经济发展效率与公平之间的关系，不断积累合作社社会信任资本，以此弘扬乡村集体主义风尚；要重视新型乡村合作社社会服务职能的实现，保证合作社充足的集体收益与公积金提留部分，使乡村的经济领域自治与社会民生领域自治有效衔接；要在合作生产经营中培养农民社员的社群意识，提升农民集体的自我管理、自主决策与自我发展能力，摆脱"等靠要"国家优惠政策的消极致富发展观念。

（三）以生活化的文化建设模式重建乡村文化自信

1. 发展农业现代化，夯实乡村文化自信重建的物质基础

农业现代化是传统农业向现代农业的转变过程，不仅包括物质装备、产业体系的现代化，更包括农民的现代化。发展农业现代化的首要目标就是满足人们基本的生存需要，这也是乡村文化自信重建的物质前提。因此，

实现农业现代化，就必须通过提升农村产业化和农业现代化水平，提高农业综合生产能力和增值能力，促进农村经济发展及农业效益和资源利用效率的提高。通过发展农业现代化，能够提高农业竞争力，改变我国农业低效与弱质化面貌，增加农民收入，让农民从繁重的体力劳动中解放出来，从农业产业中获得较高的收益。通过发展农业现代化，能够实现工业反哺农业、城市支持农村，尤其是企业带村，从而培育农民的公共道德意识、人际关系意识、公共卫生意识、公共生活意识，让农民真正过上富足而有尊严的生活，为乡村文化自信的重建夯实基础。

（1）强化科技对农业生产的支撑

农业科学技术是推动农业现代化发展的强大助推力，我国现代农业的发展是依托农业科学技术，坚持以生态、集约、高效为引领，用科技促进农业生产，从而实现全面建成农业现代化。2020年中央"一号文件"指出："加强农业关键核心技术攻关，部署一批重大科技项目，抢占科技制高点。"[①]这意味着国家将科技投入农业生产的各个环节，争取以最短的时间把科技转化为农业发展的生产力，以提高农业生产率。同时，加大科技对农业机械与制造技术的创新，推动一些智能化、复合型农机的研发与应用，提高农业生产的生产效率。按照耕地土地的需要，制造出带有高科技、高智能的现代农业生产装备，早日实现农业生产的自动化，更好地节约人力资本。此外，农业生产的科技化为良种培育带来了新机遇。加大对粮食作物品种的培育，培育出高产的优良品种，提高农产品的产量和质量，对实现增产增收，解决人多地少矛盾有着重要作用。

（2）积极发展绿色有机农业

一方面，改善区域生态环境。发展绿色有机农业离不开良好的生态环境，要从源头产地的生态环境进行治理。加强绿色农业产地的保护，通过对生产区域的土壤、水系和空气的保护，营造一个生态良好、环境无污染的田园生态。加强有机农产品基地的建设，逐步形成特色鲜明的绿色有机农产品产业带。另一方面，推广绿色生产方式。积极发展绿色农业最便捷的方式就是减少过量地使用农药和化肥，减少对土壤、水系的污染程度，可以

---

① 中共中央党史和文献研究院编. 十九大以来重要文献选编（中）[M]. 北京：中央文献出版社，2021：368.

通过实施有机肥或生物农药来替代化学农药，以保证瓜果蔬菜等农作物的绿色无公害，实现对自然生态环境的保护。同时，要引导农民树立环保意识。要把生活和生产垃圾放在指定位置，实施定点回收处理，养成不乱扔垃圾的好习惯。对于生活污水，实行定点排放进行污水处理，减少水源的污染。引导农民树立良好的环保意识，并积极推广绿色生活方式，对保护生态环境显得尤为重要。

（3）推动乡村文化资源产业化发展

乡村文化产业是采取文化与产业相结合的模式，以文化带动乡村经济效益的增长，以产业挖掘乡村文化资源。在发展乡村文化产业的同时应以保护乡村文化作为前提，合理利用乡村文化资源，不可盲目地过度开发。增加乡村经济效益的同时，要使乡村文化的魅力得到彰显。

①打造乡村特色品牌文化产业

文化振兴与产业振兴是乡村振兴战略的两个重要部分，乡村振兴战略为乡村文化产业的发展提供了时代机遇。而乡村文化产业既能体现乡村文化振兴，又能体现乡村产业振兴，并使两者结合在一起，相互促进。乡村发展文化产业是依托乡村特有的文化资源。乡村文化资源的丰富程度，是乡村文化产业是否能够发展起来的重要基础。乡村文化资源见证了乡村文化的历史演变，支撑着乡村群众的物质生活和精神生活。因地理环境、资源条件、历史背景等因素的差异，不同乡村之间的文化资源也各具其特色，为乡村文化产业打造特色品牌提供了有利的独特优势，乡村文化资源通过文化产业的带动也得到更好的利用。乡村文化产业的内容是丰富的，形式是多样的，要打造具有特色的乡村文化产业，不同的乡村面临的状况也不同，因此应立足本村村情，因地制宜，具体情况具体分析，避免盲目地复制模仿，而是要从本村的文化资源着手，发展能够彰显本村特色的品牌文化产业。以乡村的发展进程来看，乡村具有厚重的历史文化底蕴，如地名、人名故事等。除此之外，乡村还有许多传统的手艺技艺，类型多种多样，有些还属于非物质文化遗产。在乡村社会里，民间手艺成为一种活文化资源，依托手艺技艺发展乡村文化产业，能更好地凸显乡村文化特色，实现特色资源向特色文化产品的转化，从而使乡村文化资源得到合理化利用，并对乡村的经济发展起到促进的作用。以特色文化资源为依托，并以产业化方式的带动，打造乡村特色品牌文化产业。

②发展乡村文化旅游产业

文化与旅游本来是存在于乡村中的两种不同的事物，但是"自有旅游活动以来，旅游与文化就从未分离"[①]。在当前城市化的背景下，随着人们生活观念的转变、消费结构的升级，越来越多的城市人向往乡村的生活。在此基础上，根据市场需求，乡村文化旅游产业得以发展起来。因此，以乡村旅游的方式可以吸引更多的人走进村落，回归乡村重拾乡土记忆，了解村落的历史文化底蕴，感受特色的村落文化。关于文化与旅游的关系，乡村文化可以以旅游的形式具体化地表达，旅游通过增添文化的色彩得以升华。两者之间相互促进，相互融合，共同发展。从乡村旅游的角度看，乡村文化的融合为乡村旅游增添了特色，有利于吸引旅游者，激发旅游者的兴趣，加深旅游者的记忆，使旅游者通过走进乡土社会，体验乡村文化，感受乡村文化的魅力。从而带动人流量的增长，增加乡村的经济收入，促进旅游产业的良好发展。从乡村文化的角度看，广大乡村地区拥有丰富的文化资源，把乡村特色文化资源融合到乡村旅游产业中，为乡村文化搭建了载体，使乡村文化更加形象、具体化地表达，并更好地发挥它的文化价值。

③开创"互联网＋"文化产业模式

随着互联网技术的发展，我国已进入网络全民化时代。互联网带动产业发展取得的成效越来越显著。近几年，互联网在乡村的覆盖面越来越广，对乡村发展带来的影响也越来越大。其中一个典型的案例就是乡村电商产业的崛起。乡村电商产业的发展就是借助于互联网平台。乡村电商产业的发展，使农民掌握了互联网技术，农民可以通过微信公众号、专门网站，在互联网上进行交易。由此看来，"互联网＋"模式必然成为一种趋势。因此可以开创"互联网＋"文化产业的模式推动乡村文化产业的发展。首先，可以通过互联网大数据分析，了解人们的爱好需求、消费倾向，并根据数据分析结果进行生产创作，生产符合大众兴趣需求的文化产品，提升文化产品的销售量。其次，可以将乡村特色手工技艺文化产品放到互联网平台上，

---

① 杨军昌，杨蕴希. 清水江流域民族教育文化遗产与乡村旅游融合发展研究 [J]. 西南民族大学学报（人文社会科学版），2018（05）：1.

不仅可以提高其文化产业品牌知名度,还可以打造乡村特色品牌文化产业。最后,通过互联网注入创意,使乡村特色文化资源的价值得到充分挖掘。"互联网+"文化产业的发展模式,有利于打破阻碍乡村发展的交通、时间限制,使农户及时准确地了解市场供需要求。通过乡村文化产业推动乡村文化振兴,要发掘具有产业发展潜力的特色文化资源,利用数字信息技术,发展特色文化产业。"互联网+"文化产业的模式,可以促进乡村文化与文化产业相融合,乡村文化与信息技术相结合,改变农业传统模式,不断提高农业竞争力,加速乡村脱贫致富,推进全面建成小康社会的实现。

2. 营造乡村公共空间,修复社会凝聚力

乡村社会的公共空间,既不同于私人领域的家庭生活,也不同于行政领域的政治生活,是乡村社会人们的主要公共生活领域和相互交流的场所,共同培养起乡村社会的政治民主基础,同时促发乡村的经济与文化发展。重建乡村文化自信,我们就要思考如何修复乡村公共空间,营造火热的集体生活,重新塑造其文化魅力,发挥正确的文化引领作用。

(1)注重乡村公共文化空间建构

当前,我国广大乡村普遍存在公共文化空间缺失或弱化的问题,这就无形地减弱了乡村公共文化的强联结作用,进而影响到村民精神文化生活质量的提升。新时代的中国特色社会主义建设中,为了建构乡村公共文化空间,为村民提供基本的交流平台,从而推动乡村文化的发展,我们需要从以下几个方面进行努力。

一是加强乡村文化场所建设,构建乡村文化活动的平台,如以乡村舞台、文化礼堂、文化大院、农家书屋、乡镇图书馆为基本载体,形成村庄文化交流中心,推动群众性文化活动的开展。在进行村庄整体建设时,尤其要将分布合理、交通便利的地块考虑留作公共文化场所的建设用地,提高乡村民众文化参与的便利性。

二是对传统文化古迹加强维护,抢救传统文化场所。传统文化在村民心目中具有极高地位,传统文化场所能够较强集聚起乡村民众,精神教化功能十分显著,如神龛佛像之处、家族祠堂公墓、村庄旧戏台、曾经的旧广场等均属于这类文化空间。

三是乡村体育场建设。现在乡村民众的农活与以前相比减少了很多,闲暇时间增多。体育场地的建设，既可以增强他们的体质，又可以为村民平时信息的交流、情感的传递提供基本场所，还可以填补村民个体原子化、疏离化带来的精神空虚。

四是发挥具有一定技能与爱好的人的文化辐射功能，通过资助其建立工作室的方式将其家园拓展为新的公共文化空间，如拥有书法、剪纸、雕刻、纸扎等技艺的人家，往往是有共同爱好的人的聚集之处，可以为同类群体的村民交流构建平台。这就营造了基于群体特征与需求特征的公共文化空间，破解了之前某些乡村在公共文化建设上的"格式化"。

空间是一种客观存在，随着人们对空间文化属性认知的深化，空间的工具性价值更加凸显，在乡村公共文化建设中的作用日渐重要。2018 年 9 月，中共中央、国务院颁布《乡村振兴战略规划（2018—2022 年）》针对重塑乡村文化生态强调，深入挖掘乡村特色文化符号，走特色化、差异化发展道路。因此，乡村公共文化空间建构需要立足乡村特色，充分尊重乡土文化原貌，旨在形成契合村民生活的文化样式。

当下，乡村公共文化空间建设中的特色小镇建设，就是合理利用地方自然资源与特色文化资源的一种尝试，较好地凝聚起了地方共识，提高了乡村民众的地方认同感与文化参与积极性，如中国书画之乡的甘肃通渭县平襄镇宋堡村的书画小镇，在文化产业化理念指导下建成的悦心书画长廊、悦心美术馆、书画文玩城、天象文化综合体等，让当地酷爱书法、崇尚书法的乡村民众在翰墨飘香、丹青溢彩的空间氛围中感受着传统文化的魅力，从而发挥好传统文化在新时代中国特色社会主义文化建设中的积极作用。

（2）提升乡村公共文化服务水平

所谓乡村公共文化服务是指以基层政府为主的公共部门提供的、以保障乡村居民的基本文化生活权益为目的、向民众提供公共文化产品和服务的制度和系统。2018 年中央"一号文件"明确提出"按照有标准、有网络、有内容、有人才的要求，健全乡村公共文化服务体系"[1]。乡村公共文化服务水平的高低事关乡村居民文化权益的实现，事关乡村社会的和谐稳定，事关乡村振兴战略的全面推进。因此，多举措完善乡村公共文化服务体系，

---

① 乡村振兴战略规划（2018—2022 年）[M]. 北京：人民出版社，2018：64.

提升其服务乡村居民的水平,对筑牢乡村思想文化阵地、繁荣发展乡村文化、实现乡村社会的和谐稳定、丰富乡村居民的精神文化生活以保障亿万农民的基本文化权益具有重要的作用。

①强化政策保障,健全资金投入、使用机制

国家的政策保障是乡村公共文化建设水平提高的前提,资金的有效投入是文化事业得以发展的基础。近些年来,国家越来越意识到文化发展对国家综合国力提升的重要性,对丰富广大民众精神文化生活的有益成效。因此,国家也在不断地探索、强化国家对文化事业发展的政策保障,健全资金投入使用机制。

在实施乡村振兴战略的大背景下,进一步强化乡村公共文化建设的政策保障,提高资金的投入与使用效率我们需要从以下几个方面着手。

首先,强化、细化乡村公共文化建设的政策。中央的政策对基层文化建设具有宏观指导作用,因此中央需要不断完善细化宏观政策,提高政策的可操作性,以更好地指导全国乡村文化建设。中国幅员辽阔、地域广袤,在具体的实践过程中,各地方政府也要因地施策,通过实地调研走访,在把握中央宏观政策的基础上根据各地的现实情况制定具体的政策及施行标准,以最大限度地实现政策对基层文化建设的保障作用。

其次,国家应进一步协调财政资金的使用,加大对基层公共文化的资金投入。当前的城乡二元结构最突出的表现就是城乡经济发展的巨大差距,这也是导致乡村公共文化服务建设落后于城市的原因之一。国家长期以来对城市公共文化基础建设的重视和大量投入及城市自身的经济、文化、社会等现实优势使得城市公共文化服务水平较农村有着明显的优越水平,而乡村基于同样的原因则在公共文化建设上明显落后于城市。因此,加大对基层公共文化服务建设的财政投入十分必要且迫切,而这不仅需要中央的财政补贴,更需要省市县等地方财政资金的投入,只有基层真正重视并积极投入才能切实保障资金的投入。

最后,健全基层公共文化服务政策和资金投入、使用的监督机制。国家财政资金的投入是完善乡村公共文化基础设施建设、提升乡村公共文化服务水平的基础,但是仅仅有国家和各级的财政拨款是不能够真正保障乡村文化基础设施建设资金的有效投入与使用的。只有健全权力责任机制,形成有效的监督体系，切实保障政策的落实到位和财政资金的使用到位，提升乡村公共文化服务水平才有现实可能性。

②严格落实各项乡村文化设施的惠民工程

文化惠民工程是党的十七大提出的旨在繁荣发展社会主义文化事业，提升公民的生活质量，并最终惠及所有广大民众的文化普及工程。文化基础设施作为文化惠民工程的基础性建设是提升乡村公共文化水平的基础因素。近些年来，尤其是党的十八大以来我国各项社会主义事业均取得了举世瞩目的成就，文化建设事业亦是如此。乡村文化建设事业也在稳步向前推进，如乡村居民的精神文化活动形式日益多样化、内容逐渐丰富化，其中对乡村文化基础设施的建设资金投入不断增加，各项文化惠民工程正在为民众的精神文化生活带来明显的成效，如乡村文化繁荣兴盛的重大工程戏曲进乡村、古村落古民居保护利用、乡村传统工艺振兴等。国家无论是在财力还是人力、物力上都给予乡村文化建设以尽可能多的支持，但是乡村文化基础设施薄弱的现状依然需要各方的努力，其中最基础也是最直接有效的就是要严格落实各项乡村文化设施的惠民工程。文化惠民工程是一项系统工程，尤其是在十九大提出实施乡村振兴战略以来，关于进一步贯彻落实相关文化惠民工程，并加大乡村地区文化惠民力度需要大家共同的努力。

首先，要继续落实国务院关于加强基层综合文化服务中心建设的指导意见。基层是基础，是为广大乡村群众提供精准高效服务的前沿阵地。因此，加强基层公共文化服务建设，使之成为综合性的乡村公共文化服务中心，成为乡村精神文明建设的最后保障尤为必要。尤其是贫困地区，更是要全面到位地贯彻落实相关文化扶贫工程，如在"贫困地区百县万村综合文化服务中心覆盖工程""贫困地区民族自治县、边境县村综合文化服务中心覆盖工程"等的基础上进一步加大对贫困地区的资金投入和政策倾斜以最大限度地实现农村地区的文化惠民。

其次，与时俱进，推进数字文化下乡进村。随着互联网技术的迅猛发展，网络覆盖所及之处，不论是在城市抑或农村，数字网络已经成为广大民众获取信息、学习知识的重要渠道。但是，优质数字文化资源的获取还是需要国家的政策扶持与一些数字文化项目的实施，如国家数字图书馆的推广、边疆万里数字文化长廊建设等。

最后，不断完善乡村文化基础设施建设的地区精准性。文化惠民的基础设施建设是满足广大民众的精神文化生活需求的基本保障。但中国地域广袤、民族众多，各地区、各民族的风土人情、民族习惯差异性甚大，因此，各地区的乡村民众对乡村文化基础设施的需求也呈现出较大的差异性。这就要求各地方政府做到因地因民族制宜，针对地域特点、民族特性的现实文化需求建设文化基础设施，实现乡村文化基础设施建设的差异化与精准化。

③ "以需定供"，优化公共文化服务和产品供给

"农村公共文化服务供给的有效性是建立在人民群众的满意度基础上的"①，只有符合广大民众需求的文化产品和服务供给才是真正的有效供给。但是，新时代中国特色社会主义的主要矛盾已经发生了显著的变化，文化精神生活作为人们美好生活的重要追求之一，文化发展的不平衡不充分问题也比较突出。尤其随着第一个百年目标的实现，人们的生活水平普遍提高，对文化的需求日益呈现多元化、复杂化的特征。因此，根据各地的经济发展水平与人们的文化知识水平，提供符合各地民众口味的文化产品和服务，而不是仅仅为了提升地方政府官员的政绩，搞面子工程、形式主义。但是，现实情况的复杂性让文化供给的有效性滞后，并不能立刻体现民众当时当下的现实需求，因此，全方位多角度掌握民众的文化需求动态，构建有效的文化需求反馈机制和供给机制，实现文化供给的有效性是提升公共文化服务水平的主要目的之一。

首先，应该优化公共文化服务和产品的供给结构。当前的文化供给多处于政府主导的单一供给模式，这就导致文化需求和供给之间的现实脱节问题。政府主导的文化供给形式和内容相对固定，但是中国的广大农村地区不论是社会环境还是人文环境差异性都非常显著，这就导致文化需求的巨大差异性。因此，调动各地社会主体的有效参与，实现政府主导、社会广泛参与的多元供给制是优化公共文化服务和产品供给结构的有效途径。

其次，需要提高乡村公共文化服务和产品的供给质量。在文化生活中，

---

① 廖晓明，徐海晴. 新时代农村公共文化服务供需问题探析 [J]. 长白学刊，2019（01）：150.

政府一直强调要为广大民众提供通俗易懂的、喜闻乐见的大众文化，但是这种大众文化是对广大民众具有正面积极的引导作用的社会主流文化，并不是含有陈规陋习或者封建迷信思想的落后文化。因此，需要政府的监督制约机制以把控文化质量关，提供高质量的、积极的文化服务和产品。

最后，需要调控公共文化产品的供给数量，灵活应对不同的文化需求与供给的现实情况。对公共文化服务水平落后、数量不足的落后农村地区，增加公共文化的数量供给是迫切的现实需求。因此，充分盘活可用文化资源，增加供给数量是关键。但是，在文化服务和产品的供给数量过剩的地区，有效供给是关键。所以，应该严把质量关，减少不必要的文化服务和产品的无效供给以实现文化资源的高效利用。

3. 发展乡村教育，促进乡村文化自信的重建

乡村教育是在国家的制度安排下、立足于乡村社会实际而展开的旨在提高乡村人口素质与文明程度的过程，对于乡村文化传统的承续与乡村文化价值的挖掘具有基础性作用。

第一，加强乡村学校教育，培育年轻一代对于乡村本土文化的自信。教育是文化的生命机制，而乡村学校作为乡村最重要的公共文化资源，对农村年轻一代有着深远的影响，同时对整个乡村的淳朴乡风的形成具有一定的影响。但如今的乡村学校仍然以升学作为目标，忽视了对农村乡土文化的教育。因此造成农村年轻一代对乡土文化的淡漠，割断了年轻一辈与乡村情感上的勾连。所以，乡村学校在授课方面要避免单一的应试倾向，在强化基础教育的同时决不能忽视乡村少年对本土文化的认识和对农村情感的培育。应将优秀的乡村文化作为教学资源运用于乡村学校的教学中，以此加强乡村学生的价值观教育和乡土文化教育，从而构建乡村少年与本土文化交流的桥梁，促使年轻一代树立起对乡村文化的自信与乡土文化的自觉，为乡村文化的传承和实现乡村振兴储备相应的人才。

第二，发展乡村社会教育，提高村民对于乡村文化的认同感。随着城乡人口流动的加快，乡村遭受着多种价值观的碰撞，乡村的社会形态也发生了很大的变化，乡村村民多认同城市文化，对本土文化十分淡漠。因此，农村应大力发展社会教育，宣传农村传统的风俗文化和乡村历史，举办当地独具特色的民俗活动，以此培养农民对乡村文化的价值认同，激发村民

对于乡村传统文化的自信。此外，还可以加强乡村公共文化资源建设，如修建乡村图书馆、组织乡村文化团体等来提高村民的道德文化水平，培育农村良好的文化氛围。

参 考 文 献

[1] 李勇强. 农村题材电视剧成被"遗忘的角落"[N]. 光明日报, 2016-06-11.

[2] 张贺, 宋梁缘. 文化扶贫升级快 基层群众获利多——基层综合文化服务中心建设述评[N]. 人民日报, 2016-11-25.

[3] 徐兆寿. 乡土文化何以复兴[J]. 决策探索（下半月）, 2017（01）.

[4] 斯诺. 斯诺眼中的中国[M]. 北京：中国学术出版社, 1982.

[5] 平松守彦. 一村一品运动[M]. 王翊, 译. 石家庄：河北人民出版社, 1985.

[6] 米德. 文化与承诺：一项有关代沟问题的研究[M]. 周晓虹, 周怡, 译. 石家庄：河北人民出版社, 1987.

[7] 宋恩荣. 晏阳初全集[M]. 北京：科学教育出版社, 1989.

[8] 宋恩荣. 晏阳初全集（第一卷）[M]. 长沙：湖南教育出版社, 1989.

[9] 梁漱溟. 梁漱溟全集[M]. 济南：山东人民出版社, 1992.

[10] 梁漱溟. 梁漱溟教育论著选[M]. 北京：人民教育出版社, 1994.

[11] 费孝通. 乡土中国 生育制度[M]. 北京：北京大学出版社, 1998.

[12] 马克思. 1844 年经济学哲学手稿[M]. 北京：人民出版社, 2000.

[13] 沙莲香. 中国人素质研究[M]. 郑州：河南人民出版社, 2000.

[14] 石中英. 本土知识与教育改革[J]. 教育研究, 2001（08）.

[15] 石中英. 知识转型与教育改革[M]. 北京：教育科学出版社, 2001.

[16] 朴振焕, 潘伟光. 韩国新村运动：20世纪70年代韩国农村现代化之路[M]. 郑靖吉, 魏蔚, 译. 北京：中国农业出版社, 2005.

[17] 陶行知. 陶行知全集（第一卷）[M]. 长沙：湖南教育出版社, 1984.

[18] 蔡尚伟. 影视传播与大众文化[M]. 成都：四川大学出版社, 2005.

[19] 李水山. 韩国新村运动及启示[M]. 南宁：广西教育出版社，2006.

[20] 陈磊，曲文俏. 解读日本的造村运动[J]. 当代亚太，2006（06）.

[21] 杨素稳，李德芳. 中国共产党农村思想政治教育史[M]. 北京：中国社会科学出版社，2007.

[22] 农业部赴日本考察团. "一村一品"运动的实践、发展与启示[J]. 农村经营管理，2007（03）.

[23] 王斯福. 帝国的隐喻：中国民间宗教[M]. 赵旭东，译. 南京：江苏人民出版社，2008.

[24] 刘铁芳. 乡土的逃离与回归：乡村教育的人文重建[M]. 福州：福建教育出版社，2008.

[25] 王露璐. 乡土经济伦理的传统特色探析[J]. 孔子研究，2008（02）.

[26] 孟德拉斯. 农民的终结[M]. 李培林，译. 北京：社会科学文献出版社，2010.

[27] 黄辉祥，万君. 乡村建设：中国问题与韩国经验——基于韩国新村运动的反思性研究[J]. 社会主义研究，2010（06）.

[28] 云杉. 文化自觉 文化自信 文化自强——对繁荣发展中国特色社会主义文化的思考（上）[J]. 红旗文稿，2010（15）.

[29] 梁漱溟. 乡村建设理论[M]. 上海：上海人民出版社，2006.

[30] 吴理财. 当代中国农民文化生活调查[M]. 北京：知识产权出版社，2011.

[31] 赵霞. 传统乡村文化的秩序危机与价值重建[J]. 中国农村观察，2011（03）.

[32] 赵霞. 乡村文化的秩序转型与价值重建[M]. 石家庄：河北人民出版社，2013.

[33] 吴锦程. 中国农民教育供给制度研究[M]. 北京：人民出版社，2012.

[34] 郑欣. 治理困境下的乡村文化建设研究：以农家书屋为例[J]. 中国地质大学学报（社会科学版），2012（02）.

[35] 顾益康，金佩华. 改革开放 35 年中国农民发展报告[M]. 北京：中国农业出版社，2013.

[36] 傅高义. 邓小平时代[M]. 冯克利，译. 北京：生活·读书·新知三联

书店，2013.

[37] 高清. 文化自觉和文化自信是建设社会主义文化强国的必然选择[J]. 陕西社会主义学院学报，2013（03）.

[38] 林剑. 也论文化的自觉、自信与自立[J]. 学术研究，2013（06）.

[39] 易鑫，克里斯蒂安·施耐德. 德国的整合性乡村更新规划与地方文化认同构建[J]. 现代城市研究，2013（06）.

[40] 朱立芸，王旭东. 文化传承与新时期农家书屋形态、发展及其障碍研究——甘肃省张掖市农家书屋调研[J]. 甘肃社会科学，2013（06）.

[41] 景军. 神堂记忆：一个中国乡村的历史、权力与道德[M]. 福州：福建教育出版社，2013.

[42] 袁祖社. 实践与公正：马克思的哲学价值观研究[M]. 北京：中国社会科学出版社，2014.

[43] 谢辉，余天虹，李亨，等. 农村建设理论与实践——以德国为例[J]. 城市发展研究，2015（04）.

[44] 陈波. 二十年来中国农村文化变迁：表征、影响与思考——来自全国25省（市、区）118村的调查[J]. 中国软科学，2015（08）.

[45] 秦燕，李慧莲. 马克思主义中国化、大众化与中国近代乡村社会变迁[J]. 西北大学学报（哲学社会科学版），2014（04）.

[46] 伊广英. 整体视域下马克思文化观及其当代价值[J]. 湖北民族学院学报（哲学社会科学版），2015（04）.

[47] 孙元君. 习近平的文化自觉与自信[J]. 奋斗，2015（05）.

[48] 费孝通. 文化与文化自觉[M]. 北京：群言出版社，2012.

[49] 欧阳雪梅. 中华人民共和国文化史（1949—2012）[M]. 北京：当代中国出版社，2016.

[50] 王国恩，杨康，毛志强. 展现乡村价值的社区营造——日本魅力乡村建设的经验[J]. 城市发展研究，2016（01）.

[51] 《马克思主义政治经济学概论》编写组. 马克思主义政治经济学概论[M]. 北京：人民出版社，2017.

[52] 何毅亭. 以习近平同志为核心的党中央治国理政新理念新思想新战略[M]. 北京：人民出版社，2017.

[53] 周庆智. 农民工群体的文化转型与制度变迁[J]. 江汉论坛，2017（01）.

[54] 赵旭东，孙笑非. 中国乡村文化的再生产——基于一种文化转型观念的再思考[J]. 南京农业大学学报（社会科学版），2017（01）.

[55] 赵旭东，张洁. 乡土社会秩序的巨变——文化转型背景下乡村社会生活秩序的再调适[J]. 中国农业大学学报（社会科学版），2017（02）.

[56] 郗戈，董彪. 传统文化的现代转化：模式、机制与路径[J]. 学习与探索，2017（03）.

[57] 李金哲. 困境与路径：以新乡贤推进当代乡村治理[J]. 求实，2017（06）.

[58] 乡村振兴战略规划（2018—2022年）[M]. 北京：人民出版社，2018.

[59] 韩俊. 实施乡村振兴战略五十题[M]. 北京：人民出版社，2018.

[60] 周武忠. 新乡村主义：乡村振兴理论与实践[M]. 北京：中国建筑工业出版社，2018.

[61] 孙景淼. 乡村振兴战略[M]. 杭州：浙江人民出版社，2018.

[62] 李霞. 文旅振兴乡村：后乡土时代的理论与实践[M]. 北京：中国建筑工业出版社，2019.

[63] 梅其君，封佳懿，宋美璇. 信息技术传播与少数民族乡村文化变迁[J]. 中南民族大学学报（人文社会科学版），2018（02）.

[64] 韩鹏云. 乡村公共文化的实践逻辑及其治理[J]. 中国特色社会主义研究，2018（03）.

[65] 李国娟，周赟. 坚定文化自信的多维向度[J]. 思想理论教育，2018（04）.

[66] 陈俊峰，冯鑫，戴永务. 德国乡村竞赛计划对我国乡村振兴的启示[J]. 台湾农业探索，2018（05）.

[67] 熊正贤. 富民、减贫与挤出：武陵地区18个乡村旅游样本的调查研究[J]. 云南民族大学学报（哲学社会科学版），2018（05）.

[68] 杨军昌，杨蕴希. 清水江流域民族教育文化遗产与乡村旅游融合发展研究[J]. 西南民族大学学报（人文社会科学版），2018（05）.

[69] 徐之顺，胡宝平. 文化自觉、文化自信与城乡文化和谐共生[J]. 南京

师大学报（社会科学版），2018（06）.

[70] 王宁. 乡村振兴战略下乡村文化建设的现状及发展进路——基于浙江农村文化礼堂的实践探索[J]. 湖北社会科学，2018（09）.

[71] 廖晓明，徐海晴. 新时代农村公共文化服务供需问题探析辑[J]. 长白学刊，2019（01）.

[72] 罗志峰. 改革开放以来中国共产党乡村文化建设的基本经验[J]. 云南行政学院学报，2019（01）.

[73] 吕宾. 乡村振兴视域下乡村文化重塑的必要性、困境与路径[J]. 求实，2019（02）.

[74] 陈少雷. 文化转型与价值建构：问题、视角与路径[J]. 北京联合大学学报（人文社会科学版），2019（03）.

[75] 詹绍文，李恺. 乡村文化产业发展：价值追求、现实困境与推进路径[J]. 中州学刊，2019（03）.

[76] 赵旭东. 乡愁中国的两种表达及其文化转型之路——新时代乡村文化振兴路径和模式研究[J]. 西北师大学报（社会科学版），2019（03）.

[77] 刘同舫. 习近平人类命运共同体理念的生成背景及构建原则[J]. 观察与思考，2019（05）.

[78] 叶兴庆，程郁，于晓华. 德国如何振兴乡村[J]. 农业工程技术，2019（21）.

[79] 项久雨，石海君. 中国特色社会主义文化自信的内在根据[J]. 学习与实践，2019（07）.

[80] 徐丽葵. 乡村文化资源传承创新的三重向度——以乡村振兴战略为背景[J]. 广西社会科学，2019（12）.

[81] 国家统计局农村社会经济调查司. 中国农村统计年鉴2020[M]. 北京：中国统计出版社，2020.